RHYW
FLODAU
RHYFEL

Cyflwynedig i Taid a Nain
ac er cof

LLŶR GWYN LEWIS

RHYW FLODAU RHYFEL

y Lolfa

Cynllun y clawr: Sion Ilar

Rhif Llyfr Rhyngwladol: 978 1 84771 881 5

Dymuna'r cyhoeddwyr gydnabod cymorth ariannol
Cyngor Llyfrau Cymru

Cyhoeddwyd ac argraffwyd yng Nghymru
ar bapur o goedwigoedd cynaladwy gan
Y Lolfa Cyf., Talybont, Ceredigion SY24 5HE
e-bost ylolfa@ylolfa.com
gwefan www.ylolfa.com
ffôn 01970 832 304
ffacs 01970 832 782

Rhan 1
Ionawr 2011

Tua chanol Ionawr 2011 roeddwn yn gymharol aflonydd fy ysbryd ac yn awyddus i fynd i deithio. Cyn y Nadolig, wrth i'r dyddiau fyrhau, byddwn yn fy nghanfod fy hun yn breuddwydio wrth fy nesg am rai oriau am ddianc i'r naill le a'r llall, nid o reidrwydd i draethau gwynion mewn hin danbaid, ac yn wir, buaswn yr un mor hapus yn dianc i rywle lle'r oedd gaeaf yn aeaf go iawn am newid, er ei bod mewn gwirionedd yn ddigon oer gartref y gaeaf hwnnw a bod eira yn yr arfaeth am y tro cyntaf ers rhai blynyddoedd. Erbyn Ionawr, roedd yr ysfa'n dal yno er bod yr eira wedi toddi, a chanfûm nad oedd fy ngwaith ymchwil ar y pryd yn dod yn ei flaen yn ddigon rhwydd i'm cadw rhag fy myfyrdodau. Digon anodd oedd dod i drefn ar ôl diogi a gorfwynhau cyfnod y Nadolig p'run bynnag, ond eleni roedd pethau'n waeth na'r arfer oherwydd fy mod mewn perthynas a oedd yn dirwyn i ben ac roedd rhyw gwlwm tyn hollbresennol yn fy nghylla yn fy rhwystro rhag ymdaflu i'r gwaith. Roeddwn yn bryderus y byddwn yn disgyn i bwl o hunandosturi a theimlwn y byddai codi pac a mynd heb air wrth neb yn fodd o godi dau fys ar y sefyllfa yn ei chrynswth, ond wrth gwrs, fel nifer o'r breuddwydion hyn a fyddai'n fy llethu o dro i dro, fe arhosais yn llwfr ac yn llesg a dal i ymrafael â'm llyfrau gan geisio peidio â chymryd gormod o sylw o'r cymylau oddi allan a oedd wedi eu taenu eu hunain dros Eryri drwy'r ffenestr ers cryn wythnosau bellach.

Roedd gennyf un ddihangfa ddichonadwy arall, oblegid roeddwn wedi bod yn cynllunio ac yn meddwl am nofel arfaethedig yr hoffwn ei hysgrifennu ers rhai blynyddoedd. Roedd egin y syniad wedi ei blannu pan fûm, ag awch delfrydyddol myfyriwr israddedig cenedlaetholgar, yn darllen nifer o gyfrolau, ffeithiol a ffuglennol, y gellid eu disgrifio mewn rhyw fodd yn rhai chwyldroadol neu filwrol, neu hyd yn oed yn rhai terfysgol. O ganlyniad i hyn, yr oedd arnaf flys creu math cyffelyb o stori yng Nghaerdydd, lle'r oeddwn yn astudio ar y pryd. Roeddwn yn ymwybodol, wrth gwrs, o'r diffyg cyd-destun a'r anghenraid gwleidyddol real, er gwaethaf y protestiadau a'r ralïau distadl y bûm yn eu mynychu o dro i dro pan fyddai'r ysbryd gwrthryfelgar yn codi ynof am ddiwrnod neu ddau cyn cilio eto, i greu'r math hwnnw o wrthryfel neu symudiad tanddaearol yn y Gymru fodern oedd ohoni, ac yn wir, bron nad oeddwn wedi fy nghanfod fy hun, wrth geisio ysgrifennu'r stori, yn cenfigennu at rai o wledydd y dwyrain canol a oedd wedi dechrau codi yn erbyn eu llywodraethau ar y pryd yn rhan o rywbeth a oedd, eisoes, yn dechrau cael ei alw'n Wanwyn Arabaidd.

Roedd hwn yn deimlad gwrthun yr oeddwn hefyd wedi ei brofi wrth wylio ffilmiau megis *Hedd Wyn*, sef arlliw o genfigen ynghanol yr holl erchylltra, oherwydd nad oedd gan fy nghenhedlaeth i o bobl ifanc, fel y gwelwn innau'r peth, unrhyw achos i wrthryfela drosto, na rhyfel cyfiawn i ymladd ynddo, nac unrhyw fodd arall, mewn gwirionedd, o brofi'n gwrhydri ein hunain neu allu dweud ein bod, mewn rhyw ffordd neu'i gilydd, wedi 'gwneud' rhywbeth pan alwyd arnom, neu wedi gallu goddef dan amgylchiadau caled. Ar yr un pryd roeddwn yn gwbl ymwybodol o natur absŵrd, yn wir atgas, unrhyw deimladau o'r fath ac eto ni allwn beidio â'u teimlo, ac wrth edrych yn ôl bron na fyddwn yn awgrymu mai ymgais i wneud iawn am hynny mewn rhyw ffordd, drwy sianeli creadigol, oedd yr ymgais i ysgrifennu'r nofel hon, ac oherwydd fy mod yn ymwybodol o natur absẃrd y dymuniad, yn ei gosod mewn rhyw fath o ddyfodol cyfochrog mewn bydysawd cyfochrog, ac eto ar yr un pryd yn deisyfu dod ag amryw rannau, profiadau a chymeriadau o Gaerdydd yn fyw ym meddwl y darllenydd.

Nid oedd fy nghyflwr presennol o *ennui*, fodd bynnag, yn ddelfrydol o gwbl i ysgrifennu'r fath waith dychmygol. Fe'm plagiwyd hefyd gan amheuon cynyddol ynghylch dilysrwydd y prosiect yr oeddwn yn ymgymryd ag o, gan gynnwys yr amhosibilrwydd o siarad ar ran holl drigolion Caerdydd, neu'n wir gynrychioli unrhyw un ohonynt, gan nad oeddwn i'n frodor o'r ddinas, ac yn fwy na dim efallai y sylweddoliad nad oedd gennyf unrhyw grebwyll na phrofiad na dealltwriaeth o unrhyw fath o ymladd, gwrthdaro na gweithredu chwyldroadol neu derfysgol, heb hyd yn oed gael fy adnabod fel un am gwffio yn ystod dyddiau ysgol gynt, ac felly byddai sail yr holl blot a'r digwyddiadau mor bell y tu hwnt i'm hamgyffred i'n bersonol nes cawn fy ngoresgyn gan ryw fath o ddiymadferthedd, neu barlys, a olygai na allwn na throi at fy ngwaith ymchwil nac ysgrifennu'r nofel a fwriadwyd, nac ychwaith dynnu fy hun oddi wrth y sgrin rhag ofn y deuai fflach o ysbrydoliaeth o rywle ac y byddai'n diflannu cyn gyflymed ag y cyrhaeddodd.

Er mwyn cael hoe un dydd, manteisiais ar y cyfle i alw heibio fy nhaid a'm nain, sef rhieni fy mam, rhywbeth yr hoffwn ei wneud mor aml ag y gallwn pan fyddwn gartref yn y gogledd, nid oherwydd teimlad o ddyletswydd, gan eu bod bellach mewn gwth o oedran ac yn gynyddol ddibynnol ar gymorth teulu a chyfeillion, ond i'r gwrthwyneb yn wir, oherwydd fy mod innau'n mwynhau eu cwmni yn fawr, yn cael llawer o hwyl gyda nhw ac yn mwynhau gwrando ar eu straeon, a phe bawn yn fodlon cyfaddef hynny, yr oedd Nain yn sgut am hwylio tipyn o ginio hefyd. Byddai'r wên fodlon ar wyneb fy nhaid a minnau yn ddigon i ddangos ein bod yn deall ein gilydd, wedi'i gweld hi chwedl yntau, ac yna ar ôl bwyd fe fyddem yn arfer mynd trwodd i'r ffrynt gyda phaned er mwyn gwylio'r teledu neu rannu rhywfaint o hanesion, a fwy nag unwaith meddyliais y dylwn fod yn cadw rhyw fath o gofnod o'r straeon hyn, ond p'un ai oherwydd diogi neu, efallai, oherwydd rhyw deimlad y byddai fy ngweld yn estyn pad papur neu recordydd sain yn peri iddynt droi'n swil, neu'n waeth yn arwydd rhy amlwg iddynt eu bod yn heneiddio, hyd yn hyn nid oeddwn i wedi mentro.

Y prynhawn hwn, fodd bynnag, roedd y ddau, a Taid yn enwedig, yn fwy tawedog na'r arfer, a doed a ddelo ar ôl ein cinio braf o gyw iâr a thatws a llysiau a bara menyn, ac ar ôl helpu gyda'r golchi llestri a setlo gyda phaned yn y stafell flaen, y teledu a deyrnasai. Ar ôl rhyw hanner awr o raglenni hen greiriau a newyddion, penderfynais ffarwelio â'r ddau am y tro, ond wrth i mi godi gofynnodd fy nhaid i mi aros funud ac eistedd drachefn. Cododd yn araf, heb air, a diflannu i'r stydi gefn. Edrychais innau ar fy nain am ryw fath o eglurhad neu ateb, ond edrychodd hithau arnaf â golwg dwn-i-ddim, ac o fewn ychydig fe ddychwelodd fy nhaid gyda ffolder gardbord lychlyd a oedd yn prysur syrthio'n ddarnau ond a oedd hyd yma wedi ei chadw yn un darn gan amryw fandiau elastig. Eisteddodd fy nhaid drachefn heb air gan duchan, a dechrau tynnu'r lastig, a'u cadw am y tro o amgylch ei arddwrn. Roedd fy nain wedi bod yn aros yr un mor eiddgar â minnau, ond gwelais wawr o sylweddoliad yn dod dros ei hwyneb bellach ac edrychai'n weddol bryderus wrth i'm taid fodio'i ffordd drwy wahanol ddarnau bychan o bapur a oedd wedi eu cadw o fewn cerdyn mwy, yntau yn ei dro wedi ei ddal mewn amlen, ac o dan y cyfan roedd llyfryn lletach, mwy trwchus ac iddo glawr papur llwydwyrdd. Amneidiodd fy nhaid arnaf i ddod ato, a chodais innau gan ufuddhau.

Wrth imi sefyll drosto, gan ei wynebu, ac yntau'n eistedd,

ymddangosai'n fwyaf sydyn yn fychan iawn, er ei fod yn ŵr cadarn o gorff ac y gwyddwn yn iawn ei fod wedi gweld aml ddiwrnod o waith caletach nag a wybûm i erioed, ac roedd yn anodd gennyf ei weld yn ei gadair freichiau yn edrych mor fregus. Roedd yr arlliw lleiaf o ddeigryn yn ei lygad, a'i geg yn crymanu am i lawr, wrth iddo ddweud wrthyf, 'cymer hwn', a chodi'r pecyn bychan, y ffolder wedi ei ddal at ei gilydd drachefn â'r bandiau lastig oddi ar ei arddwrn, a bron nad oedd y tinc mwyaf distadl o erfyn yn ei lais. Y tu allan i'r tŷ wedyn wrth i mi danio'r car a chwifio'n ôl ar y ddau drwy'r ffenestr, fe ddechreuais sylweddoli arwyddocâd yr hyn yr oedd Taid yn ei fwriadu. Gwyddwn ei fod yn mynd i gael ei dderbyn i'r ysbyty yn gymharol fuan i gael llawdriniaeth ac yr oedd, yn ei ffordd dawel ei hun, yn ymwybodol o'r peryglon a'r problemau posibl i ddyn o'i oed yn dilyn y driniaeth honno. Ni fyddai o na Nain fyth yn cyfaddef unrhyw beth o'r fath i mi, ond synhwyrais mai rhoi'r pecyn hwn i mi i'w gadw'n saff yr oedd, rhag ofn, a dyfalwn hefyd ei fod yn dymuno i mi fynd i rywle ar ei ran, oherwydd, fel y credwn i ar y pryd, ei fod yn rhywle y gallwn i ac na allai yntau fynd iddo bellach.

O feddwl am y peth, gallwn gofio, o hanner straeon a sibrydion fy mhlentyndod, fod brawd fy nhaid, John, wedi ei ladd yn yr Ail Ryfel Byd, ond rhagor na hynny nid oeddwn wedi trafferthu holi, ac erbyn i mi gyrraedd oed lle byddai gennyf ddiddordeb mewn clywed yr hanes, roeddwn wedi colli fy hyfdra plentynnaidd ac yn rhy ymwybodol o natur gorfforol, os nad meddyliol neu o leiaf emosiynol, fregus fy nhaid a fy nain i ddechrau holi a stilio rhyw lawer. Yn y car ar fy ffordd nôl o'u cartref, fodd bynnag, roeddwn yn ysu am edrych i mewn i'r pecyn blêr a eisteddai wrth fy ochr ar sedd y teithiwr ac a oedd fel pe bai'n fy herio i dynnu i mewn, diffodd yr injan a thwrio drwy'r cynnwys yr eiliad honno. Ond gallwn ddyfalu yn weddol hyderus fod a wnelo'r deunydd rywbeth â John, neu yn hytrach 'brawd fy nhaid' fel y teimlai'n fwy naturiol i'w alw, ac â'i farwolaeth annhymig yn yr Almaen, fel y tybiwn, yn ystod yr Ail Ryfel Byd.

Wrth yrru'r car rownd y tro ac i fyny'r allt i'r ffordd fawr, daeth noson feddwol o rywle yn y goleuadau oren, a minnau a'm ffrind Cynon yn bedair ar bymtheg ar daith am ychydig fisoedd o amgylch Ewrop, yn ymlwybro'n ôl, wedi gwylio Brasil yn maeddu Awstralia ar sgrîn fawr yn yr Olympiapark ym München, at y trên, a Chynon wedi troi ei droed wrth redeg i groesi'r bont a'i fol wedi'i beintio â 'Cynon ♥ Deutsch', a'r gyrrwr tacsi caredig a'm helpodd i'w gario o gysgod coeden, lle'r oedd wedi syrthio i gysgu, i'r car, ac yna'n helpu i ddod o hyd i'r hostel. Dyna oedd y tro diwethaf i mi ymweld â'r Almaen, ond arweiniodd yr atgof hwnnw fi gryn dipyn ymhellach yn ôl na hynny hefyd, gan gofio ein hymweliad fel teulu ag Oberammergau, gwta awr o yrru i ffwrdd o München, ond oes gyfan i ffwrdd i mi oblegid y cyfnod gwahanol yn fy mywyd a'r gwahaniaeth llwyr mewn awyrgylch a lleoliad.

Oherwydd roedd Oberammergau yn dref Fafariaidd o'r iawn ryw ac yn un a oedd yn cydymffurfio'n bur fanwl â'r darlun yr oeddwn i fel bachgen ifanc wedi ei lunio o'r Almaen, fel pe bai'n nythu ymysg cewri o fynyddoedd, ac eira ar eu pennau hyd yn oed yn yr haf, a choed pîn, a'r glaw yn pistyllio o'n hamgylch, a'r adeiladau â'u talcenni'n ymwthio allan, eu waliau peintiedig cain, a'r clociau cwcw hollbresennol, yn eu ffordd Dyroleaidd eu hunain, yn gwrthod yn lân â gadael i rywun anghofio treigl cyson a rheolaidd amser. Arwydd arall o dreigl amser yn Oberammergau oedd y ddrama a chwaraeid yno bob deng mlynedd ac a oedd, yn wir, yn ganolbwynt ac, fe ymddangosai, yn _raison d'être_ i'r gymuned gyfan, yn gymaint felly nes y tra-arglwyddiaethid dros ganol y dref gan y theatr enfawr a adeiladwyd yn fan i berfformio'r ddrama hon. Dyna'r union reswm pam yr oeddem ninnau wedi dod yma, er mwyn gweld y pasiant unigryw a berfformid bob dydd am bum mis bob deng mlynedd, ac yr oedd a wnelo bron pob un o drigolion y dref (a thrigolion y dref yn unig) â hi mewn rhyw ffordd neu'i gilydd. Yn 1634 y cafwyd y perfformiad cyntaf, mae'n debyg, o'r *Passionsspiele*, sef hanes Crist o'r adeg pan gyrhaeddodd Gaersalem, hyd at ei groeshoeliad a'i atgyfodiad, a hynny er mwyn cadw adduned a wnaeth trigolion y pentref y byddent yn ail-fyw'r digwyddiadau hyn bob deng mlynedd ped achubid hwy rhag y pla a oedd ar grwydr drwy Ewrop gyfan ar y pryd. Hyd heddiw rwy'n cofio'r modd y cyrhaeddodd Crist y llwyfan awyr agored ar asyn go iawn, a ninnau'r plant yn gwirioni. Rwy'n cofio hefyd, oriau'n ddiweddarach, a'r ddrama faith eisoes wedi torri am ginio, ninnau wedi bwyta'n brechdanau ger cefn y theatr yn y gobaith o gael cip ar Caiaphas yn ei het uchel yn picio i'r lle chwech, ac wedi dychwelyd i'n seddi yn yr awditoriwm, i weld yr uchafbwynt dramatig, a'r llwyfan yn llawn a'r glaw bellach yn pistyllio i lawr gan wlychu'r actorion hyd at eu crwyn, a'r Iesu'n cael ei godi ar ei groes i grogi, a'r gynulleidfa yn ei dagrau.

Pris eu hachubiaeth, i drigolion Oberammergau, oedd ail-fyw ac ail-greu union ennyd yr iachawdwriaeth drachefn a thrachefn, ei chadw a'i pherfformio a'i rhwystro rhag troi'n angof, yn wir ei chreu o'r newydd dro ar ôl tro, a cheisiais ddychmygu fy rhieni, ugain mlynedd cyn iddynt roi'r profiad anhygoel hwn i ni, yn mynd i weld cynhyrchiad blaenorol a hwythau'n bâr priod ifanc, a meddwl tybed pa mor wahanol oedd hi iddynt y tro hwn. Mae'n rhaid bod rhai elfennau wedi newid cymaint nes iddynt golli pob adnabyddiaeth, ac yn un peth roedd ganddynt dri o blant i'w llusgo yn eu sgil y tro hwn, ond ar y llaw arall mae'n rhaid bod rhai pethau wedi aros mor ddigyfnewid nes eu bod yn peri braw, mor rheolaidd o gyson â chân y gwcw yn ei chloc. Tybed na sylweddolodd fy rhieni y pryd hwnnw fod yn rhaid wrth y defodau hyn, ac ar gyfosodiad a chyfochredd y cyson ddigyfnewid a'r brawychus wahanol gyda'i gilydd, er mwyn gallu cofio, oherwydd yr angen i allu cymharu gwahanol bwyntiau yn ein bywydau. Roedd trigolion Oberammergau, yr un modd, yn adrodd drachefn yr un hen stori ddigyfnewid, ond trwy gyfrwng wynebau a lluniau cwbl newydd, er mwyn gallu cofféu.

Er fy mod, fodd bynnag, yn ysu am gael agor y ffolder a datgelu ei chynnwys, ac yn llawn fwriadu gwneud hynny y munud y cyrhaeddwn gartref ddiwedd y dydd, pan groesais y trothwy roedd arogl bwyd yn dod o'r gegin, a swper ar y bwrdd, ac felly rhoddais y ffolder heibio i gadw mewn man diogel o dan fy nesg, a brysio'n ôl i lawr y grisiau. Ychydig oriau'n ddiweddarach, ar ôl i mi ddychwelyd at y ddesg yn y stydi, roedd y chwilfrydedd wedi pylu ac roedd gen i fymryn o gur pen ar ôl cael hanner gwydraid o win yn ormod gyda bwyd, ac felly ymdynghedais i archwilio'r ffolder, er mwyn gwneud cyfiawnder â hi, yng ngolau'r bore, ond wrth gwrs erbyn y bore roedd gwaith yn galw ac ymhen hir a hwyr diflannodd y ffolder o dan fynydd o bapurach a ffeiliau.

*

Rai misoedd yn ddiweddarach, a minnau bellach yn sengl ac ar drothwy fy mhen-blwydd yn bedair ar hugain oed, roeddwn wedi trefnu i fynd ar daith am gyfnod o ryw bythefnos i'r

Eidal, gan wneud fy ffordd o'r gogledd i lawr i Rufain, a chwta wythnos cyn gadael cartref am Ferona fe fûm yn gwylio rhaglen ar y teledu lle'r oedd gwyddonydd yn ceisio egluro i'w wylwyr gysyniad a elwir yn entropi, ffenomen a ganfuwyd yn sgil datblygiad ail ddeddf thermodynameg. Allwn i ddim dweud i mi fedru dilyn pob manylyn yn fanwl, ond fe'm swynwyd, yn wir fe'm syfrdanwyd, gan yr esboniad a roddodd y cyflwynydd gan ddefnyddio delwedd castell tywod yn yr anialwch. O gyffwrdd a chwarae â phentwr o dywod, esboniodd y gwyddonydd, nid yw hynny'n effeithio llawer ar ei siâp a'i strwythur, neu ei wneuthuriad, oherwydd nad yw'r gronynnau wedi eu ffurfio mewn modd neilltuol o drefnus, neu drefnedig. 'Ond pe bawn yn creu trefn', eglurodd wedyn, 'drwy greu castell tywod' – ac wrth lwc, roedd ganddo'r teclynnau delfrydol at y dasg honno wrth law, ac adeiladodd gastell godidog o flaen ein llygaid – 'mae'r cyffyrddiad lleiaf o'm heiddo, neu hyd yn oed ymyrraeth gwynt yr anialwch, yn mynd i fod yn ddigon i amharu'n ddirfawr ar strwythur y castell, ac yn y pen draw i'w ddinistrio'.

Wrth gwrs, ychwanegodd wedyn fel rhyw fath o droednodyn, 'nid oes yr un rheol yn bodoli na dim i ddweud na allai'r gwynt godi'r gronynnau tywod hyn a'u gollwng yn rhywle arall, ar hap fel petai, ar ffurf castell perffaith, ond mae hyn yn hynod annhebygol', meddai, 'oherwydd mai tuedd gyffredinol systemau'r bydysawd, yn ôl ail ddeddf thermodynameg, yw symud o drefn i anrhefn, hynny yw, o entropi isel (y castell tywod) i entropi uchel (y pentwr di-siâp o ronynnau)'. Roedd hyn ynddo'i hun yn gryn ddatguddiad i mi, ac roedd y ffaith fy mod wedi llwyddo i ddilyn y rhan fwyaf o'r drafodaeth yn destun rhywfaint o falchder hefyd, ond yna aeth y cyflwynydd yn ei flaen i egluro, oherwydd y modd y mae'r ddeddf yn mynnu nad yw entropi ddim ond yn symud i un cyfeiriad, sef o entropi isel i entropi uchel, mai dyma'r unig ddeddf o fewn holl gyfundrefn deddfau ffiseg sydd yn ei gwneud yn gwbl angenrheidiol mai dim ond mewn un cyfeiriad y gall amser redeg. Hynny yw, os yw'n rheidrwydd ar entropi i deithio mewn un cyfeiriad yn unig, rhaid i hynny fod yn wir am amser hefyd – dim ond yn ei flaen y gall fynd, oherwydd y byddai teithio tuag yn ôl yn golygu y byddai raid i entropi weithio tuag yn ôl hefyd.

Roedd yn amhosibl i syniadau dadlennol a chwbl newydd o'r fath i mi wneud eu hunain yn berffaith eglur yn syth yn fy meddwl, ac roeddwn yn dal i fyfyrio ar y syniadau hyn pan ddihangodd y trên yr oeddwn yn deithiwr arno, yn fwyaf sydyn fel yr ymddangosai i mi, allan o lwydni swbwrbaidd-ddiwydiannol y Feneto i las pefriog lagŵn Fenis. Bu'r cyfan yn breisgáu yng nghefn y meddwl drwy gydol yr ymweliad hwnnw â'r Eidal, ac wrth ganfod fy ffordd drwy'r torfeydd yng ngorsaf Santa Lucia bron nad oeddwn yn ddi-hid o'm bagiau a'm dogfennau, heb wylio na gofalu am na dihirod na lladron, rhywbeth nad yw'n nodweddiadol ohonof wrth deithio o gwbl. Hyd yn oed ar ôl gollwng fy magiau yn y gwesty yr oeddwn wedi llwyddo i'w ganfod ar lan y brif gamlas, mewn breuddwyd, rywsut, y bûm yn crwydro drysfa'r strydoedd a'r camlesi bychain, heb wybod yn iawn beth i'w wneud nesaf na lle i fynd, ond heb fod yn teimlo angen i ffurfio cynllun na nod nac unrhyw fan i gyrchu tuag ato, ac eto roedd hyn ynddo'i hun yn dra annodweddiadol ohonof, yn enwedig mewn gwlad dramor.

Roeddwn yn ddigon ar ddi-hun, fodd bynnag, i sylwi ar y lliaws siopau gwydr y deuwn ar eu traws yn bur gyson yn ystod fy nghrwydro, ac er fy mod wedi laru, ar ôl gweld y degfed chwythwr gwydr yn arfer ac arddangos ei grefft yn ffenestr ei siop, gan beri am eiliad imi feddwl am y merched hynny, hwythau yn eu ffenestri ac o flaen eu llenni cochion, yn Amsterdam, roedd yna ddiddordeb neilltuol yn y siopau hynny a werthai nwyddau gwerthfawr ynysoedd Murano a Burano, boed wydr neu les, i'r llu twristiaid ac a oedd, wedi'r cyfan, yn fentrau ac iddynt fwy o urddas, rywsut, na'r siopau tat a bric a brac a oedd yn ymrafael â hwy bob ochr i bont y Rialto a thu hwnt am gwsmeriaid. Wrth wylio un o'r crefftwyr hyn wrth ei waith y daeth fy meddwl innau yn gwbl glir am y tro cyntaf ers imi gyrraedd y ddinas. Sylweddolais, wrth wylio'r gwydr Murano tanbaid yn oeri, ac yn sefyll yn stond yn yr amrywiol siapiau a lliwiau a bennwyd gan y chwythwr, mai am y gwyddonydd a'i entropi yr oeddwn wedi bod yn hanner synfyfyrio ers rhai oriau, a bod ymgorfforiad gweledol o'r broses honno ar waith o flaen fy llygaid rownd pob cornel. Fe'm hatgoffodd o'r teimlad aflonydd hwnnw a gaiff rhywun ar brydiau, pan ddaw ar draws rhyw derm technegol, gwyddonol, neu hyd yn oed un digon cyffredin, yr oedd wedi treulio'i fywyd cyn hynny heb ei glywed unwaith, ac wedi dod ar ei draws am y tro cyntaf yn canfod wedyn ei fod yn ei glywed yn gyson mewn nifer o wahanol leoedd a chyd-destunau. Tra bod y gwydr mewn stad hylifol byddai trefn y cadwyni rhwng atomau yn anhrefnus, ac felly roedd modd siapio a mowldio'r deunydd, o fewn rheswm, i unrhyw siâp. Wedi oeri, byddai'r cadwyni'n rhai mwy trefnus, ond byddent hefyd yn llawer mwy bregus o'r herwydd, ac felly ni fyddai ond angen i'r addurn bychan acw, neu'r decanter crand hwn, rowlio oddi ar y silff neu gael eu taro'n ddi-hid gan fraich nerfus yn y siop gyfyng, a byddai'r cyfan yn deilchion, heb fodd i'w ailfowldio drachefn, ac er bod y chwythwr gwynt, felly, yn ei ffordd ei hun wedi gweithio yn erbyn entropi trwy greu trefn o anrhefn, yn y pen draw yr anrhefn fyddai'n teyrnasu ac ni fyddai modd creu trefn yr eildro.

Ni fodlonais ar gymryd hoe ac eistedd i gael tamaid i'w fwyta a'i yfed nes bod fy nhraed a'm coesau wedi llwyr ymlâdd ac yn gwrthod fy ngharïo ymhellach. Eisteddais mewn cowt caeedig a oedd dafliad carreg o rialtwch y Rialto ond a oedd yn gwbl dawel a di-stŵr. Mewn un gornel yr oedd bar digon di-nod lle'r archebais blataid o *cichetti* a gwydraid mawr o Refosco tywyll, ac iddo sawr chwerw a oedd yn gweddu'n berffaith â'r tameidiau bara a'r cig. Er bod fy nhraed wedi ymlâdd roedd fy meddwl yn dal i grwydro ac wedi ei gyfareddu gan y ddinas. Erbyn cyrraedd gwaelod yr ail wydryn, roedd y crwydro wedi troi'n ymlwybro araf, a throdd fy myfyrio at y gwahanol rymoedd a oedd wedi gweithredu, ac a oedd yn dal i weithredu, ar ddinas unigryw o'r fath. Yn ei hadeiladau urddasol, heirdd wedi'u peintio'n gywrain, yn ogystal ag yn y gondolas a'u rhwyfwyr yn eu hetiau a'u dillad streipiog, y polion coch a gwyn, a'i phontydd carreg di-rif, gwelais y manylyn bychan arall hwnnw sydd yn rhan o ail ddeddf thermodynameg, sef bod modd i entropi aros yn llonydd hefyd, yn ogystal â chynyddu. Roedd hon yn ddinas a oedd wedi ei rhewi mewn amser, yn gwrthod yn styfnig â newid mewn unrhyw ffordd. Ac eto ar yr un pryd gallwn glywed llepian y dŵr yn erbyn y waliau yn y gamlas i lawr yr ale, ac fe wyddwn mai gwadu'r gwirionedd, a cheisio celu'r anochel a wnâi, wrth ymwrthod ag unrhyw ddatblygu ac adeiladu newydd, neu yn ei dibyniaeth ar y siopau tat am ei hincwm, ac oeddwn, roeddwn innau wedi gweld y craciau yn y plastr coch ar wal eglwys y Frari lle'r euthum i weld darlun enwog Titian o Ddyrchafael Mair, ac oeddwn, roeddwn wedi gweld y tracfyrddau pren wedi eu gosod yn bentwr ar ben ei gilydd ar hyd y waliau yng nghysgod Eglwys San Marc a Phalas y Doge, yn barod at pan ddeuai'r llifogydd drachefn gydag ychydig rhagor o rym, ac ychydig rhagor o sicrwydd na'r tro blaenorol, i foddi'r sgwâr, a gwyddwn mai'r entropi a'i anrhefn a ddeuai i deyrnasu yma hefyd, maes o law.

Ond dechreuais rhyw dybio i mi fy hun mai dyna'n union pam yr oedd y ddinas hon wedi dal y fath afael arnaf, oherwydd ei bod yn un o'r ychydig lefydd prin, bellach, lle'r oedd amser, os nad oedd wedi ei rewi yn stond, eto'n teimlo fel pe bai'n treiglo'n llawer arafach na'r unlle arall, a bod rhagor o bwysau, rhagor o werth, i bob eiliad fechan mewn lle fel hyn o ganlyniad i'r arafwch. Roedd y castell tywod hwn yn dal ei afael yn styfnig ar bob gronyn lleiaf o dywod, a bron, bron na theimlech yma ei bod yn bosibl i chi ychwanegu gronyn neu ddau yn ôl at bob adeilad, at bob cornel o blastr, ac erchi'r llif i droi ymaith yn ôl allan i'r môr drachefn, i droi llif amser yn ei ôl yn y bôn. Yn Fenis, gallai rhywun deimlo ei fod ar y pwynt tyngedfennol hwnnw lle'r oedd amser ar stopio mynd yn ei flaen ac ar ddechrau troi am yn ôl, fel sefyll ar draeth ar yr union eiliad pan fo llanw'n troi'n drai, neu rewi fideo ar yr union adeg pan fo pêl wedi ei chicio ar gyrraedd ei phwynt uchaf cyn disgyn yn ôl eto i'r llawr. Arhosodd y teimlad hwn o ysgafnder, neu'n hytrach o ddiffyg pwysau, gyda mi wrth i mi eistedd ar y grisiau o flaen sgwâr San Marco a arweiniai i mewn i'r dŵr mawr agored lle llifai'r gamlas i'r lagŵn, yn gwylio'r Gondolas yn pylu yn y gwyll, a throstynt gromen y San Giorgio Maggiore yn dechrau goleuo yn y nos, a hyd yn oed wedyn hefyd wrth i mi neidio ar y *vaporetto* a gwthio fy ffordd i'r blaen fel y gallwn wylio'r cwch yn torri trwy'r dŵr du, a deimlai gymaint fel olew nes bod y synnwyr arafwch yn parhau, a'r goleuadau bychain dros waliau'r *palazzo* fel pryfed tân yn hofran uwch cors.

Yn Fflorens ddeuddydd yn ddiweddarach, fodd bynnag, roedd y teimlad yn dechrau pylu a minnau wedi fy siomi rywsut ar ôl credu y gallai'r un swyn ag a gefais yn Fenis fod i'w ganfod hefyd o fewn dinasoedd enwog eraill yr Eidal. Yn Fflorens nid oedd yr un tarth hallt yn hongian dros y ddinas ac roedd yr haul fymryn yn rhy danbaid, ac fe'm cefais fy hun yn crwydro o un siop hufen iâ i'r nesaf, yn prynu poteli dŵr ac yn profi'r amrywiol flasau am yn ail â'i gilydd mewn ymgais ofer i gadw rhag gorgynhesu, ond tua hanner awr wedi dau o'r gloch fe'm gorchfygwyd a'm gorfodi, fel yr Eidalwyr eu hunain, i gilio yn ôl dan do, i'r gwesty, ac yno â'r cynfasau wedi eu taflu o'r neilltu yr ildiais i droadau cyson a sŵn hymian isel y ffan a syrthio i drwmgwsg. Pan ddeffroais roedd y machlud eisoes ar warthaf y gorwel a'm pen yn drybowndian, felly anelais am yr oergell fechan ym mhen yr ystafell a llowcio hanner poteliad o ddŵr yn syth. Daeth pwl o bendro drosof a bu raid imi eistedd drachefn ar erchwyn y gwely, ond ymhen rhyw chwarter awr yr oeddwn yn teimlo fymryn yn well ac yn barod i ddianc o hualau'r ystafell ac yn ôl i'r ddinas, ac wedi pryd ysgafn o bysgodyn, bara, gwin gwyn sych a digon o ddŵr mewn bwyty stryd gefn heibio'r Duomo, ymlwybrais, a hithau bellach wedi nosi, drwy strydoedd y ddinas a oedd wedi eu gosod yn sgwariau trefnus a ryng-gysylltai â'i gilydd ac a oedd wedi eu goleuo gan rhyw olau gwyn, llachar. Bûm yn synhwyro fy ffordd drwy'r amrywiol farchnadoedd lledr agored cyn dod, ymhen hir a hwyr, at ehangder y Piazza della Signoria, a mwynhau cwrw oer ar deras un o'r caffis wrth wylio'r ddinas yn mynd heibio. Ar ôl ychydig, gwelais dorf yn ymgynnull ym mhen pellaf y *piazza* o amgylch y Loggia dei Lanzi, adeilad – neu'n hytrach rhyw fath o loches – hynod, o fwâu a cholofnau cerfiedig Corinthaidd, a oedd yn agored i'r sgwâr, ac yn dri bae o hyd ac un o led, lle'r oedd nifer o gerfluniau amrywiol o gyfnod y Dadeni o dan ei nenfwd bwaog, ac wrth symud yn nes at y dorf gwelais fod cerddorfa o bobl ifanc, ynghyd â'u harweinydd, yn cynnull yno o dan y bwâu, ac yn paratoi i chwarae.

Prynais gwrw arall a sefyll yno i aros i'r gerddorfa ddechrau, a phan ddaeth y gerddoriaeth bron na ddechreuais grio, gan mor drist o hardd oedd y darnau a chwaraeid, yn llwyddo ar yr un pryd i arddangos rhyw falchder mawreddog, trasig a ymylai ar y pathetig, ac rwy'n cofio'n awr wrth wrando ar y gerddoriaeth yn fy mhen fod o leiaf un ffidil, os nad dau neu dri, y mymryn lleiaf allan o diwn, neu o leiaf yn ei chael hi'n anodd i gyrraedd

y nodau uchaf un, ac roedd hynny'n gwbl ddealladwy wrth gwrs gyda cherddorfa ifanc fel hon, ond yn wir, yn hytrach na lleihau fy mwynhad, roedd hynny wedi hydreiddio'r gerddoriaeth ag elfen ychwanegol o dristwch hardd, ac er fy ngwaethaf, ac ar fy mod yn dymuno gadael i'r gerddoriaeth lifo drosof yn yr eiliad, fe'm canfûm fy hun â'm ffôn wedi ei dynnu allan ac yn ffilmio'r cyfan, gan droi yn fy unfan er mwyn cael ffilm banoramig o'r sgwâr, y *façades* mawreddog a chysgod sgwâr, bygythiol y Palazzo Vecchio yn teyrnasu dros y cyfan.

Pan gyrhaeddais adref ychydig dros wythnos yn ddiweddarach, yr oeddwn yn falch fy mod wedi ffilmio'r profiad hwn, oherwydd yr oedd gennyf bellach fodd o holi cyfeillion a chanddynt rywfaint mwy o grebwyll cerddorol na minnau, beth yn union oedd y darnau a phwy oedd y cyfansoddwyr, a bûm wrthi hefyd yn chwarae â'r effeithiau ar y fideo nes troi'r cyfan yn olygfa ddu a gwyn, raeanllyd, a oedd yn tueddu i neidio a fflicio ar brydiau, ac ni allai'r effaith honno wedi'i chyfuno â'r adeiladau, y golau gwyn llachar rhyfedd hwnnw, ynghyd â phresenoldeb bygythiol y Palazzo Vecchio dros y cyfan, ddim llai na'm hatgoffa o hen ddarn o ffilm o'r Ail Ryfel Byd. Canfûm wedyn, o geisio dad-wneud yr effaith hon, nad oedd modd gwneud hynny, a bod y ffilm wreiddiol wedi'i cholli, nes na allaf oddef gwylio'r clipiau byrion du a gwyn hyn bellach oherwydd eu tuedd i aflonyddu arnaf, fel dogfennau o ryw gyfnod coll yn fy mywyd, tuedd a atgyfnerthir gan y ffaith na lwyddais hyd y dydd hwn i ddod o hyd i unrhyw un a all adnabod nac enwi na'r gerddoriaeth na'r cyfansoddwr yn y ffilm, a minnau bellach yn dechrau amau a gefais y profiad hynod hwn erioed, ynteu ai breuddwyd oedd y cyfan a ysgogwyd gan haul tanbaid canol dydd, trwmgwsg y prynhawn a pherlewyg y noson ifanc.

Erbyn cyrraedd Rhufain, roeddwn wedi dechrau dymuno'n bur daer am gael dychwelyd adref, ac yn deisyfu gweld y ddeuddydd a oedd yn weddill o'r daith yn diflannu, ac ni wneuthum lawer yn y brifddinas, ond rhoi tro cymharol sydyn o amgylch y Fforwm a threulio gweddill yr amser yn bwyta ac yn yfed gwin mewn caffes twristaidd niferus yng nghysgod y Coliseum.

Wrth gerdded o amgylch y Fforwm, canolfan fasnachol a gwleidyddol Rhufain o ddyddiau cynnar y Weriniaeth hyd anterth yr Ymerodraeth, trodd fy meddwl drachefn at entropi, y ffenomen ryfedd a fu'n teyrnasu dros fy myfyrdodau gydol fy amser yn Fenis, a chofiais am y rheol a fynnai na ellid gwyrdroi entropi, hynny yw, na ellid mynd o entropi uchel i entropi isel, o anhrefn yn ôl i drefn, ac ystyriais mai'r unig fodau yn y bydysawd, hyd y gwyddom, sydd yn ceisio gwrthryfela yn erbyn y rheol hon yw pobl, mewn dyfeisiadau mor sylfaenol ag oergell, neu wrth adeiladu, wrth dynnu ynghyd ronynnau o dywod i greu gwydr, meini, muriau, a chreu o'r rheini wedyn strwythurau, colofnau, adeiladau anferthol fel y rhai a geid yma yn y Fforwm. Wrth edrych drwy'r llyfr a oedd gennyf yn gwmni ac yn dywysydd drwy'r amrywiol demlau a marchnadoedd, canfûm enghraifft arall pan welais ddarlun o'r Fforwm fel yr oedd ychydig dros gan mlynedd yn ôl, yn llawn pridd, a dim ond pennau'r bwâu a'r colofnau i'w gweld yn codi allan o'r tir, ac yn cael ei defnyddio yn farchnad wartheg, a dysgu wedyn mai dim ond ar ôl hynny yr oedd trigolion Rhufain wedi ymgymryd â'r dasg o gloddio'r adeiladau hyn a'u datguddio, gwaith a ddechreuwyd ar droad y bedwaredd ganrif ar bymtheg ond nas cwblhawyd hyd yr ugeinfed ganrif, a thrwy hynny felly ddod o anrhefn i drefn.

Gwyddwn hefyd, fodd bynnag, o ddarllen yr amrywiol arwyddion hyd y safle a'n rhybuddiai rhag dringo ar y waliau na chyffwrdd yn y drysau, rhag iddynt droi'n llwch o dan ein traed neu yn ein dwylo, fod y Fforwm, o'i dadorchuddio a'i noethi i'r elfennau, eto'n dadfeilio'n araf ac yn dychwelyd drachefn at anrhefn, a bod ail ddeddf thermodynameg, er gwaethaf yr ymdrechion i'w gwrthsefyll, yn dal i deyrnasu. Bron nad oeddwn yn rhyw hanner dymuno na fyddai archaeolegwyr y bedwaredd ganrif ar bymtheg wedi gadael llonydd i'r Fforwm i gyd, yn dal heb ei gyffwrdd o dan y pridd, oherwydd bûm yn cerdded o amgylch y lle am gryn amser â'm teithlyfr yn fy llaw, yn ceisio cysoni'r hyn a welwn yn yr amrywiol ddiagramau a mapiau ynddo, y basilicas a'r temlau, y gerddi a'r canolfannau masnachu, y bwâu mawreddog a'u haddurniadau cain, â'r hyn a welwn o fy mlaen.

Ond yr oedd yn chwilboeth, a natur adfeiliedig y llecynnau hyn oll yn golygu nad oedd fawr gysgod i'w gael yn unman, ac er i mi fwy nag unwaith ail-lenwi fy mhotel dan yr amrywiol dapiau dŵr claear, a chymryd peth wmbreth o seibiannau, tyfu'n gynyddol flinedig a byr fy nhymer a wneuthum, yn rhannol, mi dybiaf erbyn hyn, oherwydd fy rhwystredigaeth o fethu'n lân â gweld yn iawn sut roedd safle neu'i gilydd unwaith wedi edrych fel y diagramau yn y llyfr. Hynny yw, gallwn olrhain siâp y Basilica Aemilia yn y modd y rhedai sylfeini'r muriau ar hyd y llawr, a gwefr fechan oedd canfod yno rai darnau *denarii* wedi eu toddi i'r llawr pan losgwyd yr adeilad yn OC 410. Gallwn weld amlinelliad teml Romulus y tu ôl i gyntedd yr eglwys a addaswyd ohoni yn ddiweddarach, neu gallwn weld lle safai Teml Vespasian unwaith oherwydd y tair colofn ar ei chornel a ddaliai i sefyll yn dalog gan ymwthio i'r awyr. Ond ni allwn yn fy myw ddychmygu'r lle yn union fel y bu, fel y byddai'r Rhufeinwyr gynt wedi ei weld a'i brofi, a hynny efallai yn gymaint oherwydd bod cymaint o wahanol haenau o hanes bellach yn cydfodoli yno.

Ar ôl crwydro heibio'r Colisewm yn weddol ddiamcan, felly, dyma daro i mewn i gaffe bychan am *espresso* sydyn a *chornetto* cyn bwrw yn fy mlaen i lawr y Via di San Giovanni in Laterano,

a tharo ar ddrws pren trwm caeedig a'm hysbysai mai dyma'r
fynedfa i Fasilica San Clemente ac y costiai dair ewro i ymweld
â'r cloddio archeolegol o dan yr eglwys. Fe fyddai'r eglwys y
camais i mewn iddi, mewn unrhyw ddinas arall, rwy'n siŵr,
wedi bod yn destun balchder a llawer o sylw ac yn ganolbwynt i'r
diwydiant twristaidd, ond yn y ddinas hon dim ond un o nifer
digon tebyg ydoedd, man i oedi am ennyd rhwng y Colisewm a'r
San Giovanni in Laterano, yn hardd ond heb fod yn eithriadol
felly. Fe'i hadeiladwyd yn y ddeuddegfed ganrif, mae'n debyg,
a'i nodweddion mwyaf nodedig oedd y clas lled flêr o flaen yr
adeilad lle tyfai'r gwair rhwng craciau'r teils yn y clwystr, ac
yn fwy na dim efallai y mosaic euraid uwch yr allor yn yr aps,
ac arno bob mathau o greaduriaid, o ddefaid i riffoniaid, yn
amgylchynu'r Crist croeshoeliedig ymhlith addurniadau eraill
o saint a dail acanthws.

Yr oedd y Pab cyfredol wedi llunio erthygl am y mosaic hwn,
ac roedd y llyfryn ar werth yn y siop yn un o'r capeli i'r dde o brif
gorff yr eglwys, ond nid ildiais i'r demtasiwn i'w brynu, gan dalu
yn hytrach fy nhair ewro a mentro i lawr y grisiau llydan i gael
fy nghyfarch yn syth gan arogl oer y pridd, fel pe bawn eisoes
yn ddwfn yng nghrombil y ddaear. Gofod tra ogofaol oedd yr
eglwys hon a adeiladwyd yn y bedwaredd ganrif ac yr adeiladwyd
yr eglwys bresennol ar ei phen. Fe dybiaf rywsut mai'r nenfwd
isel a greai'r argraff fod corff yr eglwys hon, a hithau wedi ei
llenwi â cholofnau mewn rhesi ysbeidiol, yn fwy llydan na'r un
uwchben. Treuliais gryn amser yn y portico o fynedfa, a'r peth
cyntaf a'm trawodd oedd yr wynebau cerfiedig ar y waliau, a
oedd yn dal i ymwthio o'r wal yn rhyfeddol o glir, ond bod yr
wynebau eu hunain, nodweddion y llygaid, y trwynau a'r cegau,
wedi pylu ac esmwytháu, a meddyliais wrth edrych ar y rheini
am yr eironi ein bod mor awyddus, mor chwannog i gofio ac i
fyw ein bywydau yn y gorffennol, ond ein bod ar y llaw arall mor
analluog o wneud hynny'n iawn oherwydd ein bod yn berchen

ar atgofion mor ddarniog, mor ddrylliog, mor anghyflawn, fel wynebau wedi eu hesmwytháu.

Yn y narthecs hwn yr oedd amrywiol ffrescos lliwgar o ddiwedd y nawfed ganrif a dechrau'r ddegfed wedi goroesi, gan bortreadu gwahanol benodau ym mywyd y Pab cynnar Clemente ei hun. Yma hefyd, wedi ei osod ar fath o echel, yr oedd maen bedd, ac o'i droelli gellid gweld fod arysgrif Gristnogol ar un ochr, a chofiant 'Paganaidd', fel y disgrifiai'r panel gwybodaeth ef, ar y llall, y ddau mewn Lladin, fel y gallai rhywun, dim ond o droi'r maen hwn ar ei echel, weld a chyffwrdd deufyd a gydfodolai ac a orgyffyrddai, ond a wynebai ill dau i ddau gyfeiriad cwbl wahanol. Mentrais i brif gorff yr eglwys danddaearol, wedi ei goleuo bob hyn a hyn gan bolion ac arnynt fylbiau LED, gan daflu golau oeraidd, glaswyn dros y lle, a deuthum ar draws un ffresco a oedd yn fwy cyflawn na'r lleill ac a hoeliodd fy sylw am ryw reswm.

Ffresco oedd hwn a'm trawodd trwy ei fanylder a'i liw, ac a bortreadai bennod ym mywyd Sant Alexis o Rufain, a fagwyd yn y ddinas, yn ôl fersiwn y panel gwybodaeth o'r stori, mewn teulu o uchelwyr, ac yr oedd ei dad mae'n debyg yn seneddwr. Roedd yntau yn benderfynol o'i gysesgru ei hun i'w ffydd, ond rhag dwyn anfri ar ei deulu, fe gytunodd i briodi'r ferch y trefnwyd iddo ei phriodi. Drannoeth y briodas, gyda'i bendith hi, ffodd yntau i Syria, i dref Edessa, i fyw bywyd meudwy mewn tlodi enbyd gan gysegru ei fywyd i Dduw, ac felly y bu am flynyddoedd, mae'n debyg, heb i neb ei adnabod, hyd yn oed gweision ei gartref ei hun a gawsai eu hanfon, druain, i Syria i chwilio amdano, nes i'r Forwyn Fair ymddangos gerbron trigolion Edessa a'u hysbysu ynghylch sancteiddrwydd y begeryn hwn a drigai yn eu mysg. Ffodd yntau mewn cywilydd, ac ni wyddai am unlle i fynd ond yn ôl i Rufain, lle ceisiodd ymgeledd drachefn yn ei hen gartref, a lle nad adnabu neb mohono, na'i rieni ei hun na hyd yn oed ei wraig, gan gymaint y newidasai ei wedd. Felly y bu am gryn ddwy flynedd ar bymtheg, gydag Alexis yn gweithio i'r teulu ymysg y gweision eraill, yn athro ysgrythur i'r plant a chan dreulio gweddill ei amser yn gweddïo ac ymprydio ac yn byw o dan y grisiau, a cheisiais innau feddwl beth yn union fyddai wedi gallu digwydd iddo, ym mha fath fodd yr oedd wedi ei drawsnewid i'r graddau na allai ei deulu ei hun mo'i adnabod. A oedd rhyw ran annirnad ohono, rhywbeth a wnâi Alexis yn Alexis, wedi ei adael ar ôl yn ei frys mawr wrth iddo ffoi o Syria tybed? A pham dychwelyd yn ei ôl i ganol y bobl a fyddai'n fwyaf tebygol o'i adnabod? A oedd y dynfa adref mor anorchfygol o gryf â hynny felly, a sut yn y byd y llwyddodd Alexis i gadw'r peth yn gyfrinach oddi wrth ei deulu cyhyd, gan fynd i'w fedd gyda'i gyfrinach?

Ond yr oedd, wrth gwrs, un peth yr anghofiasai amdano. Yn ei law, ar ei farwolaeth, yr oedd ganddo ei holl ysgrifau a'i hanesion, ond yr oedd ei afael marw amdanynt mor gryf nes y bu raid galw am y Pab ei hun i ddod i dynnu'r papurau o feddiant ei grafanc, a oedd wedi cyffio'n llwyr, fel y tybiwn innau, oherwydd y *rigor mortis*, ond y gellid yn hawdd hefyd, wrth gwrs, gynnig esboniad mwy arallfydol i'r peth, a dim ond trwy allu annaearol y Pab y llwyddwyd i gymryd meddiant o'r ysgrifau hyn, eu darllen, a dod

i ddeall o'r diwedd mai eu mab eu hunain a fu'n eu gwasanaethu mor dduwiol am agos i ugain mlynedd. Dyna'r olygfa a gâi ei phortreadu yn y ffresco hwn, wedyn, y galar a deimlasai ei deulu wrth i'w gorff gael ei gludo i ffwrdd, a'r un ffigur a'm trawodd innau oedd ffigur bychan, tawedog a chefndirol y wraig, yn sefyll yn ffrâm y ffenestr, wedi ei chau i mewn oddi wrth anhrefn a thrwst y dyrfa alarus oddi allan, a minnau heb allu dirnad yn iawn unrhyw ffurf ar emosiwn ar ei hwyneb, ond gan deimlo hefyd, ynghanol holl firi a phrysurdeb y llun, ei bod hithau yn ei ffenestr yn syllu'n uniongyrchol arnaf innau.

Uwchben prif banel y ffresco ceir peintiad o Dduw a nifer o saint bob ochr iddo, a rhyfedd oedd sylwi nad oedd rhan uchaf y darlun hwn yno i'w weld, oherwydd fod y portread o Dduw wedi ei ddifetha, a Duw wedi ei ddienyddio er mwyn gosod sylfeini'r eglwys oddi uchod. Wrth grwydro wedyn rhwng yr aleoedd o boptu i brif gorff yr eglwys, gan edrych i mewn i ambell alcof a dod ar draws ffynnon fechan wedi rhedeg yn sych, sylwais y gallwn glywed sŵn dŵr yn llifo yn rhywle, a dilynais y sŵn hwnnw at gornel eithaf yr eglwys i'r chwith o'r gangell, a chanfod yno risiau a oedd yn disgyn i lefel is eto.

Roeddwn wedi dod ar draws ambell ymwelydd arall wrth grwydro rhwng y colofnau, ond wrth ddod i lawr y grisiau sylweddolais fy mod bellach yn gyfan gwbl ar fy mhen fy hun, ar yr un pryd ag y sylwais ar y teils coch tenau mewn patrwm igam ogam o dan fy nhraed a oedd eto'n gyfan ac yn codi o'r pridd, yma ac acw, fel pe o'r ganrif gyntaf i'm cyfwrdd. Oherwydd mae'n debyg mai o'r ganrif gyntaf OC yr oedd y lefel hon yn dyddio, a chanfûm fy mod mewn rhyw fath o gyntedd a chanddo golofnau addurniedig. Ar un ochr i'r wal roedd giât haearn yn rhwystro mynediad i siambr gulach, dywyllach, tricliniwm a oedd bron fel ogof, ond ynghanol honno safai hen allor hynafol i'r duw Mithras gyda cherfiad ohono'n lladd y tarw yn wynebu'r gwyliwr, wedi ei goleuo gan un o'r lampau LED hynny, ac ar y ddwy ochr iddi wedyn o dan y nenfwd isel a'r aps, ac yn ymestyn ar hyd ochrau'r waliau, yr oedd dwy fainc farmor lle byddai addolwyr cynnar y cwlt Mithraig, mae'n debyg, wedi eistedd i fwyta'u prydau defodol. Ymhellach i lawr coridor cyfyng i'r dde, nad oedd modd pasio drwyddo, gellid cael cipolwg ar ystafell arall wedi ei chau ac wedi ei goleuo'n bur wael y tro hwn, a gawsai ei defnyddio unwaith, yn ôl y panel gwybodaeth, yn ysgol Fithraig, beth bynnag fo hynny.

Ond o ddychwelyd at y tricliniwm, wedyn, a throi trwy allanfa fechan, deuid at ale gyfyng, gul rhwng dau adeilad, ac wn i ddim pam fod hynny yn fwy trawiadol i mi, bron, na'r allor Fithraig yr oeddwn newydd ei gweld. Fe sefais yno am ychydig yn syllu ar y llawr pridd ac ar y nenfwd a fu, unwaith, yn stribyn tenau o awyr las, mae'n rhaid, cyn camu i'r adeilad ar ochr arall yr ale, tŷ henadur Rhufeinig o'r ganrif gyntaf a oedd, yn ôl yr wybodaeth, yn un o'r rhai cyntaf yn y ddinas, os nad yr ymerodraeth, i brofi troedigaeth i Gristnogaeth ac a fu, o'r herwydd, yn defnyddio'i gartref yn lloches i eraill tebyg iddo, dafliad carreg o'r Fforwm ac o dan drwyn yr Ymerawdwr. Yma eto roedd y teils coch tenau'n fy arwain yn igam-ogam drwy stafelloedd y tŷ, a'r teils ar y waliau hefyd yn dal i geisio dangos rhywfaint o'u lliw a'u patrwm, a thrwy'r cyfan deuai cyfeiliant y dŵr rhedegog, byrlymus o rywle nas gwyddwn, nid nes i mi gyrraedd yr ystafell olaf, lle nad oedd modd mynd ymhellach, ac yno, ymhen yr ystafell honno, yr oedd rhyw fath o fainc neu gafn caeedig, ac un caead yn unig wedi'i godi. Croesais y llawr a gweld twll yn y wal wedi'i oleuo drachefn a ffrwd o ddŵr claear, oer yn rhedeg ohono i mewn i'r cafn ac o'r golwg o dan y caeadau. Sefais yno am rai munudau cyn cofio bod gennyf botel ddŵr yn fy mhoced a oedd bron yn wag, gan gael fy nhemtio i'w llenwi, ond am ryw reswm ataliais fy hun rhag gwneud hynny. Teimlwn fy mod, o'r diwedd, fodd bynnag, wedi llwyddo rywsut i dynnu haenau amser yn eu holau, bron fel tynnu crachen oddi ar friw, a'r cyfan oedd ei angen, mae'n debyg, oedd gweld y dŵr glân rhedegog hwn yn dal i lifo ar ei gwrs digyfnewid drwy'r hen beipen.

Tarfwyd ar fy myfyrdodau gan Americanwr o Rufeiniwr swnllyd a ddymunai ddangos 'Rome's best-kept secret' i ddau o'i gyfeillion, ac a hawliodd yr ystafell yn ei ffordd ddihafal ei hun, ac mewn breuddwyd, bron, y dringais y grisiau yn fy ôl i fyny drwy'r haenau, a chael cip wrth fynd ar ddryll o ffresco o'r Farn Fawr, dryll a gynhwysai ryw dair rhes agos o wynebau pobl mewn braw, ac felly pan ddihengais, o'r diwedd, o'r oerni llethol i wres tanbaid yr haul a chodi fy llygaid at yr awyr, yr wynebau hynny a welwn wedi eu serio ar fy llygaid fel negatif llun. Deffroais drannoeth, fore fy ngadael, a'm hwyneb wedi chwyddo, yn goch, ac yn cosi, ac ychwanegodd hynny at yr ymdeimlad o anniddigrwydd a diflastod a minnau'n gorfod hedfan adref yn teimlo'n hynod o hunanymwybodol. Roedd rhyw gyd-ddigwyddiad rhyfedd ynghylch amseriad yr adwaith tra ffyrnig hwn, a dechreuais amau a oedd gan y cyfan rywbeth i'w wneud â'm hymweliad y diwrnod blaenorol â'r eglwys a'r deml a'r tŷ tanddaearol, oerfel a lleithder yr aer yno, neu'r ffaith i mi gyffwrdd, yn ysgafn, ag un o deils y tŷ Rhufeinig â blaen fy mysedd wrth basio trwy un o'r drysau. Dechreuaswn ddifaru nad oeddwn wedi yfed yn helaeth o'r dŵr bywiol hwnnw oherwydd waeth beth fyddai ei effaith, ni allasai fod yn llawer gwaeth na'r ddrychiolaeth a'm hwynebai yn y drych y bore hwnnw, a phwy a ŵyr, efallai y buasai wedi cael effaith iachaol ac adnewyddol arnaf. Ni chawn wybod mwyach, ond roedd credu mai adwaith i aer llaith a phaganaidd y deml Fithraig yn haws na'r amheuaeth gynyddol a difaol yng nghefn fy meddwl mai rhyw fath o adwaith i'r gwin coch a yfaswn y noson flaenorol ydoedd y cyfan, a'm bod wedi dechrau datblygu rhyw fath o alergedd i un o gefndryd pell Mithras, Dionysus neu Bacchus.

Roedd y diwrnod yn wlyb ac yn llwyd, y diwrnod cyntaf o

law oddi ar i mi gyrraedd y wlad bron i bythefnos ynghynt, a chyda thraed gwlyb y ceisiais ymweld â'r ysbyty, ond erbyn i mi ganfod yr adran gywir ymhlith y ddrysfa o hen adeiladau Sioraidd a oedd wedi gweld dyddiau gwell, rhoi fy manylion ac aros i gael fy ngweld, sylweddolais y byddai'n rhaid i mi adael yn fuan er mwyn dal yr awyren. Ymddiheurais yn frysiog, felly, pwyntio at fy wyneb a gofyn am *crema* yn y fferyllfa agosaf, a dal tacsi i'r maes awyr, ac yn wir rhwng popeth rwy'n grediniol y byddwn wedi llwyddo i aros yn gymharol optimistig ac wynebu fy nhynged, os nad â sirioldeb yna â dioddefaint stoicaidd, pe na bawn, ar ôl talu'r 55 ewro i'r gyrrwr a chodi fy mhac, wedi gadael fy nghap, cap brethyn yr oeddwn wedi ei brynu yn Iwerddon rai blynyddoedd ynghynt ac wedi dod yn bur hoff ohono, ar sedd y tacsi i ddiflannu'n ôl i grombil y ddinas, ac mewn ysbryd digon aflonydd a digalon felly y cyrhaeddais innau adref ar ddiwedd fy nhaith.

*

Yn yr ysbryd hwnnw y canfûm fy hun yn hwyr y nos, wedi llwyr ymlâdd ar ôl y daith ac mewn dirfawr angen gorffwys fy llygaid, yn cael fy nhynnu serch hynny mewn modd na allwn ei esbonio, nid i'r gwely i gysgu fel y gwyddwn y dylwn ei wneud, ond at y ddesg yn y stydi, a oedd yn weddol glir a minnau, yn fwy cydwybodol na'r arfer, wedi cwblhau'r rhan helaeth o'm tasgau ar amser ac wedi ei thacluso mewn modd tra hunanfodlon cyn gadael am yr Eidal. Wn i ddim ai ymwybyddiaeth ein bod wedi hedfan dros yr Almaen yn ystod y daith adref, ai rhyw hysbyseb a welswn am awyrdeithiau rhad i Ferlin yn y maes awyr oedd, mae'n rhaid, wedi fy atgoffa drachefn o'r ffolder honno, neu hyd yn oed, efallai, yr holl fyfyrio dros dreigl amser a ysgogwyd gan ryfeddodau'r Eidal, ond yng ngolau'r lamp, heb gynnau golau arall yn yr ystafell, estynnais amdani a'i hagor yn ofalus gan osod ei chynnwys o'm blaen. Y peth cyntaf yr estynnais

amdano, am mai hwnnw oedd yr amlycaf, oedd y llyfr mawr
llwydwyrdd, wyth modfedd wrth ddeg, ac arno'r arysgrif:

1939–1945
THE WAR DEAD OF
THE BRITISH COMMONWEALTH
AND EMPIRE
Ac yna, mewn print llai ar waelod y clawr, CEMETERIES
IN SYRIA, TURKEY AND CYPRUS. Ar gornel chwith uchaf y
clawr, roedd yr enwau hyn eto, a rhifau'n eu dilyn, fel hyn:

SYRIA 1–3
TURKEY 1–4
CYPRUS 1–4

Cefais fy synnu braidd gan yr arysgrifiadau hyn gan imi fod
dan yr argraff ers cryn amser mai rhywle yn Ewrop y lladdwyd
brawd fy nhaid, ac er mai Rhyfel Byd oedd yr enwau a roddwyd
ar y ddau ryfel, roedd y gred gyffredinol mai gwrthdaro a
ddigwyddodd yn bennaf yn Ewrop oedd y Rhyfel Byd Cyntaf,
ac yn bennaf ar y llinell fwy neu lai ddisymud honno o wlad
Belg i lawr drwy Ffrainc ac at y Swistir, a rwygodd y cyfandir
yn ddau yn gymharol gyfleus. Llywodraethodd hynny dros fy
syniad annelwig innau o'r Ail Ryfel Byd, neu o leiaf parodd
imi ddychmygu y byddai unrhyw un â chysylltiad teuluol neu
bersonol mewn rhyw fodd â mi wedi ymwneud â'r Rhyfel yn
Ewrop, a oedd yn ddigon pell i beidio bod yn agos ac eto nid
mor bell nes colli gafael ar ddigwyddiadau a symudiadau. Os
oedd yr Ail Ryfel Byd yn rhywbeth a ddigwyddodd i bobl eraill
mewn cenhedlaeth arall, bron nad oedd yr ymladd yn Burma,
Siapan, a Gogledd Affrica wedi rhedeg ei gwrs mewn bydysawd
arall.
Ac eto, ymddangosai fod perthynas waed i mi wedi bod yn

rhan o'r ymladd yn y lleoedd hyn ac wedi ei ladd, rywsut, rywfodd, yng nghwrs y digwyddiadau hynny. Bodiais y tudalennau, a chanfod, rhwng y colofnau o enwau a rhifau, ddiagramau a mapiau o'r amrywiol fynwentydd hyn, a thablau yn nodi nifer yr amrywiol genhedloedd y perthynai'r meirw iddynt. Caeais y llyfr drachefn, ac yna'i agor ar hap, a chanfûm ei fod yn agor yn naturiol ar un ddalen yn benodol, ac yno, hanner ffordd i lawr colofn gyntaf y dudalen a oedd wedi'i rhannu'n ddwy golofn, roedd dau farc, wedi eu gwneud ag aroleuwr pinc, y naill ochr i un o'r enwau hyn a'r manylion a ddilynai:

Jones, Gnr. John Owen, 96——8. 60 Field Regt.,
Royal Artillery. 23rd June, 1941. Age 24. Son
of John Morris Jones and Elizabeth Jane Jones,
of Llangedwyn, Denbighshire. P. 44

a'r manylyn bychan olaf hwnnw yn cyfeirio, wrth reswm, at y man lle claddwyd John. Troais yn syth felly at y diagram o'r fynwent drachefn, a chanfod y plot, yn gymharol bell o'r fynedfa, mewn rhes a oedd yn un o ddwy a amgylchynai'r plot canol, llawer mwy o faint, lle'r oedd y meirw o'r Rhyfel Byd Cyntaf wedi eu gosod. Yn ôl y rhagair i'r adran hon yn y llyfr mae'r fynwent oddeutu pum cilomedr (tair milltir) y tu allan i ddinas Damascus, ar y ffordd i'r maes awyr, a gellir ei chyrraedd yn hawdd o'r ddinas ar fws neu gyda thacsi. Mae lletyoedd da, yn ôl y cyngor hwn o 1959, yn Damascus ei hun, ac fe sefydlwyd y fynwent yn Hydref 1918 pan ddaeth lluoedd Prydain i mewn i'r ddinas, gan ganfod yr ysbytai Twrcaidd yn llawn milwyr a phobl yn wael neu wedi eu hanafu, ond nid tan y daeth pwl o golera a ffliw dros y ddinas rai dyddiau'n ddiweddarach y cafwyd, yn ddisymwth ddigon, fod galw am le i gladdu 597 o gyrff. Yn dilyn yr ymladd yn 1941, symudwyd nifer o gyrff o amryw lecynnau llai a mwy distadl i'r fynwent hon hefyd, gan osod y don gyntaf o'r rhain yn y llain rhwng y wal isel a amgylchynai'r fynwent a'r beddi a oedd yno'n barod. Yn ddiweddarach ychwanegwyd llain arall i'r gorllewin, a'i alw'n The Cypresses, enw a'm trawai innau ar yr un pryd yn addas ac yn gwbl anaddas. Byddai wedi bod yn enw mwy arferol ar gartref henoed mewn ardal swbwrbaidd yn Lloegr, fel Rochdale neu'r Wirral, lleoedd y gallasai'r rhan fwyaf o'r rhai a gladdwyd yma, meddyliais, fod wedi treulio blynyddoedd olaf eu bywydau ynddynt. Am eiliad fer daeth y syniad creulon a chwbl afresymol i'm pen eu bod yn well eu lle yma, yn gymysgedd o ymwybyddiaeth o ba mor erchyll y gallai'r fath leoedd â chartrefi henoed fod, er nad bob amser, a rhyw fath ar sentimentaliaeth ieuanc-wrth-yr-hen eu bod wedi eu taro i lawr ar anterth eu bywydau ac na fyddai rhaid iddynt oddef gwaradwydd a phoenau bod yn hen byth.

Ond ar draws y myfyrdodau hyn meddyliais am fy nhaid a'm nain yn fodlon reit yn eu ffwrnais o ystafell fyw, ac wrth droi fy llygaid yn ôl at y llyfryn fe'm llethwyd gan y teimlad fy mod yn busnesu, yn gwthio fy nhrwyn i mewn i rywle na wyddwn ddim amdano ac nad oedd fy eisiau yno, ac ni fedrais fwy na tharo golwg sydyn dros weddill y manylion a ddisgrifiai'r Stone of Remembrance ym mhen pellaf y fynwent, gan nodi y gwnaed y to o deils Rhufeinig o Gyprus, a bod y beddi nas gwyddys pwy a gleddid ynddynt yn cario'r arysgrif

Their glory shall not be blotted out.

Drwy'r cyfan roedd fy nghof yn dal wedi'i serio â dau fanylyn yn benodol, sef oed John pan laddwyd ef, pedair ar hugain, fy oed innau ar y pryd, a'r dyddiad hwnnw, yr unfed ar hugain o Fehefin, Alban Hefin, dyddiad a oedd newydd basio a minnau yn yr Eidal ar y pryd, ac yn gefnlen i hyn oll, er nad oeddwn erioed wedi bod i Syria, ac nad oedd gennyf ddim ond diagram o'r fynwent yr oedd y dybiaeth fy mod, o ddarllen y disgrifiad byr hwn, yn gallu gweld y fynwent yn rhyfedd o eglur yn llygad fy meddwl.

Efallai, mewn gwirionedd, fod y fynwent yn llawer rhy debyg, yn fy meddwl, i'r unig fynwentydd rhyfel yr oeddwn wedi ymweld â hwy, sef mynwentydd a neilltuwyd yn bennaf i feirwon y Rhyfel Byd Cyntaf yng ngwlad Belg, yn yr ardal o amgylch Ypres, mynwentydd yr oeddwn wedi ymweld â hwy, mewn gwirionedd, fwy nag unwaith, yn amlach, mae'n debyg, nag sydd yn gyffredin nac, o bosibl, yn iach, i fachgen pedair ar bymtheg oed, sef fy oed pan ymwelais â'r ardal ddiwethaf, a hynny yng nghwmni Cynon. Y pryd hwnnw, roeddwn yn benderfynol o ddangos bedd Hedd Wyn iddo ym mynwent Artillery Wood, a minnau wedi cael y wefr, oblegid gwefr oedd hi, gwefr facabr ond gwefr yr un modd, yng nghwmni fy rhieni fwy nag unwaith.

O fewn yr albymau lluniau gartref fe ganfyddir, o bryd i'w gilydd, amryfal luniau ohonom ar wahanol adegau yn ein hanes yn penlinio o flaen y bedd neu'n sefyll y tu ôl iddo, ac mae'n debyg ein bod wedi torri'n henwau ar y llyfr ymwelwyr o leiaf bedair gwaith dros y blynyddoedd. Ni allaf fod yn siŵr beth a'n denai ni fel teulu yn ôl yno dro ar ôl tro, nac ychwaith at y Cafe Hagebosch, nid nepell o'r fynwent, a oedd wedi cael ei ddefnyddio yn ysbyty maes yn ystod y rhyfel a lle cludwyd Ellis Humphrey Evans o faes brwydr Passchendaele, ar Gefn Pilkem, â shrapnel o siel yn ei gefn, a gweini'r morffin iddo, wedi gweld nad oedd gobaith, a lle bu farw, ar ddiwrnod olaf Gorffennaf, 1917. Mae lluniau ohonof yno hefyd, yn sefyll, gan amlaf, gan nad oedd modd mynd i mewn i'r caffi nac edrych i mewn iddo oherwydd ei fod, yn y modd Ffrengig-Felgaidd hwnnw, i'w weld fel pe bai'n cysgu, neu'n hepian ers blynyddoedd yn haul ffyrnig y prynhawn a ninnau'r unig ffyliaid hyd y lle, gan amlaf yn sefyll wrth y plac llechen a osodwyd ar y wal frics coch oddi allan yn adrodd ei hanes ac yn dangos llun, digon annhebyg iddo, ac o'i gadair ddu. Mae'r plac hwn yn ymddwyn fel rhyw fath ar siart mesur taldra teuluol, oherwydd gellir olrhain y modd y tyfais yn ôl pa mor bell yr oedd rhaid i'm tad neu fy mam sefyll i ffwrdd er mwyn fy nghael innau a'r plac i mewn yn y llun. Erbyn fy mod, oddeutu deuddeg oed a'm dannedd yn rhy fawr i'm hwyneb, yn gwisgo sbectol anferth ac yn gallu sefyll gyfysgwydd â'r plac, a bod y llun o'r herwydd wedi'i dynnu o safle llawer nes na'r lleill, gellir gweld yno eto ar fy wyneb y wên ryfedd honno yr oeddwn yn ei thynnu yn y math hwn o sefyllfa, fel pe na allwn benderfynu, a thrasiedi'r sefyllfa, o bosibl, wedi gwawrio arnaf am y tro cyntaf a thristwch yn hytrach na'r wefr facabr honno'n teyrnasu, a ddylwn fod yn gwenu ai'n gwgu ai'n wylo'n hidl, ac o ganlyniad yn tynnu rhyw wyneb rhyfedd sydd yn edrych, bron, fel pe bawn yn ceisio crychu fy wyneb rhag yr haul.

Y tro diwethaf hwnnw, bu raid i ni archebu taith swyddogol gyda thywysydd a bws mini, gan nad oedd gennym gerbyd, ac oherwydd mai fy nhad a oedd wastad wedi dod o hyd i'r lle diolch i wybodaeth fanwl a gawsai gan hanesydd lleol, ond pan fu i Cynon a minnau holi tybed a fyddai modd i ni gymryd gwyriad i weld y fynwent a'r caffi, gwyddai'r tywysydd yn syth am y mannau roeddem yn eu cyrchu, ac roedd y criw bychan o bobl eraill yn ddigon hapus hefyd i ni fynd yno. Felly ar ôl gweld y byncer lle sgrifennodd John McRae ei gerdd am gaeau Fflandrys cawsom ninnau fynd i'n cornel fechan o dir tramor sydd am byth bellach yn rhan o Gymru.

O weld y llyfr ymwelwyr roedd yn amlwg y teimlai nifer o Gymry eraill, fel ninnau, berchnogaeth ryfedd dros y fynwent honno, ac eto profiad digon chwithig oedd bod yno heb fy nheulu ac yng nghwmni criw o dwristiaid eraill, gan wrando ar y dyn hwn a oedd, wedi'r cyfan, er ei fod yn rhyfeddol o wybodus, deallus a sensitif, yn rhywun nad oedd yn un ohonom ni, yn adrodd ac yn egluro'r hanes y tybiwn y gwyddwn i bob manylyn bychan ohono, er budd y twristiaid, ac yn ychwanegu manylion technegol fel symudiadau'r fataliwn, amser yr ymladd, a rhywbeth nad oeddwn i erioed wedi meddwl amdano cyn hynny, sef cwrs y frwydr ar ôl i Hedd Wyn syrthio, yn weddol fuan fel y digwyddai, a'r fataliwn ar ôl goresgyn Cefn Pilkem yn symud ymlaen tuag at y safle a elwid yn Iron Cross, gan wneud i'r holl hanes cyfarwydd swnio'n ddieithr braidd.

Wrth ddod i ben ei stori fe'm dychrynodd gan droi, fwyaf sydyn, atom ni'n dau a holi a oedd gennym unrhyw beth i'w ychwanegu, neu unrhyw linellau i'w dweud. Ysgydwodd Cynon ei ben yn syth, wrth gwrs, a gwrthod dweud gair, ond edrychai'r ymwelwyr eraill arnaf mor ddisgwylgar a gobeithiol nes imi deimlo rhyw fath o ddyletswydd i'w bodloni, ac yn yr amgylchiadau hynny y canfûm fy hun yn ymbalfalu am eiriau'r gerdd 'Rhyfel' o eiddo Hedd Wyn ac yn ei hadrodd ger y bedd, ychydig yn betrus i ddechrau, ond erbyn y pennill olaf, yn annisgwyl braidd, yn cael fy ngoresgyn gan bwl go ddwys o emosiwn, a dim ond wrth i'r telynau ar yr helyg draw a gwaedd y bechgyn ddiflannu i ddistawrwydd llwyr y deuthum at fy nghoed a sylweddoli lle'r oeddwn, yn iawn. Teimlais braidd fel mwnci a oedd newydd gael ei gymell i berfformio, yn sŵn y porthi wrth i'r criw wasgaru hyd y rhesi cyn troi'n ôl am y bws mini gan ddweud fod y Gymraeg yn 'lovely language, so poetic', nes i Cynon droi ataf a chyfaddef, mewn llais crynedig, ei fod wedi teimlo lwmp yn ei wddf a deigryn ar ei foch ac nad oedd, cyn hynny, wedi llwyr sylweddoli arwyddocâd y geiriau a'r hanes.

Y diwrnod blaenorol roedd Cynon wedi gwrthod dod i weld y Last Post ger Porth Menin gyda mi oherwydd fod gêm bêl-droed bwysig ymlaen yng Nghwpan y Byd, ac felly roeddwn wedi ymlwybro draw yno fy hun, yn teimlo'n rhyfeddol o unig gan fy mod wedi arfer bod yno, hefyd, gyda fy nheulu, ac wrth wrando ar y nodau'n diasbedain o dan fwâu'r porth, fel pe bai'r miloedd enwau a arysgrifwyd arnynt yn anfon eu heco'u hunain yn ôl atom drwy'r degawdau, roeddwn yn ansicr beth yn union yr oeddwn yn ei goffáu, ai'r milwyr hyn oll gyda'i gilydd, ai'r un milwr anhysbys hwnnw, ynteu ai fy mhlentyndod i fy hun, o bosibl. Bellach, fodd bynnag, roedd Cynon yn llawn ymdeimlo â'r peth, a phan gyrhaeddodd y bws mini yr arosfan nesaf, sef mynwent Tyne Cot, ger Zonnebeke, y fynwent ryfel fwyaf yn y byd, Cynon oedd y cyntaf oddi ar y bws. Gwyliais ef o bellter yn gwneud ei ffordd yn ei siorts, ei sandalau a'i sbectol haul, dros y gwair byr trwsiadus, rhwng y rhesi o gerrig beddi difrycheuyn o wyn, ac yn aros wrth bron bob un o'r cerrig, ond erbyn tua'r drydedd rhes, sylwais ei fod wedi dechrau arafu'n sylweddol, ac erbyn i mi ddal i fyny ag o fe'i canfûm yn sefyll uwchben bedd, nid ag enw penodol arno, ond yn hytrach y frawddeg enwog honno o eiddo Kipling,

A Soldier of the Great War
Known Unto God

Roedd y tywysydd eisoes wedi egluro wrthym y modd yr oedd Kipling wedi annog ei fab, John, â'i frwdfrydedd jingoistaidd arferol, i ymuno â'r fyddin, a bod y mab hwnnw, brin ddeuddydd ar ôl cael ei anfon i'r ffrynt, wedi ei ladd, a'r disgrifiad olaf ohono yn baglu'n ddall drwy'r mwd, yn sgrechian mewn artaith ar ôl i ddarn o shrapnel o ffrwydrad cyfagos rwygo'i wyneb yn ddarnau, yn cyferbynnu'n frawychus â'r ddelwedd ogoneddus a oedd, mae'n rhaid, ym meddwl Kipling wrth iddo gael gair tawel yng nghlust ei gyfaill yr Arglwydd Roberts i adael ei fab, a oedd yn eironig ddigon yn wael ei olwg, gael listio. Nid oedd corff John erioed wedi ei ganfod a'i adnabod i sicrwydd, ac o ganlyniad i hyn y gofynnodd Kipling am gael y frawddeg foel ac iasol honno ar ei garreg fedd, ac eglurodd y tywysydd fel yr oedd y frawddeg honno, wedyn, wedi ei mabwysiadu yn fformiwla i'w defnyddio ar bob carreg dros fedd lle nad oedd modd adnabod y milwr marw, ac y gellid ei haddasu wedyn yn ôl yr hyn a oedd yn hysbys am y truan, e.e.

An Australian Soldier of the Great War
Known Unto God

'Nid hynna sydd', mwmialodd Cynon, pan awgrymais iddo, fel modd o geisio'i gael i symud ymlaen yn lle sefyll wedi'i lesmeirio uwch y bedd, fod y truan hwn wedi cael yr un fath o gladdedigaeth a gwasanaeth â phob milwr arall, 'ond bod yna gymaint ohonyn nhw'. Yn wir fe ddysgais, o ddarllen llyfryn gwybodaeth ar y fynwent yn yr amgueddfa yn Cloth Hall Ieper yn ddiweddarach, fod 8,367 o'r cyfanswm o 11,954 o feirw a gladdesid yno, yn ddienw, ac nid oedd yn syndod i mi felly fod Cynon, wrth symud o un bedd i'r llall drwy'r rhesi yn y fath fodd, a chanfod bedd ar ôl bedd wedi'i farcio â dim mwy na'r frawddeg hon a'r amrywiadau arni, wedi teimlo'r cyfan yn pwyso arno, neu'n hytrach fel pe bai'n dal gafael yn dynnach ac yn dynnach ar ei goesau, nes ei rwystro rhag symud yn ei flaen, wedi ei lethu yn llwyr gan y teimlad o fethu amgyffred, o fethu cael gafael iawn ar yr hyn yr oedd yn ei weld o'i flaen ac yn ei brofi, fod gormod, gormodedd ac nad oedd modd iddo allu cymryd y cyfan i gof.

Haws o lawer, ar un wedd, oedd ymlwybro'n ddiweddarach at y wal fawr ymhen y fynwent a godwyd pan ganfuwyd nad oedd y Porth Menin yn ddigon mawr i gofnodi enwau'r holl filwyr y gwyddid eu bod ar goll ond nad oedd corff wedi ei ganfod. 'Falla'n wir', awgrymais, 'fod rhai o'r enwau hyn ar y wal hon yn cyfateb i rai o'r cyrff sydd yn y beddi acw'. 'Falla'n wir', atebodd Cynon, heb lawer o argyhoeddiad yn ei lais, ond rywsut roedd y wal a'i henwau yn rhywbeth y gallai yntau afael ynddynt mewn modd llawer mwy real, a threuliodd gryn amser yn chwilio drwy'r rhestr hirfaith hon o enwau am un a oedd yn debyg i'w enw yntau. Chwiliais innau, wrth gwrs, felly, a chanfod yno yr arysgrifiad

Os oes unrhyw beth, bellach, sydd yn aros yn y cof o fynwent Tyne Cot, yr un enw hwnnw ydyw, rhywbeth a oedd, yn ei bellter a'i arwahanrwydd llwyr, ar y llaw arall, am wn i, yn berffaith gydnaws â'n bywydau a'n ffyrdd ni'n dau o fyw, yn cael ein llethu ond yn dal i chwilio, ymysg yr holl bentyrrau a rhestrau a llith o wrthrychau ac enwau a phetheuach, am rywbeth i ddal gafael arno ac i uniaethu ag o, i'w adnabod. Yn yr un modd, roedd hi wedi bod yn haws i minnau, rywsut, y noson flaenorol, i deimlo pwysau'r colofnau uchel o enwau ar enwau ar enwau uwch fy mhen ar furiau'r Porth Menin na chanolbwyntio ar fflam yr un milwr anhysbys hwnnw ynghanol y llawr, a nodau cythryblus yr utgorn. Roedd cael y map, a'i linellau syth a'i rifau trefnus, o fy mlaen, a gallu gwybod yn union a rhoi fy mys, ar hwnnw, lle'r oedd brawd fy nhaid yn gorwedd, bron yn deimlad braf, ac yn llawer haws na darllen y manylion rhyfedd am y gwahanol arysgrifiadau a naddwyd i'r muriau yno.

Mae'n debyg bod y boddhad hwn a deimlwn yn deillio o'r ffaith fod gallu rhoi bys ar ddarn o fap yn fodd o ddiriaethu, neu o roi cig a gwaed, fel petai, ar hen ewythr nad oeddwn i erioed wedi ei adnabod ac nad oeddwn wedi clywed llawer mwy na rhyw hanner brawddegau amdano, a hynny, heb amheuaeth, yn rhannol oherwydd nad oeddwn wedi bod yn gwrando am ei enw na'i hanes, a'm clustiau heb eu moeli i geisio dal ebychiad neu sibrydiad ar ddiwedd stori. Yr oedd gennyf bellach, fodd bynnag, ffordd hawdd a pharod o ddod i adnabod y gŵr ifanc hwn, yr ystyriwn mewn ffordd ryfedd yn gyfoed, ac yn wir yn gyfoes, â mi, a hynny drwy gyfrwng y pentwr bychan o lythyrau, gohebiaethau a thameidiau bychain eraill o bapur a oedd wedi eu cynnwys yn y ffolder. Ond bûm am hir cyn mentro, gan eistedd yn ddiymadferth wrth fy nesg, yn ceisio meddwl am bethau eraill i'w gwneud ac yn ei chanfod yn hawdd gadael i drywydd fy meddwl gael ei arwain gan y teledu, y radio neu'r we, a dim ond o ddiffodd y teclynnau hyn yn llwyr, gyda chryn ewyllys, y llwyddais o'r diwedd i'm llusgo fy hun at y ffolder, a synnu pa mor gyndyn oeddwn i bori drwy'r cynnwys er fy awydd i roi wyneb a llais a phersonoliaeth ar sgerbwd yr enw.

Wedi magu plwc o'r diwedd, estynnais i'r ffolder a chael bod dau fwndel ynddo, yn ogystal â'r gofrestr feddi, un pentwr o bapurau wedi ei ddal ynghyd â band elastig, a'r pentwr arall, o bapurau llai o faint, wedi ei wthio i amlen fechan. Daliwyd fy sylw yn syth gan y llythyr ar ben y bwndel mwyaf, ac arno'r penllythyr, mewn ffont gwyrdd,

a llun bychan o bluen ac inc mewn gwyrdd oddi tano, a'r dyddiad August 26th, 1936, ac yn hysbysu fy ewythr John, â chryn bleser, ei fod wedi pasio ei arholiad i fod yn Stationer's Assistant, gydag anrhydedd. O ddarllen ymhellach, gwelais mai o dan enw cwmni llyfrwerthwyr ym Manceinion yr oedd wedi ei gynnig ei hun i'r arholiad, a deallais felly fod John, fel Arthur, brawd arall fy nhaid, wedi mynd i Fanceinion i fyw ac i weithio, mae'n rhaid, ac mai yno'r oedd pan dorrodd y rhyfel dair blynedd yn ddiweddarach. Roedd John felly, mae'n rhaid, yn ŵr ifanc galluog, a dyna'r argraff a gefais hefyd pan fentrais, gyda chryn ofal, dynnu cynnwys yr amlen fechan allan a'u canfod wedi eu dal gyda'i gilydd gan gerdyn Nadolig, ac arno ddarlun torch o gelyn lliwgar yn hongian ar ddrws, yn fy ngwahodd, fel petai, i agor y drws hwnnw ac i ganfod y goleuni a'r dathlu a'r llawenydd oddi mewn. Yr oedd y cynnwys, fodd bynnag, yn iasol wahanol i hynny, a'r ddau lythyr cyntaf a'm hwynebai oedd dau a'u cloriau'n edrych yn rhy fygythiol o swyddogol, a rhoddais hwy i'r naill du am y tro.

Darn bychan o bapur llwyd wedi ei blygu oedd y nesaf yn y pentwr, a chodais hwnnw hefyd er mwyn symud ymlaen, ond wrth wneud hynny syrthiodd ffotograff bychan, du a gwyn allan, o ddyn ifanc y cymerais mai John ydoedd, yn sefyll ynghanol cae a oedd ar fymryn o ogwydd, a'i ddwylo ynghyd a'i goesau ychydig ar led, gan fy atgoffa o'r modd yr arferwn innau sefyll weithiau i gael tynnu fy llun, ond ei fod dipyn yn smartiach na mi yn ei siwt dri darn a'r tei streipiog, a'i wallt, fel gwallt ei frodyr yn eu henoed, wedi'i frylcrîmio'n ôl yn daclus, ac yn wir meddyliais mor smart ac mor drwsiadus yr oedd y ddau arall wedi bod erioed, a'm taid yn dal i fod felly. Yn y llun hwn hefyd, fel gyda chynifer o luniau Taid yn fain ac yn dalsyth, fe'm trawyd gan mor hen yr ymddangosai John yma, er na allai fod lawer hŷn na rhyw dair ar hugain, neu nid hen yn gymaint ag aeddfed, yn gwisgo'i siwt mewn modd na allaswn innau ond breuddwydio amdano, gan mai fy ngwisgo i y byddai siwt yn tueddu i'w wneud fel arfer. Yr wyneb, hanner ffordd rhwng Arthur, y brawd canol, ac Olwen, y chwaer hynaf, a'm perswadiodd mai John oedd hwn, a chymerodd amser i mi ymgynefino â'r wyneb newydd, yr ychwanegiad diweddaraf i'r teulu, yn fy nychymyg i, er mai ef oedd y cyntafanedig mewn gwirionedd, ac felly fod modd dadlau mai amrywiadau arno yntau oedd wynebau'r lleill yn hytrach na'r ffordd arall.

Roedd hi'n haf, hefyd, yn y llun, neu'n ddiwrnod braf o wanwyn o leiaf, oherwydd roedd y llwyni'n llawn y tu ôl i John a'r golau'n creu cysgodion miniocach yn y modd y mae pob llun o'r gorffennol yn tueddu i roi'r argraff ei bod hi wastad yn danbaid a'r haul yn tywynnu erstalwm. Llun bychan ydoedd, heb fod yn llawer mwy na maint llun pasport, a dyna'r rheswm pam fod y llythyr a'i hamgylchynai wedi ei blygu i'r fath raddau nad oeddwn wedi sylwi, i ddechrau, mai llythyr ydoedd, a chyda'r llun hwn cedwid dau doriad o ddau bapur newydd gwahanol, un o bapur lleol Llangedwyn, a'r llall o un o newyddiaduron Manceinion. Nodai'r papur lleol y modd yr oedd John wedi symud i Fanceinion saith mlynedd ynghynt, ei fod wedi listio y flwyddyn flaenorol, wedi ei ddrafftio allan yn Chwefror, wedi ei anafu ar yr unfed ar hugain o Fehefin ac wedi marw ar y trydydd ar hugain. Cadarnhawyd fy amcan mai clerc gyda llyfrwerthwyr ym Manceinion oedd ei waith, ac wrth gwrs roedd y papur hefyd yn awyddus iawn i bwysleisio mor boblogaidd, uchel ei barch ac academaidd lwyddiannus ydoedd. Fe'm trawyd, wrth droi at yr ail doriad, gan yr eironi mai yn Saesneg yr oedd y darn o bapur Llangedwyn, tra bod y darn o Fanceinion, a'i bennawd emosiynol, am fod trefn naturiol y frawddeg wedi ei gwyrdroi, i'm clust i, gan roi'r ansoddair o flaen yr enw,

Marw Mewn Estron Wlad

yn Gymraeg. Yn wir, y darn hwn oedd y mwyaf emosiynol a phersonol drwyddo draw, er ei bod yn bosibl mai ymddangos felly i mi'r oedd hynny oherwydd ei fod yn Gymraeg, ond roedd y pwyslais yma'n fwy ar yr aros poenus a brofasai'r rhieni rhwng cael gwybod ei fod wedi ei anafu, a'r telegram a ddaeth ar ddydd Llun, 15 Medi, gryn ddeufis yn ddiweddarach, yn dweud ei fod wedi marw, ac fel y dywedai'r erthygl fechan buont yn bryderus iawn yn ei gylch heb wybod maint ei glwyfau na pha le yr oedd. Roedd pwyslais ychwanegol yma hefyd ar y ffaith fod John yn aelod ffyddlon a gweithgar o'r Eglwys Fethodistaidd yn Gore Street, Manceinion, a'i fod yn fawr ei barch yn yr eglwys a'r Gylchdaith, a thrwy fanylion felly yr oedd rhywun yn teimlo, er iddynt wneud smonach llwyr o sillafu enw cartref John yn ôl yn Llangedwyn, fod llawer rhagor o empathi a chydymdeimlad yn y darn hwnnw.

Ond wedi astudio cymaint â hynny ar y llun a'r pytiau papur newydd, roeddwn wedi eu dihysbyddu o bob ystyr a chasgliad, a bellach rhaid oedd troi at y llythyr ei hun, a'r nesaf yn y pentwr, sef dau lythyr oddi wrth John at Arthur, a oedd wedi listio gyda'r RAF ond a oedd, hyd hynny, yn dal ym Mhrydain ac wedi llwyddo, drwy gryn syndod ac ychydig o annifyrrwch i John, i gael pythefnos o wyliau i fynd adref i Langedwyn. Roedd un yn ddyddiedig dydd Sul, 6 Mehefin 1941, a'r llall ddydd Mercher y deunawfed, a chefais bwys trwm yn fy stumog pan sylweddolais y cafodd John ei glwyfo'n angheuol dridiau wedi ysgrifennu'r llythyr hwnnw. Teimlwn, wrth ddarllen y llythyrau hyn a'u hysgrifen dwt, fân, mewn pensil, fel pe bawn yn dod i adnabod y ddau frawd a'u perthynas â'i gilydd, yn wir bron fel pe bawn yn sefyll yn ffrâm y drws, yn ddim ond silwét yn erbyn y golau ac mor llonydd fel nad oedd yr un o'r ddau wedi sylwi ar fy mhresenoldeb hyd yn hyn, ac yn awchu am gael clywed y sgwrs i gyd ond yn gwybod, hefyd, y deuai rhywbeth i darfu ar y cyfan, y byddai'r ddau'n clywed siffrwd fy nhroed aflonydd ar y llawr leino, neu y byddai un ohonynt yn methu ateb, ac yn tawelu.

Yn wir roedd hynny eisoes wedi digwydd mewn ffordd, oherwydd dim ond ochr John o'r ohebiaeth a oedd gennyf. Ble'r oedd cymar pob llythyr, yr hanner arall nad yw unrhyw ohebiaeth yn gwneud synnwyr, nac yn gyflawn, hebddo? Mewn poced frest yn rhywle, a theimlais yn annifyr o sylweddoli mai'r un a fu fyw, rywsut, oedd yr un mud yn y sgwrs unffordd hon, ac mai'r un a fu farw y gallwn ei glywed, a hynny'n gymwys oherwydd iddo farw, a bod ei lais, ei law, ei lofnod, wedi eu trysori a'u cadw'n fyw oherwydd nad oedd eu perchennog wedi cael byw. Yn fwyaf sydyn, teimlwn nid fel clustfeiniwr direidus, ond fel tresmaswr yn ymyrryd, a theimlais yr ysfa i lithro i ffwrdd oddi wrth ffrâm y drws a gadael y ddau yn eu sgwrs olaf, unochrog. Ar yr un pryd teimlwn fod rheidrwydd arnaf i aros er mwyn cofnodi'r sgwrs, er mwyn dod â hi i'r amlwg. Mae'n amhosibl i mi fy nghymell fy hun yma i drawsgrifio'r llythyrau, nid yn unig oherwydd eu bod yn Saesneg, ond dylwn o leiaf geisio crynhoi'r teimladau, y deisyfiadau a'r emosiynau y ganfûm oddi mewn i'w plygiadau.

Yn y llythyr cyntaf sonia John am ei hapusrwydd llwyr wrth dderbyn pedwar llythyr, gan gynnwys un gan Arthur, ar yr un diwrnod, ac yna syndod fod Arthur yn cwyno am yr oerfel, tra oedd John druan yn toddi yng ngwres yr haul, a'i bleser y diwrnod blaenorol o weld llecyn gwyrdd yn lle'r tywod diderfyn. Brolio'r bwyd a wna John, ond cenfigennu at Arthur yn cael cwrdd â'i ffrindiau ysgol yn ystod ei *leave*, gan fynd i weld y *match* gyda hwy, a hynny'n arwain at resynu ei bod yn teimlo fel blynyddoedd ers iddo weld gêm bêl-droed neu ffilm, hyd yn oed. Ond nid yw'r llythyr heb ei fwynhad chwaith, wrth i John annog Arthur fod amser da i'w gael allan yno, ac yna'n diolch ei bod yn weddol dawel ar y pryd, a'i fod wedi cael gweld cryn dipyn wrth deithio cymaint. Mae yno graffter hefyd, oherwydd ei fod yn amau Jerry, o weld ei fod yn dawel iawn uwch Lloegr bellach, o gelu rhywbeth 'i fyny ei lawes', a'r cyngor olaf gan y brawd mawr i'w frawd bach cyn ffarwelio yw iddo 'gadw'i ên yn uchel'.

Erbyn yr ail lythyr, a ysgrifennwyd yn ystod egwyl fer wrth i'r trŵp grwydro drwy'r anialwch, y mae'r criw bellach 'out in the blue', y tryc yn gartref iddynt a'r awyr yn nenfwd. Er hynny, ei ddiddordeb ym mywyd Arthur, ac nid mewn disgrifio ei fywyd ei hun, a ddaw i'r amlwg yn y llythyr hwn, wrth i John ei longyfarch ar basio'i arholiadau, gan ddisgwyl, eto â'i brofiad brawdol blaenorol yn arwain ac yn cynghori, y byddant yn symud yn eu blaenau, a hyd yn oed efallai'n dod allan, yn gymharol fuan, ac yna'n ei holi am y manylion bychain, dibwys, ond cwbl bleserus hynny, megis a oedd Arthur wedi gweld unrhyw sioeau da yn ddiweddar. O leiaf roedd John wedi cael gweld ffilm, 'talkie' hefyd, o'r enw *The Broadway Melody of 1940*, eto o dan y sêr, ac wedi ei mwynhau'n arw gan ei fod yn newid bach. Yna mae John yn dechrau hel ei bethau ynghyd ac yn ffarwelio, yn nodi ei fod yn ceisio sgrifennu cymaint ag y gall o lythyrau gan y bydd yn wythnos neu ddwy cyn y caiff gyfle i anfon rhai eto. Byddai'n falch o glywed gan Arthur a chan y lleill, pe bai ganddynt rai munudau i'w sbario, ac eto daw'r cenfigen am y pythefnos o wyliau i'r amlwg, a'r frawddeg honno wedyn yn dweud y byddai wrth ei fodd pe câi ddod adref i'w gweld nhw i gyd, pe na bai ond am rai oriau. Yna, gydag addewid y bydd yn anfon eto'n fuan, ymbil ar Arthur i edrych ar ei ôl ei hun, dymuno'n dda iddo a chrafu'r cusanau siâp x cyn belled ag yr ânt hyd ymyl y ddalen cyn diflannu, y mae John yn canu'n iach i'w frawd.

*

Yn 1904 roedd y bardd, yr awdur ac, ar y pryd, y newyddiadurwr, TGJ, wedi bod yn dioddef ers cryn amser o iselder ysbryd dybryd, a gwaeledd o gorff hefyd, heb ei helpu, mae'n siŵr, gan y cetyn a oedd bob amser wrth law ganddo, a'r oriau gwaith hir yr oedd yn ymgymryd â hwy wrth weithio i beth wmbreth o wahanol bapurau, gan gynnwys yr *Herald Cymraeg*, y *Caernarvon and Denbigh Herald*, a'r newyddiadur ysgafn ond hynod ddiddorol hwnnw, *Papur Pawb*, heb sôn am y ffaith y byddai wedyn, gyda'r nos, yn diflannu i'w stydi am oriau bwygilydd er mwyn ymlafnio dros ei waith llenyddol. Does ryfedd iddo genfigennu wrth John Morris-Jones, ac edliw iddo, am yr holl amser a oedd gan hwnnw i astudio ac ysgrifennu mewn hamdden, ac ni fyddai'n syndod chwaith, erbyn 1904, pe bai cadair 1902 ac 'Ymadawiad Arthur' yn ddim ond atgof pell, a'r gaeaf yn hir ac yn oer wrth i bwl o ffliw, a effeithiodd ar y teulu tlawd cyfan yn Stryd Dinorwig, fygwth troi'n niwmonia yn achos TGJ. Mae'n rhaid ei fod eisoes yn dipyn o arwr ymysg y Cofis, oherwydd casglwyd tysteb iddo a'i galluogodd i deithio i'r Aifft er mwyn ysgwyd ymaith effeithiau'r afiechyd a oedd arno, ac wrth ddarllen am hyn, meddyliais y byddwn innau hefyd yn ddiolchgar iawn pe bai rhywun yn casglu arian ar fy rhan er mwyn i mi gael teithio i wlad bellennig, ecsotig, boeth, bob tro y byddai tipyn o annwyd yn bygwth fy llethu, ond rhoddais ymaith fy mhwl o genfigen a darllen ymlaen.

Creadur digon digalon a fu TGJ erioed, yn ymylu ar y melancolig ac o hyd yn teimlo bod pobl yn ei erbyn, yn ogystal â chario baich yr ymdeimlad rhyfedd, ers oed cymharol ifanc, nad oedd wedi ei dynghedu i fyw yn hir, ac mai byr fyddai ei oes, ac efallai mai dyna a'i cymhellodd i ymroi â'r fath egni diflino i bob agwedd o'i waith llenyddol a newyddiadurol, neu efallai, i'r gwrthwyneb, mai'r blinder cyson hwn a blannodd ynddo'r teimlad annaearol fod ei fywyd yn cael ei ddraenio allan ohono yn llawer rhy gyflym. Beth bynnag yr achos, y cwbl a wnaeth ei daith hirfaith i'r Aifft, a'i arhosiad o rai misoedd yno, er gwella ei iechyd i raddau, oedd dyfnhau a dwysáu yr emosiynau hyn, ac ni wnaeth marwolaeth ei frawd ieuengaf, ynghyd â marwolaeth ei gyfaill a'i athro, Emrys ap Iwan, ac yntau filltiroedd i ffwrdd, ond atgyfnerthu ei synnwyr o ddiymadferthedd llwyr.

Effaith fwy uniongyrchol y teimladau hyn, yn fy nhyb i, oedd creu ynddo hiraeth dwfn a dirdynnol am ei wraig a'i blant, a hefyd, am dirwedd a golygfeydd Cymru, a hynny i'r fath raddau nes bod yr hyn a welai ac y deuai ar ei draws yn yr Aifft bob dydd yn dueddol o'i atgoffa, am eiliad, o ryw le neu ddigwyddiad a welsai gartref rywbryd, yn pasio fel cysgod dros lygad ei feddwl.

Roedd yr ystrydoedd Arabaidd, fel y galwai yntau hwy, wedi ei atgoffa o ddwy lôn, Lôn Brombil a Lôn Fudur, yn Ninbych, a chae ffa mewn blodau, a basiodd wrth iddo deithio allan ar gefn camel i weld y pyramidiau, wedi ei atgoffa nid yn unig o'r tro hafaidd a gymerasai yntau a'i ddarpar wraig, Meg, ger Bodffari unwaith, ond yr union arogl a thro ysgafn yr awel a fu'n chwarae drwy eu gwalltiau y diwrnod hwnnw. Ar adegau, nid oedd rhaid i'r olygfa fod yn debyg, hyd yn oed, i ysgogi'r teimlad annaearol hwn ym meddwl TGJ, yn wir fe allai fod yr union wrthbwynt i'r hyn yr oedd yntau'n breuddwydio amdano, oblegid fe gofiodd yntau, o weld gwychter a phrydferthwch eglwysi'r Aifft, gapeli diaddurn a llwm Cymru, a pharodd hyn i dristwch eithafol lifo drosto am ennyd.

Mewn gwirionedd nid yw'r gair breuddwydio yn rhy bell ohoni gan iddo fynd drwy bŵl, pan ddaeth y peswch yn ei ôl ac yntau'n ei chael hi'n anodd cysgu yn y gwres eithafol ar gyrion yr anialwch, o fodoli am rai dyddiau mewn cyflwr hanner-effro lle na allai fod yn sicr a oedd ynghwsg ai peidio, a phan argyhoeddwyd ef, fwy nag unwaith, ei fod drachefn yn ôl ar dir a daear Cymru ac yn arogli awyr hallt y Fenai, yn cerdded ar hyd y Foryd gydag enaid hoff cytûn, ond mai dim ond ffenestr agored, mewn gwirionedd, a oedd wedi peri i awel feinach o afon Nîl sleifio i mewn i'r pensiwn a threiddio wedyn i'w berlewyg am ychydig eiliadau. Cofiaf yn dda hefyd fel yr oeddwn innau, wrth deithio i'r gorllewin drwy Ewrop a chanfod pob dinas yn mynd yn debycach ac yn debycach i'w gilydd, ac yn colli cwsg rhwng hyrddiadau'r trenau a chwyrnu aml i Americanwr neu Awstraliaid mewn aml i hostel, yn gweld y pethau bychain, megis lliw adeilad neu dro afon, yn fy atgoffa o ryw le gartref yn ardal Caernarfon, ac yn ei chael yn anos ac yn anos gwahaniaethu rhwng fy mreuddwydion, a dyfai'n fwyfwy hyfyw bob nos, a'r cerdded a'r crwydro di-baid yr ymgymerwn ag ef yn ystod oriau'r dydd.

Yn Ljubljana, y glaswellt gwyllt, gwyrdd-felyn ar lannau afon Ljubljanica oedd wedi f'atgoffa o lecynnau blêr ar y lôn feics ger y Fenai, ond a minnau a Cynon wedyn wedi dal bws allan i Koper er mwyn i mi gael bwrw trem ar y môr am y tro cyntaf ers wythnosau, allwn i ddim llai na throi fy nhrwyn ar y traeth caregog nad oedd ddim patsh ar Ddinas Dinlle, a'r Eifl yn ymestyn allan i'r pellter. Am gyfnod cyn cyrraedd Prâg, ac am ychydig wedyn, daeth y breuddwydion nosweithiol i ymffurfio mor glir yn fy meddwl nes fy mod, bellach, yn byw fy mywyd y nos ac wedi disgyn i ryw gyflwr gydol y dydd o aros am y machlud ac am y gwely, er mwyn i mi gael disgyn i drwmgwsg unwaith eto lle byddai fy nghyfeillion yn aros amdanaf, wastad y tu ôl i ffenestr ar fws a oedd ar fin gadael, neu wrth ddrws ac ar fin llithro allan o'r ystafell, o fewn gafael ac eto'n Dantalws o bell, neu lle'r oedd fy mam, fy nhad, fy mrawd a'm chwaer yn aros i fynd â mi i brynu tships, neu ar brydiau, wedyn, lle'r oedd yr haul yn machlud dros yr Aber a minnau ar wal yr Anglesey, ond yn deffro fel yr oeddwn ar gymryd llymaid o 'mheint. Weithiau byddai'r breuddwydion mor greulon ag ymffurfio'n gawdel o'r yma, y nawr, a'r draw acw, wrth i mi gerdded ar hyd pont Carlo dros y Vltava fraich ym mraich ag wn i ddim faint o gyn-gariadon a darpar gariadon, neu lithro allan yn feddw i'r nos o dafarn gyda hi, ein bochau'n goch gan gwrw oer a'n calonnau'n drymio dan ein hasennau, neu ei bod hi wedi tecstio neu anfon gair ar ebost, a'r ffôn y bore wedyn yn dawel a'r mewnflwch yn wag. Cefais sioc fwy nag unwaith o ddod i gwrdd â wyneb neu'i gilydd yng nghwrs y breuddwydion hyn nad oedd, pe bawn yn onest, wedi golygu llawer i mi cyn y daith, ond a oedd bellach yn destun llawenydd chwerwfelys i mi, a minnau'n trio dal fy ngafael arnynt wrth lithro'n ôl i fyd yr effro. Dro arall, roedd y ffin rhwng y ddau fyd hwn yn affwysol o eglur, a theimlwn fod fy mywyd fel pe bai wedi ei rannu i ddau gyfnod, sef y cyfnod cyn y daith, a'r daith, fel nad oedd modd iddynt gyffwrdd na chyfarfod na chroesi fyth, ac na allwn fy nychmygu fy hun yn ôl yng nghyd-destun cartref neu filltir sgwâr, ynghanol y bobl hyn, fyth eto, a'r pryd hwnnw byddai'r hiraeth yn ddirdynnol.

Roedd yr hiraeth hwnnw yn waeth, oherwydd ei fod yn fwy gwag, na'r hiraeth a ddeuai ar ffurf dagrau ac fel math o ryddhad, pan fyddwn wedi cael gafael ar ffôn a oedd yn gweithio ac yn clywed llais fy mam a 'nhad.

Yr hiraeth hwn oedd fy unig gydymaith ar drên o Moscow i Warsaw, a minnau'r unig berson yn yr holl gerbyd, a'r nesaf, heblaw'r *provodnitsa* hollbresennol, a Belarus yn gwrthod dod i ben, y milwyr wedi cymryd fy mhasbort i'w archwilio a'r holl drên yn ysgwyd wrth i ni newid *gauge*. Mynnai fy meddwl redeg yn ôl ar hyd y traciau at gerbyd, ac at gompartment, bron yn union yr un fath â'r rhain, ond eu bod yn llawn rhialtwch, ninnau'n bedwar diniwed wedi'n gwasgu'n dynn ar y gwelyau bync ymysg y Rwsiaid blêr, y fodca'n dod rownd yn llawer rhy gynnar, a'r trên yn gwibio am Moscow gan adael yr Urals ar ei ôl yn y nos, neu'n ôl ymhellach na hynny hyd yn oed at Anialwch Gobi, minnau'n deffro a chwrlid tawel o dywod wedi ei daenu ei hun, ar ôl sleifio rhwng paneli'r ffenestri yn y nos, ar y byrddau, y gwelyau a'r gobenyddion.

Dyma'r hiraeth a ddwyseid gan y synnwyr euogrwydd a'm dilynai o ddinas i ddinas oherwydd y gwyddwn yn iawn mor ffodus oeddwn o gael y cyfle hwn, heb glymau a heb gyfrifoldeb,

47

yn ifanc ac yn gymharol gefnog, am y tro, ac y dylwn fod yn mwynhau'r cyfan i'r eithaf nes dod o'r euogrwydd yn deimlad o ddyletswydd, bron, ac na lwyddai i wneud dim ond cryfhau'r synnwyr o *déjà vu* a oedd wedi dechrau fy llethu ymhob gorsaf newydd, ar lan pob afon, a thros bob coffi du ar bob *piazza* a theras. Ond gwyddwn y pryd hwnnw y byddai Cynon yno i'm cyfarfod ymhen ychydig dros ddeuddydd yn Warsaw, ac y cawn siarad Cymraeg yn iawn ag o am y tro cyntaf ers misoedd, ac y caem feddwi, ac yn wir dim ond yn y breuddwydion hynny a'r deffro disymwth y daeth yr hiraeth i aflonyddu arnaf am wythnosau lawer wedyn.

O'r herwydd, ni allwn, wrth ddarllen y llythyr hwn o eiddo John, ddim ond hanner cydymdeimlo a deall cyfran fechan o'r emosiwn a oedd wedi ei arllwys i inc y geiriau hynny, a cheisio dirnad mor unig, o raid, y teimlai dan yr haul tanbaid, a chanddo un brawd yn un gornel o'r byd a'r gweddill yn y pen arall, ac yn y geiriau cynnil, mater-o-ffaith hynny, tybed faint yr oedd wedi llwyddo i'w gelu oddi wrth Arthur, a faint yr oedd Arthur, fel fy nhad innau, yn ceisio darllen pob cryndod bach yn fy llais drwy graclo'r ffôn ar ôl i Mam basio'r teclyn draw ato, wedi llwyddo i'w synhwyro. Roedd yr un frawddeg honno o'r llythyr wedi aros gyda mi, y frawddeg a oedd yn mynegi dymuniad John i gael dychwelyd i weld pawb, *pe na bai ond am ychydig oriau*, oherwydd gwyddwn fy mod innau wedi ysgrifennu'r un dymuniad yn union fwy nag unwaith yn fy nyddiadur taith. Nid oeddwn yn gofyn am gael dychwelyd am amser maith, am gael dianc am byth, yn wir, roeddwn yn argyhoeddedig, pe bawn yn cael treulio un orig fer yng nghwmni fy nheulu, a chael gwneud yr holl bethau bach cyffredin hynny yr oeddwn wedi eu rhestru yng nghefn fy llyfr, gwylio ambell ffilm, efallai, yn eu mysg, credwn y gallwn, wedyn, droi fy nghefn yn ddigon siriol a mynd yn ôl gan ddechrau eto lle'r oeddwn wedi gadael y daith ar ei hanner.

Ond gymaint ag yr oedd arogl marwaidd Afon Nîl wedi llwyddo i argyhoeddi TGJ na châi fyth eto lenwi ei ysgyfaint â gwymon y Foryd, a chymaint ag yr oedd fy mreuddwydion innau wedi peri i mi deimlo na allwn fyth eto gysylltu'r hyn oeddwn, yno, yr eiliad honno, â rhyw gartref pell ac afreal, yn ein holau y daethai'r ddau ohonom ni fel ein gilydd. Nid felly John, wrth gwrs, a thybed faint o'i freuddwydion yntau a oedd wedi'u llenwi â'r rhagargoelion hynny, a faint, wedyn, â rhyw lodes, neu ddarlun o Polly'r ferlen, o'i weld yn cerdded i fyny'r rhiw o'r lôn tua'r tŷ, yn camu tuag ato'n betrus, yn hanner ei gofio ond yn gweld, hefyd, nad dyma'r un dyn â'r bachgen a adawsai Ganol Arren saith mlynedd ynghynt. Bûm yn meddwl, wrth ddarllen y geiriau hynny, am bwy, ac am beth yn union, yr oedd yntau'n hiraethu, ac wrth sylweddoli nad oedd gen i, mewn gwirionedd, un math o ateb i hynny, penderfynais y byddwn yn ymgymryd â thaith, pan fyddai'r tywydd yn gwella, i Ganol Arren, er mwyn gweld â'm llygaid fy hun beth bynnag a arhosai yno o'r hyn a fu, ac a oedd, mewn ffordd, yn dal i aros am rywun.

Fel y digwyddodd pethau, fe ddaeth y cyfle hwnnw ynghynt na'r disgwyl, oherwydd rai misoedd yn ddiweddarach roeddwn yn Llanuwchllyn, ynghanol criw o feirdd yn perfformio, a phenderfynais y byddwn yn anelu dros y Berwyn i Langedwyn y bore canlynol er mwyn cyflawni fy mwriad. Yr oeddwn yn hwyr i'm gwely, fodd bynnag, ac yn hwyr hefyd, felly, yn codi, a chyda chryn gywilydd y bu imi deimlo rhywfaint o ryddhad pan welais fod yr eira wedi ymweld yn y nos a'i daenu ei hun ar lannau Llyn Tegid, gan adael y ffordd dros y Berwyn yn gwbl amhosibl i'w thramwyo. Nid oedd gennyf ddewis, felly, ond dychwelyd yn fy ôl i Gaernarfon am y tro a gobeithio y cawn gyfle eto, pan fyddai'r pen a'r ffordd ill dau yn llawer cliriach, i ymweld â hen gartref fy nhaid, ond wrth fynd adref o'r Bala, fe'm canfûm fy hun eto yn gyrru ar hyd cyfran helaeth o ffordd yr arferem, yn deulu, ei chymryd i ymweld â Nain a Taid yn Llanfyllin ac y bwriais innau, yn ddiweddarach, fy mhrentisiaeth, yn gwthio'r car i'r eithaf, a minnau newydd basio fy mhrawf, er mwyn gweld pa mor gyflym yn union y gallwn lywio fy ffordd hyd droadau Cwm Prysor ac yna drosodd i Gwm Celyn a'r Bala, cyn callio ac arafu ychydig ar ddibyn brawychus y Berwyn, ac yna'r disgyn araf dros lawer grid gwartheg yn ôl i lawr i fryniau mwynach Maldwyn, ac at y codi a'r gostwng mwyn, ysgafn yn nhramwy'r ffordd ar lawr y dyffryn.

Wrth fynd i'r cyfeiriad arall, wedyn, a gadael Llanfyllin yn ôl am Gaernarfon, fe fyddai arnaf angen mynd i'r lle chwech, fel arfer, toc wedi gadael y Bala o'm hôl, a golygai fy stad gorfforol fregus y diwrnod hwn, hefyd, fod rhaid stopio yn y man arferol, sef ger Llyn Celyn. Wrth barcio'r car yn ofalus yn y bae parcio lle'r oedd haen denau o eira wedi dechrau rhewi, a chamu'n betrus tua'r lle chwech, gwelais y llyn o'm blaen drwy'r coed wedi'i amgylchynu gan y bryniau a'r mynyddoedd gwyn, a chyn mynd i ymollwng es drwy'r giât ac i lawr at y lan, er mwyn gweld y llyn yn ei ogoniant. Yr oedd ei lonyddwch anarferol, ynghyd â'r ffaith ei fod yn adlewyrchu gwynder llethol y llethrau o'i amgylch ac felly'n ymddangos yn rhyfedd o arian, yn golygu ei fod yn ymddangos fel drych yn fwy nag erioed, a bu raid imi fy rhwystro fy hun rhag mentro troed ar wyneb y dŵr gan gymaint yr edrychai fel pe bai modd sglefrio drosto, ac yn wir edrychai'r tŵr ar ben arall y llyn fel silwét tywyll rhyw adyn a oedd eisoes wedi mentro, ond a oedd bellach yn rhy simsan ar ei draed i geisio ymlwybro'n ei ôl i ddiogelwch y lan.

Cofiais am un tro pan oedd fy mrawd a minnau, wrth ddychwelyd o Lanfyllin, yn fuan ar ôl fy nhaith dri mis o amgylch

Ewrop gyda Cynon, wedi aros yma a than gyffro'r ffaith ein bod yno am un o'r troeon cyntaf heb ein rhieni, wedi ymgymryd â'r weithred herfeiddiol honno y mae'n ddyletswydd ar bob Cymro da ei chyflawni rywbryd yn ystod ei fywyd, a phiso'n braf i'r llyn ei hun, a theimlo'n dipyn o gywion am wneud hefyd. Cofiais hefyd am y lluniau a oedd ym meddiant fy nhaid a'm nain o'r diwrnod braf hwnnw yn ystod haf chwilboeth a sych 1984, fy nhaid a'i goler ar agor a'i fag cefn yn hongian yn ddi-hid oddi ar un ysgwydd, ei gap pig gwyn ar ongl ar ei ben, yn sefyll ar bont y pentref a fyddai, fel arfer, wedi'i boddi ymhell o dan y dŵr ond a oedd, oherwydd y sychder, wedi dod i'r golwg fel pe bai ddoe yn ei ddadorchuddio'i hun, a bod modd, pe na ellid ond cael ychydig rhagor o ddŵr i anweddu, i'r swyddfa bost a'r capel a'r ysgol eu hailadeiladu eu hunain, ac i'r trigolion ddychwelyd yn eu holau i lawr i'r dyffryn, fel gwasgu botwm *rewind* ar declyn rheoli fideo. Yna roedd y llun o Nain mewn ffrog flodeuog, a mwy o lwyd na gwyn yn ei gwallt a ffrâm ei sbectol yn fwy sgwâr na'r un a oedd ganddi bellach, hithau hefyd, fe ymddangosai, yn ddarostyngedig i'r broses hon a yrrai bopeth am yn ôl, yn sefyll mewn un llun ger dau sgerbwd boncyff, eisoes hanner ffordd nôl o gael eu ffosileiddio, neu mewn llun arall ger pentwr o gerrig a ymddangosai yn adfeilion rhyw adeilad neu'i gilydd ond nad oedd modd, bellach, iddi allu dweud yn union wrthyf beth ydoedd. Ond fe allai hi gofio eu bod wedi cael picnic, a chofio hefyd beth yn union ydoedd, sef salad bob yr un mewn hen focs marjarîn, gyda deiliach a betys, ychydig o nionyn, corn bîff, a digon o dafelli o fara, wedi eu sleisio, gallwn ddyfalu, yn denau, denau yn ôl arfer Nain, a'r menyn wedi'i daenu'n denau arnynt, y frechdan nad oedd curo arni i mi, oblegid y modd y'i torrwyd ac y taenwyd y menyn arni, er mai o dorth gyffredin y deuai ac er mor blaen y cynhwysion.

Allwn i ddim dychmygu, ac ni feiddiwn ofyn, a oedd Taid wedi piso i'r llyn y diwrnod hwnnw, a heddiw wedyn ni feiddiwn innau wneud yr un peth oherwydd y gred ryfedd na wnâi'r dŵr ond tasgu dros wyneb y drych heb na suddo na chymysgu â dŵr y llyn, ond cofiais mor briodol yr oedd y weithred wedi teimlo y tro hwnnw gyda'm brawd, am ei fod wedi rhoi i ni rywfaint o gyffro, fel y credem ninnau, y protestio a'r torri cyfraith cynnar, pan oedd yr argae yn yr arfaeth a'r pentrefwyr yn dal i geisio penderfynu a oeddent am adael cyrff eu hynafiaid yn y fynwent dan y dŵr ai peidio. Oherwydd nid ymdeimlad o goffâd parchus, neu o dristwch neu drasiedi boddi Capel Celyn a ddeuai i'r meddwl gryfaf ar lan y llyn, ond rhyw arlliw, unwaith eto, o genfigen, a'r teimlad hwnnw a fyddai'n codi ynof o dro i dro yn dod i'r wyneb drachefn, fel petai o ddyfnderoedd y llyn ei hun, fy mod wedi fy ngeni yn y cyfnod anghywir, ac mai dim ond y ffaith nad oeddwn wedi fy ngeni i gyfnod mawr o gyni'r dauddegau, neu i brotestiadau iaith a hawliau dynol y chwedegau, neu hyd yn oed, efallai, i gyfnodau dioddefaint enbyd y ddau ryfel, mai dyna'r unig reswm a olygai nad oeddwn, hyd yn hyn i'm tyb i, wedi llwyddo i wneud, neu i gyflawni rhywbeth â'm bywyd, neu o leiaf wedi cyflawni'r un weithred arwrol honno a fyddai'n dod, maes o law, i'm diffinio i a'm cenhedlaeth. Byddwn, fe'm hargyhoeddais fy hun ar lan y llyn hwnnw, fe fyddwn i wedi bod ar flaen y brotest, a'm placard yn yr awyr a'm llais yn groch, pe bawn i wedi byw yn y cyfnod hwnnw. Doedd waeth i mi â theimlo'n euog am wneud dim y dyddiau hyn; onid oedd awyrgylch ac amgylchiadau pethau wedi newid bellach, ein bywydau mor gysurus nes na allem amgyffred cyni a chaledi mewn modd tebyg i'r cenedlaethau eraill hynny, ac mai gorymateb a melodrama fyddai protestio'n angerddol dros bethau bellach yn oes y lobïo a'r sgyrsio? Wrth ymlwybro eto'n betrus yn ôl at y car, a'm pen yn dal i ddrybowndian a'r daith tuag adref eto'n hir, dywedais wrthyf fy hun fod siawns go dda, pe bawn i yno ar y pryd, y byddwn innau hefyd wedi bod yn un o'r criw hwnnw a eisteddodd ar y bont yn Nhrefechan, neu hyd yn oed yn un o'r tri hynny a gerddodd i mewn i safle adeiladu'r argae a gosod y bom, neu hyd yn oed yn un o'r tri a losgodd yr ysgol fomio i'r llawr.

Bron na ellid disgrifio'r teimladau hyn a godai ynof o dro i dro fel rhyw fath ar obsesiwn hirhoedlog ag amrywiol agweddau ar wrthdaro a rhyfel, a oedd, ers dyddiau plentyndod, wedi esgor ar nifer o fyfyrdodau ynghylch beth, tybed, fyddai fy nhynged i mewn rhyfel o'r fath. Yn fachgen bach, roedd canfod hen helmed warden ARP a mwgwd nwy yn y garej gartref wedi anadlu bywyd newydd i'm chwarae, a gwisgo hen ŵn nos lliw gwyrdd tywyll a gwn wedi ei wneud o du mewn rholyn papur lapio, wedi dod yn ddefod wythnosol, os nad amlach na hynny. Byddwn yn mentro allan i'r cae tu ôl i'r tŷ, lle'r oedd darn o dir a gloddiwyd i wneud lle ar gyfer sylfeini adeilad newydd ar ben arall y cae wedi creu ffosydd perffaith i'r pwrpas. Roedd troadau a digwyddiadau'r frwydr bob amser yn wahanol, ond un peth oedd yn ddi-syfl – roedd yn rheidrwydd, ryw ben neu'i gilydd, boed ar y ffordd i fyny'r ystol dros ben y ffos, neu hanner ffordd ar hyd y cae, imi gael fy saethu, neu gael fy anafu'n ddybryd gan ddarn o shrapnel, neu faglu a syrthio ar fy wyneb i ganol weiren bigog neu i waelod pydew, a marw'n drasig. Hyd yn oed i'm meddwl ifanc, anaeddfed, nid oedd yr un naratif o frwydro'r ffosydd y daethwn ar ei thraws wedi llwyddo i'm hargyhoeddi fod yr ods o blaid fy nghyrraedd y pen arall yn rhai llewyrchus, a hyd yn oed pe bawn yn llwyddo i wneud hynny, roedd y cysyniad o gyrraedd ffosydd yr Almaenwyr a cheisio meddwl beth i'w wneud wedyn yn gwbl annirnad. Nid oedd dim ond marw i fod, i'm meddwl i, nes fy ngyrru i ystyried bellach a holi sut roedd fy nychymyg ifanc yn gallu cysoni'r rheol ddi-syfl hon â'r ffaith hysbys mai 'ni' oedd wedi ennill y rhyfel.

Dim ond a minnau'n hŷn, a'r chwarae bellach wedi ei drosglwyddo i'r rhan o'm dychymyg a chwaraeai fel ffilm oddi mewn i'r ymennydd, y dechreuais fflyrtio â'r syniad nad oedd unrhyw reswm pam na allaswn innau fod yn un o'r rhai ffodus, a lwyddodd drwy ryw wyrth i osgoi pob siel a phob bwled, a chyrraedd y ffos ar ben arall tir neb, rhoi'r feionet i filwr Almaenaidd neu ddau a dal y ffos, bron fel pe bawn yn tyfu'n fwy naïf o hyderus yn fy lwc fy hun wrth i fy ymwybyddiaeth o'm marwoldeb fy hun gynyddu. Roeddwn, wedyn, yn hŷn eto, ac yn ymrafael â chwestiynau dyrys megis fy ngallu i ladd dyn arall, fy mharodrwydd i ymladd, fy mharodrwydd i ymladd dros ymerodraeth nad oeddwn yn credu yn ei hachos, ac eto fe wyddwn nad felly yr oedd pobl yn meddwl bryd hynny, ac yn sicr nad felly y byddwn i wedi meddwl. Ceisiais fy rhoi fy hun yn y sefyllfa honno pan fyddai'r alwad yn dod, ac wynebu anocheledd, neu o leiaf y peth nesaf at anocheledd, y ffaith fy mod yn mynd i farw, a holi ai felly'r oedd y bechgyn hyn yn meddwl, ai credu'n ddiniwed eu bod am weld y byd yr oeddent a dim mwy na hynny. Ceisiais feddwl a oedd yr hyder hwnnw yn eu hanfarwoldeb a'u natur anorchfygol eu hunain a hydreiddiai holl nosweithiau meddw a gwyllt fy nghenhedlaeth a'm criw i fy hun o ffrindiau wedi hydreiddio'r plant ifanc hyn hefyd wrth iddynt wynebu ar ddinistr cenhedlaeth gyfan ohonynt.

Holais fy hun wedyn, ac efallai mai dyma'r cwestiwn mwyaf anodd ohonynt i gyd, beth a wnawn i, tybed, pe gwyddwn fod rhaid i un o'n teulu ni ateb yr alwad a mynd. Cofiais yr hanes hwnnw am Hedd Wyn yn gwrthod gadael i'w frawd bach fynd, er y dymunai hwnnw listio, ac yn mynd ei hun i'w dranc yn ei le, gan wybod a chyflawni ei ddyletswydd fel y brawd hynaf, a John wedyn, yntau'n frawd hynaf yn ei deulu ei hun, yn gadael ei ddau frawd ieuengaf a'i chwaer i fynd, ac i farw, ac yntau yn ddim ond pedair ar hugain oed, ac yn ceisio dychmygu, gan wybod cymaint o bethau yr oeddwn innau eto'n dymuno'u cyflawni, yn ceisio'i ddychmygu yn cerdded, yn cerdded i ffwrdd ac yn chwifio'i gap, ac yn gwenu efallai.

Anfonodd y ddelwedd ddychmygol hon fi i feddwl am lun yr

oeddwn wedi ei weld gan fy nhaid am y tro cyntaf yn ddiweddar, sef llun o dri o fechgyn ifanc ar gae gwair, a'r cae hwnnw ar fymryn o ogwydd. Ar y chwith y mae ffigwr bychan tua phum neu chwe blwydd oed, yn gwgu yn wyneb yr haul a'i ddwylo wedi'u plethu ynghyd, ac y mae yntau, cefnder fy nhaid, yn sefyll ychydig ar wahân i'r ddau ffigwr arall. Ar y dde iddo, fel y gwêl llygad y camera, y mae'r ddau ffigwr arall, y naill yn eistedd ac oddeutu'r un ar ddeg neu'r deuddeg oed, fe ellid tybio, a'r llall wedyn heb fod yn hŷn na rhyw ddwyflwydd neu dair, yn sefyll, yn y fath fodd nes bod braich yr un a eisteddai, John, a modd adnabod ei wyneb ifanc eisoes yn yr wyneb a welais yn y llun arall hwnnw lle gwisgai siwt, wedi ei chlymu'n amddiffynnol o amgylch coesau fy nhaid, y plentyn dwyflwydd. Yn y modd y gwenai'r brawd hynaf yn ddi-hid ac y gwgai'r ieuengaf, roedd rhywbeth yn awgrymu wrthyf ei fod yn ceisio ymddihatru oddi wrth y cwlwm hwn, oherwydd bod rhywbeth rhy anghysurus neu rhy warcheidiol, efallai, ynddo. Yr oedd y teimlad hwnnw a gefais, wrth wylio Hedd Wyn yn y ffilm yn cerdded i ffwrdd a'i frawd yn aros ar ôl, yn cael ei grisialu.

Ta waeth am hynny, dal i chwarae'r oeddwn i'n ifanc, er i mi dyfu ychydig yn hŷn eto, wedyn, a holi pam yr oeddwn yn fy nhrafferthu a'm poenydio fy hun â'r fath fyfyrdodau ac ystyriaethau morbid, ac nad oedd angen, siŵr, i mi ddychmygu'r fath beth y dyddiau hyn gan nad dyna natur pethau, ac nad dyna natur rhyfel chwaith, bellach, ac nad oedd y fath ddihirod â Hitler yn bod bellach, ac nad oedd pobl yn gadael iddynt fynd cyn belled gyda'u cynlluniau dieflig, ac felly o dipyn i beth rhoddais y gorau i feddwl y fath feddyliau ac i anghofio am y bachgen hwnnw a fu'n chwarae ffosydd yn y cae y tu ôl i'r tŷ, gan wynebu ei farwolaeth anochel ei hun dro ar ôl tro ar ôl tro. Bellach, dim ond weithiau, ar adegau prin fel y prynhawn hwnnw ar lan Capel Celyn, y byddai'r chwarae a'r dychmygu hwn yn dychwelyd, fel cysgod, ar draws fy meddwl, cyn diflannu drachefn.

Rhan 2
Chwefror 2012

ERBYN DIWEDD Y flwyddyn, yr oeddwn wedi colli golwg braidd ar hanes Yncl John, brawd fy nhaid, wrth i'm hymchwil gael y flaenoriaeth drachefn, gyda'r tymor academaidd newydd. Yn ystod yr hydref, golygai dyletswyddau dysgu cynyddol hefyd fod unrhyw amser rhydd a oedd gennyf yn cael ei neilltuo i dasgau diflas megis cynllunio gwersi a marcio, ac at hynny profodd y cyfnod a arweiniai at y Nadolig yn llawn, fel arfer, o ddigwyddiadau cymdeithasol, fel fy mod, wrth i'r ŵyl ddynesu, yn yfed yn amlach ac yn drymach na'r arfer, yn ogystal â dechrau gwledda ar ddanteithion gaeafol, gan ddechrau magu bol. Tua chyfnod y Nadolig, fodd bynnag, a'r oriau cynyddol o wylio teledu a ddaeth yn sgil hynny, trodd fy sylw fwyfwy drachefn at y cyfryngau ac at y sylw cyson a roddid i'r gwrthdaro yn Syria, a oedd yn prysur droi yn ganolbwynt i ymladd mwyaf gwaedlyd y Gwanwyn Arabaidd, ac a olygai fod amryfal arbenigwyr eisoes yn rhagweld y byddai'r gwrthdaro'n datblygu i fod yn rhyfel cartref, er nad oedd ffrynt pendant y gellid ei ddarlunio ar fap gan bod yr ymladd hwnt ac yma ac yn anodd ei ragweld o ran ymhle'n union y byddai'r gwrthdaro ar ei fwyaf tanbaid nesaf. Serch hynny yr oedd yn dod yn bur amlwg fod dinas Homs a'r ardal gyfagos wedi dioddef cyfnod neilltuol o anodd, ac yn gynyddol roedd hanesion ynghylch cyflwr truenus adeiladau, trafnidiaeth, a phrinder enbyd bwyd a diod yn y ddinas yn ein cyrraedd ninnau, gan danlinellu'r modd yr oedd y rhyfel hwn bellach yn cael effaith hynod andwyol ar drigolion cyffredin y ddinas a'r wlad.

Yn llechu ochr yn ochr â'r ymdeimladau o arswyd a chydymdeimlad â'r hyn a oedd ar droed yn Syria, neu'n wir oddi tanynt, yr oedd yr hen deimladau hynny a'u cymysgrwydd o euogrwydd a chenfigen. Eto i gyd nid arweiniodd y teimladau hyn at unrhyw newidiadau allanol sylweddol yn fy ymddygiad, a mynd a dod a wnâi'r pyliau o gymryd diddordeb yn nhranc Syria a'r cydymdeimlad â'r trigolion, a hynny'n bennaf pan fyddai'r gwaith yn galw a'm sylw innau'n llawer rhy rwydd i'w dynnu tuag at amrywiol wefannau newyddion. Gyda'r gwrthdaro hwn yn gefnlen gyson ond pellennig, felly, yr ymdeflais drachefn i'r gwaith yn y flwyddyn newydd, a dim ond pan glywais am farwolaeth newyddiadurwraig o'r gorllewin, sef Marie Colvin, gohebydd y *Sunday Times*, wrth iddi ohebu ar warchae dinas Homs o adeilad a oedd wedi ei dargedu'n benodol, fel y canfuwyd yn ddiweddarach, gan lywodraeth Syria oherwydd y gwyddent fod newyddiadurwyr tramor yn gweithio oddi yno, yr hoeliwyd fy sylw mewn gwirionedd drachefn ar Syria. Drwy gyfrwng y farwolaeth hon, taflwyd trybini'r wlad, ac yn benodol y darlun o'r dioddefaint enbyd yr oedd pobl gyffredin Homs yn ei brofi, i du blaen y penawdau, ac roedd darluniau dirdynnol y ffotograffydd Ffrengig, Rémi Ochlik, a fu farw yn yr un ymosodiad, wedi eu taenu ar hyd pob dalen newyddion ar y we ac ymhob papur newydd, yn dangos dinistr helaeth a golygfeydd enbyd.

Teimlad rhyfedd yw synio, erbyn heddiw, ei bod wedi cymryd marwolaeth dau o newyddiadurwyr y gorllewin fel hyn er mwyn fy nghael i, a nifer o rai eraill tebyg i mi, rwy'n siŵr, i sylweddoli a gweld mor druenus oedd y sefyllfa yn Syria bellach, ac am rai dyddiau wedyn fe fûm yn dilyn yr holl ddatblygiadau yn y wlad, ac yn yr ardal o'i hamgylch, yn bur agos. Wrth ddilyn y cyfan canfûm fy mod hefyd yn teimlo elfen o ddiolchgarwch nad oedd yr ymladd, eto, yn rhy drwm o amgylch ardal Damascus, a bod siawns dda, felly, er na allwn ddweud i sicrwydd un ffordd neu'r llall, fod y fynwent ar gyrion y ddinas honno yn dal i fod mewn cyflwr gweddol. Cael fy atgoffa fel hyn, felly, mae'n debyg, o fedd fy ewythr John, ynghyd â dyfodiad y gwanwyn yn araf i'r tir, a gododd yr awydd hwnnw i fynd i deithio ynof drachefn, ond roedd arian, ar y pryd, yn digwydd bod yn neilltuol o brin, i'r fath raddau nes y bu raid imi orfod cyfaddef bod y cyfan yn amhosibl ar y pryd.

Yn y cyflwr hwn, felly, y penderfynais adael fy ngwaith am benwythnos a theithio adref i Gaernarfon er mwyn ymweld â'm rhieni, a manteisio hefyd ar gyfle euraid i holi fy nhaid a'm nain am eu profiadau hwy o gyfnod y rhyfel, a fyddai maes o law yn goleuo ambell ran dywyll ac ambell gwestiwn a oedd gennyf yn dilyn fy astudiaeth o'r llythyrau a'r llyfryn yn y ffolder. Ar nos Wener dywyll, oer a chlir ryfeddol, felly, y cyrhaeddais orsaf Bangor, yn un o lond llaw o deithwyr a oedd yn dal heb adael y trên mewn gorsaf flaenorol, a lle'r oedd fy nhad yn aros amdanaf er mwyn fy nghludo adref. Nid oedd dod adref fel hyn, ac eistedd yng nghwmni fy rhieni dros swper ac i wylio'r teledu, fyth yn methu â chodi fy hwyliau, a chyda'r math o egni nas teimlaswn ers rhai wythnosau yr ymlwybrais i fyny i'm hen ystafell wely, a oedd wedi aros bron yn union fel yr oedd cyn imi adael am y coleg am y tro cyntaf, brin wythnosau wedi fy nhaith gyda Cynon o amgylch Ewrop, i'r fath raddau fod mân bapurach o'r cyfnod a darnau arian o'r amrywiol wledydd yn dal i fod wedi eu pentyrru ar fy nesg neu'n llechu ar y carped o dan draed. Roedd fy rhieni wedi ceisio fy nghael, lawer gwaith, i geisio clirio rhywfaint o'r petheuach hyn, ond roedd rhyw gysur annirnad mewn dychwelyd i'r ystafell hon o dro i dro lle'r oedd trugareddau, golygfeydd, a hyd yn oed y sawr lleiaf o arogleuon fy mlwyddyn olaf o fod yn fy arddegau wedi mynnu aros yn llonydd yno, ac ni fynnwn yn fy myw, er cael mymryn o garped clir, mo'u cadw i ffwrdd neu eu taflu o'r neilltu, gan nad oeddwn

eto'n barod i wneud hynny. Gyda brwdfrydedd, hefyd, y codais
fore trannoeth a haul isel y gwanwyn cynnar yn tasgu drwy'r
ffenestr mewn modd na allai ei wneud, yn naturiol, rhwng tai
teras Caerdydd, llyncu tamaid o dost a phaned o goffi du, a
cherdded, yn hytrach na chymryd y car, i lawr at dŷ Nain a Taid
ar lannau'r Fenai. Roedd rhywfaint o farrug olaf y flwyddyn wedi
ffurfio dros nos a chrensiai fy nhraed ar y gwair ar ochr Ffordd
Bangor, ac roedd y Fenai o'm blaen yn llonydd a glas, gyda dim
ond cefnen fechan o fanc tywod yn codi'i phen uwch y dŵr.

Wedi fy ngadael fy hun i mewn i'r tŷ a gweiddi helô yn fy
ffordd arferol, ni chlywais y floedd ddisgwyliedig yn ôl. Roedd
y tŷ i gyd yn rhyfedd o dawel a llonydd, ac yn syth dechreuais
boeni. Gwaeddais helô arall, mwy holgar y tro hwn, a heb gael
ateb drachefn rhoddais dro i ddrws y gegin. Nid oedd unrhyw
un yno yn ymdroi ac roedd y popty'n oer, ond roedd y drws
cefn yn gil agored, ac felly mentrais drwyddo a thrwy'r stafell
iwtiliti fechan ac i'r ardd gefn, gan fethu eto â chanfod unrhyw
un, ond gan roi tro rownd y gornel yn gweld fy nain yno ar ei
chwrcwd yn tyllu'n yr ardd. 'Wrthi'n barod, Nain?' holais hi,
a heb ddychryn o fath yn y byd na newid tempo'r palu araf
â'r rhaw fechan, atebodd hithau nad oedd unrhyw bryd fel y
presennol, ei bod hi'n ddiwrnod rhy braf, wir, i stelcian yn y tŷ,
a'i bod hi'n hen bryd, a dweud y gwir, i ddechrau cael trefn ar
yr ardd at yr haf. 'Ble mae Taid gen ti?', holais wedyn, a hithau'n
ateb, 'O, mae'r fforman wedi hen laru. Mae o'n ffidlan efo'r hen
gamera 'na yn y stydi, wn i ddim pam ei fod o'n disgwyl y bydd
o'n dal i weithio.'

O glywed hyn a chanfod fy niddordeb wedi'i gynnau, fe'i
gadewais hi am y tro, a mynd i chwilio am Taid, a chael, o
gamu drachefn i'r tŷ ac i'r stafell fyw, mai yno roedd yntau, a
chlustffonau dros ei glustiau, a chan mai digon trwm ei glyw
ydoedd p'un bynnag, doedd dim syndod nad oedd wedi clywed fy
nghyfarchiad arferol bum munud ynghynt. Trodd, fodd bynnag,

pan glywodd y drws, a'm cyfarch â gwên, gan fy nghymell i ddod i weld ei waith. Fe'm synnwyd o ddeall ei fod wedi llwyddo i gysylltu hen gamera Super 8 â thaflunydd a sgrîn fechan yr oedd hefyd wedi eu canfod ymysg y trugareddau yn y stydi, ac wedi eu cael i weithio.

Tipyn o gontract, gryn bum mlynedd yn ôl bellach, fu cynorthwyo Nain a Taid i symud tŷ, o'r fan a fu'n gartref iddynt am ran helaethaf eu bywydau, i Gaernarfon atom ninnau, oherwydd y modd yr oedd gwerth hanner can mlynedd a mwy o arteffactau, pob un yn ei ffordd yn dyst i fywyd priodasol a theuluol, wedi cronni o amgylch eu cartref, ac a oedd, er cydnabod mai trugareddau cwbl ddi-nod oedd nifer ohonynt, yn rhyfeddol o anodd i ffarwelio â hwynt. O amgylch dau begwn y tŷ yr oedd y mwyafrif helaeth o'r rhain wedi eu crynhoi, yn yr atig a'r seler, ac yn y seler yn fwy na dim, lle'r oedd holl dwlsys ac arfau Taid wedi eu pentyrru blith draphlith dros ei gilydd ar y fainc weithio ac ar y llawr oer, du, o'i amgylch, yn rhawiau ac yn sgriwdreifars, yn llifiau ac yn duniau o baent ac olew a dwn-i-ddim beth arall, a jariau jam Nain wedyn yn un rhes ddi-ben-draw ar y silffoedd. Oni bai fod Nain wedi cael ei ffordd, byddai'r rhan helaeth o'r trugareddau hyn wedi dod gyda Taid i Gaernarfon; ac oni bai fod Mam hithau wedyn wedi cael ei ffordd, byddai nifer o wrthrychau dibwys wedi dod i ganlyn Nain i dref y Cofis hefyd.

Fel yr oedd pethau, dewis a dethol a fu raid, ond hyd yn oed pan oedd rhai manion ar eu ffordd i'r bin, megis y stamp menyn pren hwnnw a addurnai un o risiau'r tŷ, a'r pry wedi hen wneud ei gartref ynddo, y llwyddodd fy chwaer a minnau, yn dawel, i'w achub ac i'w daflu i gefn y car, rhyngom fe sicrhawyd bod cryn waith cario eto gennym, ac yn bwysicach na dim, efallai, erbyn i Nain a Taid setlo yn eu cartref newydd ar lan y Fenai, roedd yno ddigon o'r hen bethau o'u cwmpas ymhobman nes llwyddo i'n hargyhoeddi nad oedd y ddau wedi symud o gwbl, mewn gwirionedd, ond eu bod wedi byw yn y tŷ newydd hwn erioed. Roedd hyd yn oed yr arogl melys, myglyd hwnnw, a'r awgrym o lwch oddi tano, wedi dod yn sgil y cyfan, a'r garej a'r stydi fel ei gilydd, a hyd yn oed y cut bach wrth y drws ffrynt, er gwaethaf yr holl ymdrechion a'r bwriadau da, yn llawn drachefn fel ysguboriau o gynhaeaf bywyd y ddau, ac yn bennaf o nialwch Taid.

Yno, yn y stydi, yr oedd Taid felly wedi dod o hyd i'r hen gamera hwn pan ddaeth rhyw ymyrraeth drosto'r bore hwnnw ac wedi penderfynu ei osod. A dyma ni'n dau, bellach, yn gwylio hen rîliau o ffilmiau yn y stafell fyw, ac wn i ddim, yn iawn, pam yr oedd Taid wedi bod yn gwisgo'r clustffonau hynny pan ddeuthum i mewn oherwydd yr oll y gellid ei glywed oedd grwndi'r ffilm yn troi'n gyflym fesul ffrâm, a'r lluniau'n rhyfedd o debyg i'r fideo hwnnw yr oeddwn innau wedi ei wneud o'r gerddorfa yn Fflorens, ond nad effeithiau digidol oedd y rhain. Ac eto roedd rhywbeth tebyg yn natur ddarniog y ffilm, a'r modd y neidiai o glip i glip heb na rhybudd na sylwebaeth, ac wn i ddim a oedd fy nhaid wedi bod yn gwrando rhag ofn bod rhyw awgrym o'i hen lais ei hun dros y lluniau yn egluro iddo'r hyn a oedd yn digwydd, neu hyd yn oed efallai ei fod yn chwilio am leisiau ifanc ei blant yn bump ac yn wyth oed. Oblegid dyna oedd yr olygfa gyntaf, sef golygfa o Nain, a adnabûm yn syth er bod ei gwallt yn dywyll a'i hwyneb yn fwy crwn o dipyn, a hefyd o'm hewythr, mewn trywsus byr, a Mam, nad adnabûm am rai eiliadau, mewn ffrog flodeuog ac un o'i dannedd blaen ar goll, a'i phlethi'n fframio'i hwyneb, a'r tri yn eistedd ar ochr bryn. Roedd mwynder Maldwyn yn disgleirio'n wahanol arlliwiau o wyrdd yn haul yr haf, a'r goleuni euraid hwnnw, yr un sydd fel pe bai i'w ganfod ymhob hen lun, yn tywynnu dros y cyfan. Gwenai'r tri, braidd yn swil, tua'r camera newydd hwn, a oedd yn rhyfeddod iddynt, ac nad oeddent yn hollol siŵr sut i ymateb iddo, bron fel pe baent yn methu aros i Taid ddiffodd yr hen beth er mwyn iddynt gael mynd ymlaen ag ymddwyn yn naturiol, a bron na allech weld y rhyddhad ar eu hwynebau wrth i'r camera banio drosodd a throi at Yncl Arthur, yn dal ac yn drwsiadus fel erioed, fel Taid, fel y tri ohonynt, yn ei siwt a'i dei hyd yn oed ar ddiwrnod crasboeth fel hwn, a brylcrîm ei wallt yn disgleirio yn yr haul.

Yna neidiodd yr olygfa, heb rybudd nac arwydd, at griw o bobl yn sefyll y tu allan i adeilad, ac fe gymerodd rai eiliadau imi sylweddoli mai o flaen capel y Tabernacl, capel Nain a Taid yn Llanfyllin, yr oedd y dyrfa hon o oddeutu ugain i ddeg ar hugain o bobl, o'r plant bach ifanc a'u trywsusau byr neu'r rhubanau yn eu gwallt, hyd at yr hen ferched parchus yn eu ffrogiau blodeuog a'u hetiau urddasol. Teyrnasai'r golau hwnnw eto drachefn, nes imi gredu mai rhyw effaith y gellid ei gosod dros y ffilm wedyn er mwyn gwneud i bob diwrnod edrych fel diwrnod o haf hirfelyn ydoedd, ond na, yng nghornel y llun fe allech ddal, weithiau, gip o'r nant fyrlymus yn adlewyrchu gwreichion yr haul wrth iddi lifo heibio'r capel, ac fe wenai'r merched fel pe be na bai na phoen nac yfory'n bod.

Ond o weld y lliw hwnnw wedyn, a'i onestrwydd llwyr, bron nad oedd, ar yr un pryd, yn bradychu ei natur dwyllodrus ei hun, a hynny yn hytrach na dod â'r cyfan yn fwy byw wedi peri iddo ymddangos yn fwy afreal, fel y lluniau hynny yr oeddwn wedi eu gweld o bryd i'w gilydd o filwyr y Rhyfel Byd Cyntaf, neu o dyddynwyr yn nyfnderoedd Siberia ar ddiwedd y bedwaredd ganrif ar bymtheg, mewn lliw llachar. Roedd y golygfeydd hyn i fod mewn du a gwyn, oherwydd dyna sut roeddem yn gyfarwydd ac yn gynefin â hwynt, ac yn yr eiliad o sylweddoli fod yr union liw hwnnw a welwn ar ddarn o'm dillad i hefyd wedi bodoli ar odre ffrog gwerinwraig wynebgaled ar stepen ei drws yng nghyffiniau Irkutsk yn 1909, roedd y gorffennol yn dod i aflonyddu ar fy mhresennol innau mewn ffordd llawer rhy real.

Felly hefyd gyda'r rhes honno o ferched o flaen y capel yn Llanfyllin, oherwydd rywsut fe gymerodd y ffaith eu bod hwythau mewn cryn oed, a bod fy Nain wrth eu hochr ar ddechrau ei chanol oed yn edrych yn hynod o ifanc, i mi sylweddoli mor bell yn ôl yr oedd yr olygfa hon ac nad cyfoedion i Nain a Taid oedd y rhai hynaf o'r criw hwn, ac yn wir bod un hanner o'r cwpwl priod hapus a oedd bellach yn dod allan o fwrllwch y cyntedd, gan gulhau eu llygaid rhag yr haul a than wenu, eisoes wedi marw. Eisteddais yno yn gwrando ar Taid, ac ar Nain a oedd newydd ddod i mewn o'i garddio a rhywfaint o ôl baw yn dal ar ei hwyneb lle'r oedd wedi ei sychu â'i llaw, cyn eistedd yn flinedig yn ei chadair freichiau, y ddau bellach yn porthi rhwng ei gilydd ac yn nodi enw pawb a wenai arnynt ar y ffilm, gan nodi wedyn pa un a oeddent yn fyw ai peidio, a'r mwyafrif helaeth ohonynt wedi hen fynd. Fe'm trawyd yno wedyn nad oedd gen i unrhyw fath o amgyffred o hyn, o weld yr holl bobl yr oeddwn i'n eu hadnabod unwaith, ond a oedd bellach wedi diflannu, heb fodoli ond ar ffilm Super 8 sigledig neu mewn hanner atgofion, ac yn methu dychmygu ai teimlad bod rhywun yn ffodus o fod wedi goroesi yr oedd hyn yn ei ysgogi, ynteu, efallai, ymdeimlad o unigedd, a sylweddoli, wedyn, fod y gallu syml i eistedd yno yn gwylio'r cyfan, a nodi, a datgan bod yr hwn-a'r-hwn neu hon-a-hon wedi marw, gyda'r mwyaf unig o'r holl weithredoedd y medrai person eu cyflawni.

Wedi i'r ffilm ddod i ben, a'r ffrâm olaf o Nain yn gwenu ar lan y môr yn Jersey yn neidio'n sydyn i dywyllwch, sylweddolais nad oeddwn wedi gweld fy nhaid yn yr un o'r lluniau heblaw am gip sydyn ohono, â ffag denau yn ei law, am eiliad neu ddwy rhwng dau glip hwy, oherwydd mai ef bron yn ddieithriad a fyddai y tu ôl i'r camera. Wn i ddim ai'r ffaith ei fod yntau'n rhyfedd o absennol o bob llun, er bod llygaid pawb bron yn ddi-ffael wedi eu cyfeirio tuag ato ac yn edrych arno â'r wên ryfedd, lawn embaras honno, ynteu'r ffaith, pan holais y ddau, nad oeddent yn cofio pwy oedd y tu ôl i'r camera am yr eiliad fer honno pan gafodd yntau serennu, na chwaith yr achlysur, na hyd yn oed yn gallu gweld digon o'r cefndir i adnabod y lleoliad. Ond rhoi'r Super 8 a'r taflunydd heibio a fu raid, oherwydd ei bod yn amser cinio, ac fe godais innau i helpu i gadw'r camera a gweddill y cyfarpar yn eu holau yn y bwlch a adawyd yn y stydi, ymysg y bocsys llychlyd eraill.

Roedd y stydi honno'n lle diddorol dros ben, a hithau fel pe bai wedi cymryd arni swyddogaeth yr hen atig a'r seler ar yr un pryd, ac felly'n llawn o gymysgedd hyd yn oed mwy hynod o betheuach. Wrth y swits golau ger y drws ar fy ffordd allan, o dan hen focsys hufen iâ gleision a oedd yn llawn bandiau lastig a chlipiau papur a hen ddyddiaduron poced a chwyddwydrau, roedd pentwr o lyfrau sgrap a llyfrau lluniau clawr caled, felly penderfynais eu codi'n ofalus a'u cadw o'r neilltu er mwyn cael edrych drwyddynt yn fanylach ar ôl cinio. Ond ar waelod y pentwr, bron fel pe bai wedi cael ei roi yno er mwyn ei gywasgu, fel craig fetamorffig, yr oedd llyfr arall, clawr meddal y tro hwn, ac am ryw reswm fe'm hatynwyd ato ac fe'i gosodais ar y bwrdd er mwyn edrych drwyddo.

O'i agor, gwelais fod y clawr cerdyn yn frau ac yn dueddol o rwygo yn fy nwylo, ac felly cymerais ragor o ofal wrth droi'r dalennau brau, sych, bron fel trin llawysgrif mewn llyfrgell, a chanfod bod pob tudalen yn y llyfr bychan yn cynnwys blodeuyn neu blanhigyn, wedi ei sychu a'i wasgu, ac wedi ei ludo yno gan dâp gludiog a oedd bellach yn sychu'n felyn a brown. Roedd yno ddegau ar ddegau o amrywiol blanhigion, nifer ohonynt bellach wedi pylu neu wedi colli eu lliw yn gyfan gwbl fel na fyddai modd gwahaniaethu rhyw lawer rhyngddynt, oni bai am yr enwau, a oedd wedi eu nodi yn ofalus yn llawysgrifen daclus Nain, ar gornel waelod pob dalen, bysedd y cŵn, clychau'r gog, eirlysiau bychain brau, gwyddfid a glas y gors, erwain, rhosyn y mynydd a seren y gwanwyn, pwrs y bugail, lafant a grug, briallen a llygad y dydd, llygad llo bach a barf hen ŵr, meillion a banadl. Roeddent oll yno, ond arhosodd fy mysedd dros y ddau enw olaf hwnnw, gan ddeffro rhywbeth yn fy nghof na allwn ei gyffwrdd yn iawn, ond wrth droi'r dudalen gwelais gangen fechan o rosmari wedi ei gosod ar draws y cerdyn dan haen sych o dâp gludiog, ac yn syth cofiais yr achlysur wythnosau ynghynt pan ddarllenais y disgrifiad hwnnw o'r fynwent yn Syria yn y gofrestr feddi a gynhwysid yn y ffolder, a'r paragraff manwl cyfan a roddwyd,

In the older part of the cemetery an avenue of Judas trees leads from each of the two shelters to a seat at the other end, low rosemary hedges define the grave plots and around it are pepper trees and cypresses.   In the new portion beds of oleanders grow to the left of the entrance and there are various groups of flowering shrubs which include hibiscus in variety, arbutus, myrtle, Etna broom and caryopteris.

yn dra rhyfedd ac annisgwyl i'm tyb i, i ddisgrifio'r gwahanol blanhigion a dyfai yno.

Ar ôl cinio aeth Nain a minnau'n ôl allan i'r ardd tra aeth Taid i bendwmpian o flaen y teledu, minnau'n cyrcydu i wneud y gwaith palu a chwynnu tra bod Nain yn gwylio, weithiau'n annog ond yn amlach yn fy nghywiro, gan fy mod yn troi'r fforch o chwith neu'n brysio drwy'r pridd heb gymryd amser i godi pob deilen fechan o chwyn a charreg. Yn rhannol oherwydd bod y litani honno o enwau, ynghyd â'r llyfr blodau gwasgedig, yn dal i redeg drwy fy meddwl, ac yn rhannol oherwydd fy mod yn dymuno tynnu llygad barcud Nain oddi ar y palu, mentrais ei holi am y llyfr ac am rai o'r blodau ynddo. Gwenodd hithau'n ôl, a gofynnais iddi beth oedd hanes y llyfryn, ond roedd ganddi hi fwy o ddiddordeb ar y pryd mewn cael gwybod lle cefais hyd iddo, gan nad oedd hithau wedi'i weld ers rhai blynyddoedd, ac yn sicr ers symud tŷ, gan ei fod yn llyfryn hen iawn, 'hŷn na tithe', ychwanegodd Nain, 'a bron cyn hyned â dy fam, achos pan oedd hi'n ifanc iawn mi gasglodd hi a finne yr holl flode weles di yn y llyfr cyn eu sychu a'u gwasgu nhw, a'u cadw nhw'.

Ymhen hir a hwyr aeth y ddau ohonom i mewn i'r gegin am baned. Euthum innau i chwilio am Taid ond roedd y teledu'n bloeddio ac yntau'n chwyrnu, felly ar fy ffordd nôl es heibio'r stydi i mofyn am y llyfr, a bu Nain a minnau'n pori dros y llyfr rhwng ein te a'n coffi, hithau'n aros gydag ambell flodyn neu'i gilydd, gan gofio'r union gae lle cawsai'r petalau, neu nodi, 'ie, ar y ffordd adre o'r ysgol oeddwn i, a dy fam wrth ei bodd pan ddes i â hwn nôl iddi', neu wedyn y fanhadlen felen honno yr oedd Mam a hi, a'i mam hithau, wedi ei blycio oddi ar y llethrau uwchben Troed yr Ewig un bore. 'Beth am y rhosmari yma Nain?', holais, gan feddwl dechrau stilio am rai o'r planhigion o'r rhestr, 'o ie', oedodd Nain, 'rhosa di, hefo dy daid oeddwn i pan ddois i o hyd i hwn, pan oedden ni ar ein gwyliau yn Rhodes unwaith, ac mi gymres i o heb ddweud wrth neb', eglurodd hithau, 'a'i roi yng ngwaelod y cês er mwyn dod ag o'n ôl yma i Gymru. Dyna pam mae hwn yma yn y cefn, wel'di', esboniodd Nain, 'oherwydd ei fod o wedi'i ychwanegu'n fwy diweddar', ac yn wir o graffu roedd golwg ychydig yn fwy ir ar y sbrigyn hwn, a phwysodd y ddau ohonom yn nes at y ddalen, bron fel pe gallem ei arogli eto.

'Maen nhw'n dweud', meddai Nain, 'fod gan y rhosmari'r gallu i wella dy gof di', a meddyliais innau y gallai fod rhimyn o wir yn hynny, o feddwl cystal y cofiai fy nain ymhle y cawsai bob un o'r blodau bychain, ac yn wir fe gofiais innau yn ddigon sydyn wedyn rai o'r enwau eraill o restr planhigion y fynwent.

Roeddwn eisoes wedi darllen am y coed cypreswydd, a'r pren suddas gyda'i betalau pinc tywyll, ac wedi deall mai'r goeden syfi neu'r llwyn mefus oedd yr enw Cymraeg ar *arbutus*. Ond roedd yr *hibiscus*, ar ôl ymgynghori â rhai llyfrau a oedd gennym yn y tŷ, yn dal i greu cryn benbleth, oherwydd ymddengys fod nifer fawr o rywogaethau gwahanol yn bodoli o dan yr ymbarél enwol hwn, ac mai un ohonynt oedd *Hibiscus syriacus*. Trawodd yr enw hwnnw fi'n syth, wrth reswm, ac fe'm hargyhoeddwyd mai dyna'r *hibiscus* penodol a dyfai yn y fynwent yn Damascus. O ddarllen rhagor am hwnnw wedyn, dysgais y credai rhai, er heb sicrwydd ar unrhyw gyfrif, mai dyma oedd y rhosyn Saron a enwid yn y Beibl, ond nad oedd unrhyw un, bellach, yn gwybod yn iawn pa blanhigyn a olygid wrth yr enw hwnnw. O ddeall hynny, a gweld yr enw'n gorwedd yn y rhestr mor agos at y myrtwydd, daeth geiriau'r emyn hwnnw,

> Wele'n sefyll rhwng y myrtwydd
> wrthrych teilwng o'm holl fryd.
>
> ...
>
> Rhosyn Saron yw ei enw,
> gwyn a gwridog, teg o bryd

yn syth i'm meddwl. Nid oeddwn yn gwbl siŵr am y myrtwydd chwaith, a sylwais nad oeddwn wedi gweld yr un o'r ddau blanhigyn hyn yn y llyfr. Mentrais holi, felly, 'beth am y myrtwydd, Nain?', a dywedodd hithau, yn llai o ateb i'm cwestiwn nag fel rhyw ymateb neu adwaith greddfol, 'Wele'n sefyll rhwng y myrtwydd,' fel rhyw fath o fyfyrdod iddi hi ei hun, bron, yn union fel yr oeddwn innau wedi ei wneud wrth ddarllen y gair myrtwydd hefyd. Doedd hi ddim yn siŵr, fodd bynnag, am hwnnw a'r manylion amdano, a bu raid iddi estyn am ei llyfr enwau blodau bychan, a'i ddarluniau cain a oedd yn eu dosbarthu, yn ddigon hynod, yn ôl lliw ac arlliw a chysgod, a Nain hithau'n taeru â'r llyfr fod y fath beth â *marsh mallow* melyn yn bod, er mai pinc oedd y darlun yn y llyfryn. 'A dweud y gwir, Nain', ychwanegais innau, 'roeddwn i am dy holi di am rosyn Saron hefyd, fel mae'n digwydd', a chododd hithau'n syth i amneidio drwy'r ffenestr a dweud, 'mae 'na un o'r rheina'n tyfu yn y gornel yna'n fan'cw, wel'di', ond allai hi ddim cadarnhau i mi mai dyma'r *hibiscus* yr oeddwn innau wedi ei weld yn llyfr y fynwent.

Ar hynny, cerddodd Taid i mewn i'r gegin o'r stafell flaen ac eistedd yn araf yn ei gadair, a Nain yn troi oddi wrth y ffenestr gan anelu 'Myrtwydd, Da'?' yn fwyaf sydyn ato, yntau'n mwmial 'Mm?' yn ôl, heb syniad, ac yntau newydd ddeffro, am be'r oedd hi'n sôn, ond yna gan ychwanegu, ar ôl sadio fymryn a phrosesu'r gair, 'Wele'n sefyll rhwng y myrtwydd'. Fe'm trawyd i y pryd hwnnw gan y pwysigrwydd hynod a'r rhan ganolog yr oed emynau wedi ei chwarae yn fy mherthynas â'm nain a'm taid, a'r cysylltiad a oedd wedi eu creu ganddynt rhyngom dros dair cenhedlaeth, ac a âi'n ddyfnach na'r ffaith fod yn hoff ganddynt, pan fyddwn yn galw draw, fy hel at y piano i geisio baglu fy ffordd drwy ryw emyn-dôn neu'i gilydd, ond heb gael llawer o hwyl arni, a hwythau'n mynnu ei morio hi ymlaen i ddiwedd y pennill er gwaethaf y ffaith fy mod innau'n dal i straffaglu tua chanol yr ail linell. Roedd y sylweddoliad hwn eisoes wedi dechrau dod i'r amlwg yn fy meddwl pan edrychais drwy rai taflenni a oedd wedi dod gyda'r pentwr llythyrau yn y ffolder a chanfod cyfres o daflenni angladd ar gyfer gwahanol aelodau o deulu Taid. Ar un achlysur rai blynyddoedd ynghynt, roeddwn wedi holi'r ddau pa un oedd eu hoff emyn, a hwythau wedi ateb, fel un, mai 'Un fendith dyro im' ar y dôn 'Sirioldeb' gan Joseph Parry oedd yr emyn hwnnw, a chymerais innau'n ganiataol mai hyfrydwch y geiriau a'r dôn eu hunain, ynghyd â'r ffaith fod Nain wedi ennill unwaith ar yr unawd yn Eisteddfod Powys gyda'r emyn hwnnw, oedd y rheswm pennaf dros y diléit amlwg a gymerai'r ddau ynddo, gan ddibrisio'r peth i'r fath raddau nes yr arferwn dynnu coes Nain drwy ailadrodd geiriau llinell gyntaf yr emyn ar dôn cwbl wahanol, a mwynhau ei gweld hi a Taid yn ceryddu wedyn drwy daeru nad oedd y geiriau'n ffitio i'r alaw honno.

Nid tan y canwyd yr emyn yn angladd Yncl Arthur y difrifolais ac y magodd yr emyn rywfaint o arwyddocâd dyfnach i'm meddwl innau, a chyda chryn fraw yr edrychais drwy'r taflenni angladdol rheini yn ddiweddarach eto, wedyn, a sylweddoli y canwyd yr emyn penodol hwnnw yn angladdau'r mwyafrif helaeth o aelodau teulu Taid, o Nesta, y ferch fach a fu farw o difftheria yn wyth oed, hyd at y tad, John Morris, a'r fam, Elizabeth Jane, yr olaf o'r ddau i farw. Gwelais y pryd hwnnw y modd yr oedd emynau yn magu haenau o ystyr nes mynd o ystyr y geiriau gwreiddiol, weithiau, bron yn amherthnasol, neu o leiaf yn llai perthnasol heb gymryd holl achlysuron ac atgofion canu'r emyn i ystyriaeth gyda'i gilydd, a chlywed y nodau'n atseinio o angladd i fedydd i briodas i gymanfa, ac o gapel i gapel i lan y bedd. Ac eto rywsut, roedd geiriau Eifion Wyn bellach yn fwy arwyddocaol hefyd, a'r deisyfiad hwnnw 'i gael gras i garu Duw tra bwy', ac, yn y dyddiau dwys, 'cael gorffwys ar ei ddwyfron', rywsut yn swnio'n fwy taer ac yn fwy truenus, ac yn ymylu ar y pathetig ar yr un pryd, o gofio'r holl ddioddef a oedd wedi ei osod yn drymlwythog drostynt gan angladdau'r degawdau.

Emyn arall a oedd wedi cael cryn effaith arnaf, ond nad oeddwn, rywfodd, wedi dod ar ei draws, neu efallai nad oeddwn wedi sylwi arno tan yn lled ddiweddar, oedd emyn George Rees

ar y dôn 'Arweiniad'. Ychydig fisoedd ar ôl derbyn y ffolder gan
Taid, ond cyn darllen ei chynnwys, roeddwn yn y capel un nos
Sul dywyll a gwlyb pan gododd y gynulleidfa i ganu'r emyn hwn,
ac y teimlais innau, wrth ofyn i Dduw roi imi'r weledigaeth
fawr 'a'm try o'm crwydro ffôl', ryw awydd anesboniadwy ac
anorchfygol i ddechrau wylo, nes fy mod erbyn y pennill olaf

Tydi yw'r ffordd, a mwy na'r ffordd i mi,
tydi yw 'ngrym:

yn llythrennol yn brwydro i gadw'r dagrau yn eu hôl. Diolchais
yn dawel mai dyma'r emyn olaf, a dihengais yn ebrwydd, y noson
honno, i dywyllwch diogel y nos heb dorri gair wrth neb, a bûm
mewn cryn benbleth am rai dyddiau wedyn ynghylch y don
sydyn ac afresymol hon o emosiwn a oedd wedi fy llethu. Testun
cryn syndod, felly, o droi at y daflen fechan ac arni'r arysgrifiad

GWASANAETH COFFA
Er Cof Annwyl am John Owen Jones a hunodd
yn y Dwyrain Canol yn Gwasanaethu ei Wlad,

oedd mai'r union emyn, a'i ddisgrifiad byw o'r Un na wybu
lwfwrhau, ond a gyrhaeddodd ddiben ei anturiaeth ddrud
drwy boenau mawr, a ganwyd i ddiweddu'r gwasanaeth hwnnw
hefyd, a bûm yn amau, wedyn, er mor annhebygol oedd y peth
yn rhesymegol, tybed a oedd rhyw ran ohonof neu elfen o'm
cynhysgaeth a wyddai hynny, rywsut, a bod hynny i gyfrif am
y don sydyn o emosiwn a brofais o sylwi ar yr emyn hwn am
y tro cyntaf, ynteu ai'n syml y cyfuniad iasol o dôn leddf a'r
geiriau moel ond teimladwy a oedd i gyfri? Hyd heddiw mae
rhywbeth ynof sy'n mynnu bod yr emyn hwnnw, yn gymaint
ag y gwnaeth 'Sirioldeb' ond mewn ffordd dra gwahanol, hefyd
wedi tadogi ei lwyth o ystyron arnaf o bellter hanner can

mlynedd a mwy, a'm bod innau wedi clywed rhyw atsain gwan o'r ochain dwys a'r drylliog lef, yn fy ngalw innau, yn afradlon fel yr wyf, tua thref.

Pan ynganodd fy nain a'm taid y geiriau hynny, 'Wele'n sefyll rhwng y myrtwydd', y diwrnod hwnnw, galwyd fy nghof innau'n ôl wedyn, at yr achlysur, ychydig fisoedd cyn i Nain a Taid symud o Lanfyllin, pan oeddent eto'n gymharol heini, a minnau wedi cynnig mynd â nhw am dro yn y car o gwmpas yr ardal, hithau'n ddiweddar wedi bod yn dywydd mawr a'r rhaeadr a'r afon yr ymwelodd y tri ohonom â hwy yn taranu heibio, gan sylweddoli'n raddol mai nhw oedd yn mynd â mi am dro, er mai fi oedd yn gyrru, wrth iddynt enwi pob bryn a lôn, gan basio'r capel ar ael y rhiw. Byddent yn arfer mynd i ganu mewn cymanfa ynddo unwaith y flwyddyn, y naill yn dod o un cyfeiriad a'r llall o'r cyfeiriad arall, heb eto adnabod ei gilydd ond o bell, fel wynebau cyfarwydd, neu pan ddangosodd Nain i mi'r allt serth yr arferai hi orfod ei dringo ar y beic bob dydd i fynd i'r ysgol, a phan wibiodd y car heibio i hen neuadd bentref a Taid yn datgan yn falch mai fo a chriw o bedwar arall a oedd wedi adeiladu'r neuadd honno â'u dwylo eu hunain. Roedd yr ardal gyfan, er nad oeddent wedi ei theithio a'i chroesi fel hyn ers blynyddoedd, ar flaenau eu bysedd, y map yn glir yn eu pennau ac enwau lleoedd a phobl wedi'u plethu drwy'i gilydd wrth i'r car ddringo a syrthio dros fryniau Maldwyn, ac yn dadlau a oedd hon-a-hon wedi marw bellach neu pwy oedd yn byw ar y fferm-a'r-fferm erbyn hynny.

Er nad oedd gennyf syniad ar y pryd, medrwn weld o edrych ar fap yn ddiweddarach ein bod wedi teithio cryn bellter i'r ddau gyfeiriad o Lanfyllin y diwrnod hwnnw, gan ymweld yn gyntaf, nid nepell o'r rhaeadr a'r afon honno, â Chapel Coffa Ann Griffiths yn Nolanog, lle cafodd penddelw o'r ferch o Ddolwar Fach gryn effaith arnaf, yn ei blaster gwyn, fel ysbryd, bron, ac wedi ei osod ar waelod un o'r trawstiau, fel pe bai ei hysbryd hi mewn ffordd tra diriaethol yn cynnal y lle, yn ei rwystro rhag syrthio ac yn ei gadw ar ei draed. Adeilad rhyfedd ddigon oedd y capel o'r tu allan, gyda'r meini tywyll a'r talcen pig uchel, fel pe bai'n methu penderfynu ai capel, ai eglwys, ydoedd, a'r cyntedd crwn yn estyn allan o flaen yr adeilad bron fel tyred ar long ryfel.

Cefais rywfaint o hanes yr adeiladu gan Taid, a Nain yn canu ambell linell o emyn, a thorrodd y tri ohonom ein henwau ar dudalennau'r llyfr ymwelwyr, cyn cau'r drws yn dawel ar ein holau a cherdded yn ôl at y car. Wedi eu hysbrydoli neu eu sbarduno, efallai, gan yr ymweliad â'r capel, mynnodd Nain a Taid wedyn roi cyfarwyddiadau i mi er mwyn i ni ddod o hyd i Ddolwar Fach, cartref Ann, ac ymhen hir a hwyr canfu'r car druan ei hun, ar ôl dod dros ffordd ddigon anwastad a phonciog, o flaen buarth fferm nad oedd modd mynd dim pellach heibio iddo ond nad oedd modd mynd iddo, chwaith, oherwydd bod giât fawr bren wedi ei chau ar draws yr adwy. Diosgais innau fy ngwregys, yn barod i fynd i gnocio ar y drws, ond gwaredodd y ddau, a oedd am ryw reswm wedi penderfynu eistedd gyda'i gilydd yn y cefn, yn hytrach na bod un yn eistedd wrth fy ochr innau, gan fynnu, siŵr, nad oedd teulu'r fferm yn dymuno cael rhyw bobl ddierth fel ni yn dod i gnocio ar eu drws bob munud, a'i bod yn rhaid fod y ffaith i'r giât gael ei chau ar adwy'r buarth ynddo'i hun yn arwydd nad oedd trigolion presennol y fferm yn dymuno cael neb yn tarfu arnynt.

Yn ôl yr aethom, felly, at y ffordd fawr, a minnau'n dal i gael rhyw ffurf ar sylwebaeth ddi-ben-draw gan y ddau yn y cefn ynghyd â chyfarwyddiadau ar sut i gyrraedd Sycharth, ym mhlwy Llangedwyn. Yn rhyfedd ddigon, sylweddolais wedyn y byddai wedi bod yn haws i ni ddychwelyd drwy Lanfyllin ei hun, ond mynd i fyny tua Brithdir a wnaethom gan droi wedyn, fel ein bod yn dod at Langedwyn o gyfeiriad y gorllewin, cyn pasio trwy'r pentref a throi am Lansilin. Gwyddai'r ddau'n union lle i fynd, ac ymhen dim yr oeddem wedi parcio'r car ger y fferm gyfagos, ond o gyrraedd y giât ar y llwybr troed a arweiniai i fyny'r mwnt, canfu Taid ei bod wedi ei chloi, ac felly ymlwybrodd y tri ohonom i lawr at y fferm, yn ôl cyfarwyddiadau'r hysbysiad ar y giât, er mwyn cael caniatâd y ffermwr. Ond heb ganfod neb hyd y lle bu raid i'r tri ohonom fodloni ar edmygu Sycharth a'r hanner cylch o goed a dyfai o'i amgylch o bellter parchus, o safle'r ymosodwr yn hytrach na'r amddiffynnwr, y noddwr, yr ymgeleddwr. O'r safle hwnnw, a chyda rhwystredigaeth y giât ar glo o'm blaen, ac yn wir, efallai, rwystredigaeth y ffaith fy mod yma gyda hwynt, gan y gallwn innau fod wedi neidio dros y glwyd a dringo'r bryncyn, heb fy nghanfod, yn bur hawdd, gallwn, rywsut, gydymdeimlo â pha mor frawychus ac anorchfygol y gallasai'r ceiri hyn ymddangos, yn ogystal â pha mor groesawgar y byddai'r gaer wedi teimlo i lefnyn o fardd di-nawdd neu deithiwr llesg wrth iddo ddod heibio'r gornel ar ei ffordd i lawr o'r bwlch a gweld y cadernid yn y dyffryn o'i flaen. 'Na hidia,' meddai Nain wrthyf wrth i ni gyrchu'r car drachefn, 'mi gei di ddod yma dy hun eto ryw ben.'

Wedi'n gwregysu drachefn yr oedd Nain a minnau'n barod i anelu'n ôl am Lanfyllin, ond wrth i mi droi'r allwedd yn yr injan, 'rhosa di funud,' meddai Taid yn dawel, a nodi bod un lle arall yr hoffai ymweld ag o. Dafliad carreg o'r fan, felly, troais y car eto ar hyd lôn gul a arweiniai i fyny'r rhiw, y tro hwn, gan ei dilyn am ychydig amser yn uwch ac yn uwch, cyn i'r gwrych agor yn araf nes y gallem weld cae go helaeth o'n blaenau ar y llethr, a thŷ bychan yn y pen pellaf, ac er nad oedd yr un o'r ddau wedi crybwyll y peth, fe wyddwn y pryd hwnnw ein bod wedi dod yn ôl i Ganol Arren. Du a gwyn, wrth gwrs, oedd y tŷ yn fy nychymyg i, ond roedd i'r tŷ hwn baent graeanog o ryw liw gwyrdd tywyll ond gwelw, a fframiau'r ffenestri dwbwl a'r drysau PVC i gyd yn wyn nes iddo gymryd arno ymddangosiad cartref na allai fod yn hŷn na rhyw ddeugain neu ddeng mlynedd ar hugain. Ni wn i sicrwydd pam bod y ffaith i'r tŷ gael ei adnewyddu yn y fath fodd wedi peri'r fath ofid i mi, oherwydd fe ddylwn fod yn falch, am wn i, ei fod yn dal yn gartref i rywun a hwnnw'n gartref yr oedd y perchnogion yn amlwg yn cymryd gofal ohono. Gymaint yr aflonyddodd y trawsnewidiad annisgwyl hwn o le nad oeddwn erioed wedi ei adnabod yn ei gyflwr gwreiddiol, nes fy mod bron yn sicr y byddai wedi bod yn well gennyf weld y lle'n adfail neu'n furddyn, ac o ystyried y peth bellach roedd y teimlad aflonydd hwnnw yn un hyd yn oed yn fwy afresymol oherwydd nad oedd gen i, ar y pryd, unrhyw syniad o hanes y lle nac ymwybyddiaeth o'i bwysigrwydd, neu o leiaf nid i'r fath raddau ag a ddysgais ers hynny.

Dim ond dwysáu'r ymdeimlad hwn o drallod a wnaeth y ffaith nad oedd fy nhaid a'm nain, fel gyda chynifer o leoedd eraill y diwrnod hwnnw, naill ai'n fodlon, neu o bosibl na allent, fynd heibio'r giât a wahanai'r dreif oddi wrth y lôn ac na fyddai modd, fel arall, o adnabod pryd yr oedd un yn dod i ben a'r llall yn dechrau. Y mae yna lun ohonom yn blant bach yn un o'r albyms gartref, neu efallai, wedi meddwl, mai llun o deulu fy ewythr, brawd fy mam, yn blant ydyw, yn sefyll o flaen y tŷ hwn, ac nad oeddwn erioed wedi ei gysylltu â Chanol Arren o edrych arno cyn y diwrnod hwnnw, ond y mae hwnnw'n brawf ynddo'i hun bod fy nain a'm taid, rywbryd, wedi mentro ymhellach na'r giât a hyd yn oed, o bosibl, wedi mentro cnocio ar y drws, esbonio mai dyma gartref plentyndod fy nhaid, a gofyn am gael edrych o gwmpas. Y diwrnod hwn, fodd bynnag, gwrthod yn lân a wnâi'r ddau, er i minnau gynnig mynd fy hun i gnocio ac esbonio, a Taid yn taeru o'r cefn, 'na, does 'na neb adre, siŵr'. Wrth gwrs nad oedd neb adre. I Taid, nid oedd neb wedi bod adre am hanner canrif a rhagor.

Wn i ddim ai dychmygu a wneuthum, wedyn, ryw chwa sydyn o arogl rhosmari yn procio fy nghof innau er mwyn dod â mi'n ôl i'r presennol, ond roeddwn, drachefn, yn ôl yng nghegin Nain a Taid yng Nghaernarfon, a dywedodd Nain y cawn gymryd y llyfr hwnnw, ynghyd â'r llyfr poced a'r holl ddarluniau bychain o wahanol flodau, yn ôl adref gyda mi. Pan eisteddais wrth fy nesg gartref, a darllen drwy'r disgrifiad hwnnw o'r blodau yn y fynwent eto, a chwilio'r llyfr a'r we am ragor o wybodaeth am y blodau, mynnai'r rhosyn Saron tybiedig, yr *hibiscus syriacus* hwnnw, aros gyda mi. Deuthum ar draws lluniau ohono, ac o'r holl fathau gwahanol a oedd ar gael, fe'm trawyd gan y Red Heart, blodyn trawiadol oherwydd bod ei betalau'n hollol wyn, ond bod trywaniad o goch tywyll, melfedaidd yn ei ganol, fel calon goch y disgrifiad, neu hyd yn oed fel pe bai defnyn o waed wedi disgyn arno drwy ddamwain, ac yn ymddangos fwyfwy felly oherwydd bod llinellau tenau o goch yn arwain allan o'r canol hwnnw, yn union fel pe bai'r defnyn gwaed wedi dechrau llifo i lawr. Arweiniodd hynny fi'n syth i feddwl am y disgrifiad hwnnw yn *Peredur fab Efrog* sy'n nodi fel yr aeth Peredur allan o guddygl y meudwy, a chanfod fod cawod o eira wedi syrthio yn ystod y nos. Wrth fynd yn ei flaen, wedyn, mae Peredur yn canfod aderyn wedi ei ladd, ac yno'n sefyll, wedi ei lesmeirio rywsut, gan yr hyn a wêl, gan gyffelybu dued y frân, sydd wedi bod yn gwledda ar gig yr aderyn, gwynder yr eira a chochder y gwaed i wallt y wraig fwyaf a garai a oedd cyn ddued â'r muchudd, a'i chnawd oedd cyn wynned â'r eira, a chochder ei gwaed yn yr eira i'r ddau fan cochion oedd yn ei gruddiau.

Fel y myfyriodd Peredur dros y pethau hynny, felly hefyd y myfyriais innau dros yr *hibiscus syriacus*, a thybio mor eironig o weddus fyddai pe digwyddai mai'r 'Red Heart' a oedd yn tyfu yn Damascus, nid yn unig oherwydd yr enw ond oherwydd y byddai'n ymddangos, bron, fel pe na bai'r bechgyn ddim ond wedi eu clwyfo gryn eiliad yn ôl, eu gwaed heb sychu ar betalau'r blodau, a bod eto fodd eu hachub. Mor anaddas o'i gymharu wedyn, meddyliais, oedd y myrtwydd, oherwydd o'r hyn a ddysgais am y *myrtus*, bu'n arfer am ganrifoedd maith ei ystyried yn symbol o gariad ac o anfarwoldeb, dau gysyniad yr oedd union fodolaeth y fynwent honno yn tystio'n llafar yn eu herbyn, onid oedd y myrtwydd rywsut yn cynnig rhyw gysur neu obaith i'r galarwyr y byddai rhyw lun ar gariad ac anfarwoldeb i'w canfod yn y bywyd nesaf, ar ôl methu â'u canfod yn y bywyd hwn. O feddwl am hynny, holais fy hun pam tybed, yn union, fod pobl wedi defnyddio blodau, ers miloedd o flynyddoedd, i goffáu. Oherwydd eu ffrwythlondeb, oherwydd eu bod yn arwyddo dyfodiad pob tymor yn ei dro, a'i ddiflaniad, a'i ddychweliad, efallai. Neu'n syml, efallai, i guddio pydredigaeth a drewdod marwolaeth â haen denau o liw a phersawr.

Beth bynnag y rheswm, fe'm cludwyd yn ôl at y noson honno yng nghyrion Ieper, a minnau a Cynon wedi dychwelyd, ar ôl y diwrnod rhwng y beddi, i'r gwely a brecwast, yn Brandhoek, pentref bychan rhyw bedair neu bum milltir allan o ganol y dref heibio i Vlamertinge, a gedwid gan gwpwl canol oed hynaws a charedig, Liz a Jon, heb anghofio Sambo'r labrador du, a adawodd eu bywydau cysurus yn Lloegr i ddod i redeg y Cherry Blossom B&B. Roedd y ddau'n gweithio'n galed, a Jon yn gorfod gweini y tu ôl i'r bar yn un o dafarndai'r dref yn ogystal â helpu Liz yn y cartref, dim ond er mwyn cadw dau ben llinyn ynghyd, ond roedd rhyw hapusrwydd tawel yn hydreiddio eu hymarweddiad, a theimlai Cynon a minnau, wrth fwyta'n stecen ac yfed y cwrw Trappist chwerwfelys, yr un hapusrwydd tawel yn treiddio trwom ninnau hefyd. Beth a gymhellodd y ddau i alw'r lle'n Cherry Blossom, tybed? Ni chroesodd fy meddwl i'w holi ar y pryd. Eisteddodd y tri ohonom wedyn, Jon, Cynon a minnau, allan yn yr ardd gefn gyda Sambo, ac er ei bod yn tywyllu roedd yn ddigon cynnes, am ychydig, i ni fod yn eistedd yno yn ein crysau-t, cyn i hyd yn oed Cynon orfod ildio ac estyn am siwmper, ac wrth sgwrsio edrychai'r tri ohonom allan heibio'r ardd dros gaeau fflat Fflandrys, lle gallem ddal cipolwg, ryw ddau neu dri chae oddi wrthym, o fflachiadau egwan o goch wrth i'r pabi yn y cae chwifio yn awel ysgafn y nos.

Bron na allem glywed eu hadau'n ysgwyd fel ratl yn eu capsiwlau, ond yn ddi-os gallem glywed cyfarth cŵn y gymdogaeth yn y distawrwydd a syrthiasai'n ddisymwth drosom, ond ymhen hir a hwyr noswyliodd Jon a Sambo, gan

adael Cynon a minnau i wylio'r lleuad yn machlud y tu ôl i res o
goed cypreswydd gerllaw. Ar ôl ychydig rhagor o ddistawrwydd,
bron fel pe bai'r ddau ohonom yn cydnabod arwyddocâd tawel
yr olygfa o'n blaenau a oedd bron â phylu i dywyllwch llwyr
erbyn hynny, llithrodd y ddau ohonom yn raddol yn ôl i ganol
ein sgwrs, ac wn i ddim ai'r pabi'n chwifio a oedd wedi rhoi rhyw
arlliw o edifeirwch neu hiraeth neu goffâd dros y sgwrs, nid am
rywbeth penodol y gallem roi ein bys arno, efallai, ond o hiraeth
yn yr ennyd am yr ennyd ei hun a oedd eisoes yn llithro rhwng
ein bysedd, a'r gydnabyddiaeth dawel rhyngom, wrth drafod
ein plentyndod, nad plant oeddem bellach, ac y byddai'r ddau
ohonom, pan ddeuai'r flwyddyn academaidd newydd, yn mynd
ein ffordd ein hunain. Trwy bopeth, yn wyddonol resymegol,
bron, yr aethom, yn sgwrsio am gartref, am yr ysgol, am yr hyn
oedd i ddod, am gariad, ac o dan y cyfan y coffâd, y gwybod
ar y naill law ein bod filgwaith mwy ffodus na'r rhai a oedd
wedi syrthio ar y caeau hyn ac a oedd, o bosibl, yn dal i orwedd
oddi tanom, ond ar yr un pryd hefyd yn gwybod bod rhywbeth
ynom ninnau hefyd wedi pasio, neu ar fin pasio, ac na fyddai'n
cyrraedd yn ôl gartref gyda ni o gaeau Fflandrys.

*

Ychydig wythnosau ar ôl yr ymweliad hwnnw â Nain a Taid,
penderfynais fynd am rai dyddiau ar y trên i Lundain. Nid
oeddwn yn gwbl siŵr pam fy mod mor awyddus i fynd ar
fympwy fel hyn, y tu hwnt i ryw hanner syniad y byddwn yn
ceisio cael rhywfaint o wybodaeth am symudiadau catrawd John
yn yr Archifau Cenedlaethol ger gerddi Kew, ynghyd â'r syniad
fod taith fympwyol i Lundain, un o fy hoff ddinasoedd yn y byd,
yn syniad go dda ynddo'i hun ac yn cynnig newid amheuthun
o'r gwaith dyddiol wrth fy nesg. Wedi newid trên yn Crewe a
bwyta'r frechdan a brynais ar y platfform, roedd Lloegr yn

rowlio'n gynt ac ynghynt heibio i ni a'r cerbyd yn gogwyddo ar ongl drwy'r troadau. Roedd y tywydd, fel y tirlun, yn gyfnewidiol, ac a minnau'n credu un funud fod yr haul am dywynnu drwy'r dydd mewn awyr cwbl las, roeddem, y funud nesaf, fel pe baem yn teithio'n unionsyth tua chwmwl mawr o law. Roedd y tir yn feichiog â glaw'r misoedd blaenorol, a phob afon a welwn yn bygwth gorlifo'i glannau.

Yna roeddem yn tramwyo'r maestrefi, rhwng cefnau archfarchnadoedd, stadau diwydiannol, a darnau hesb o dir concrid lle'r oedd y chwyn yn ailhawlio'i le'n feunyddiol, a rhywle yn y tir neb rhwng y maestrefi llwyd hyn a'r ffrwythlondeb gwyrdd o'u hamgylch roedd y ffatrïoedd, lle gwelais, ar un achlysur, chwech o dyrau oeri anferth wedi eu gosod yn ddwy res o dri, yn taflu eu mwg i'r awyr mewn colofnau hynod o drefnus, cyn i'r colofnau hynny ymestyn a thaenu a throi'n annelwig, ac fe fûm am gryn amser, tra oedd y tyrau o fewn golwg, yn ceisio gweld a diffinio lle'r oedd y mwg yn troi'n gwmwl, ac fel arall, ac yn pensynnu pa mor debyg o ran eu golwg oedd y ddau sylwedd hyn, i'r graddau fel na allwn wahaniaethu rhyngddynt â'm llygaid. Fel arfer, byddai gweld tyrau o'r fath, neu edrych ar olygfeydd diwydiannol tebyg o ffatrïoedd yn dyfiannau afiach ar wyrddni'r tir, yn fy llenwi â synnwyr annirnad ond dwys o arswyd ac anniddigrwydd, ond rywsut ni lwyddodd y tyrau hyn, er gwaethaf y cymylau llwyd a ddaliai i ymgronni oddi cefn iddynt, i godi'r un ofn arnaf y tro hwn, ac ymhen hir a hwyr roedd yr adeiladau oddi allan yn dalach, a'r tai yn gulach, y briciau'n oleuach ac o'r herwydd yn dangos ôl lludw degawdau o drenau arnynt yn amlycach, y bensaerniaeth yn hŷn, ac roedd y trên yn arafu ac yn cropian i mewn i orsaf Euston.

Hon oedd yr orsaf drenau ryngddinesig gyntaf i'w hadeiladu yn Llundain, er ei bod bellach yn llai prysur na phump o blith y gorsafoedd 'mawrion' eraill sydd wedi eu lleoli, fel lloerennau mewn cylchdro, o amgylch canol y ddinas. Fe'i codwyd yn 1837, gyda'r bwa maen mawreddog a adwaenir fel yr 'Euston Arch' yn cael ei ychwanegu'n fuan wedyn, a'r Neuadd Fawr, a oedd, yn ôl pob sôn, yn ofod ysblennydd, wedi ei rhannu'n lefelau gwahanol, a chyda'i ffenestri petryal (heb fod yn rhy addurniedig), ei cholofnau ionig, ei drysau pren trymion, coffrau'r nenfwd addurniedig, a'r grisiau canolog yn rhannu'n ddau ddarn i'r dde ac i'r chwith cyn ymuno â'i gilydd eto ar y gwaelod, yn tueddu i atgoffa rhywun o du mewn capel anghydffurfiol. A thybed a fyddai fy ewythr John, hefyd, wedi ei daro gan y gymhariaeth honno pe byddai yntau wedi cyrraedd yr orsaf hon ar ei ffordd i Ffrainc, fel yr oedd yn ddigon posibl y pryd hwnnw er na wyddwn i sicrwydd, gyda'r gatrawd, cyn iddynt gael eu gyrru'n ôl gan y lluoedd Almaenig. Neu tybed a sylwodd yn benodol, ar ôl teithio ar y trên o Fanceinion lle'r oedd yn byw, ar y cerflun a gynrychiolai'r ddinas bell honno, ac a osodwyd yn un o gyfres o wyth o amgylch waliau mewnol yr orsaf yn portreadu'r amrywiol ddinasoedd – Lerpwl, Manceinion, Birmingham a'u tebyg – a oedd yn anfon eu teithwyr yn un haid i ganol yr ymerodraeth ac i'r orsaf hon? A fyddai wedi cymryd ei gamau cyntaf allan i'r ddinas drwy golofnau dorig yr arch?

Roedd yn anodd imi ddychmygu'r olygfa hon, fodd bynnag, ac nid dyma'r olygfa a'm croesawai i, oblegid fe dynnwyd yr hen orsaf urddasol i'r llawr ddechrau'r chwedegau yn ddiseremoni ac yn wyneb gwrthwynebiad cryf, er mwyn gwneud lle i'r bocs concrid, petryal, du a llwyd a saif ar y safle erbyn hyn, yn un o'r adeiladau mwyaf newydd a modern o blith yr holl orsafoedd mawrion bellach, ac yn enghraifft o'r arddull goncrid, ryfedd honno o'r chwedegau sy'n cael ei chasáu yn weddol gyffredinol hyd heddiw. Ers dod i adnabod urddas ac antur St Pancras, a phrysurdeb agored Paddington lle nad oes ffin rhwng y brif neuadd a'r platfform ond y giatiau tocynnau a godwyd yn weddol ddiweddar, yn wahanol i Euston lle mae'r prif neuadd wedi ei chau i ffwrdd yn gyfan gwbl oddi wrth y platfforms dan eu nenfwd du, isel, gallwn innau hefyd ddeall a chydymdeimlo â'r gwrthwynebwyr a'r beirniaid.

Ond roedd gan y lle hwn hud arbennig i mi oherwydd mai i'r orsaf hon yr arferem gyrraedd erstalwm wrth ddod i Lundain yn deulu, ychydig cyn y Nadolig fel arfer, am benwythnos, a chofiwn fy rhieni yn stryffaglu i'n cael i gyd oddi ar y trên a'n bwndlo i mewn i dacsi, neu'r adeg honno ynghanol y nawdegau, a minnau'n blentyn tuag wyth oed a'm dychymyg ar garlam, yn llawn arswyd hyd yn oed wrth feddwl am fynd i Lundain a rhyw bobl o'r enw Aiarê yn fygythiad cyson gyda'u ffrwydron, yn gorfod aros ar y trên y tu allan i'r orsaf oherwydd 'bomb scare', neu'r tro hwnnw pan oedd 'an incident involving a person on the tracks' a'm rhieni'n gorfod ceisio egluro i ni'n tri, heb roi gormod o fanylion, pam ein bod yn dal i sefyllian ac eistedd am yn ail ymysg ein bagiau a'n cesys ynghanol y neuadd fawr, ar y llawr sgleiniog, patrymog fel marmor du a llwyd, a ninnau'n gegrwth wrth ddilyn llinellau syth, glân y nenfwd concrid eang.

Cefais bwl o dristwch wrth gyrraedd y tro hwn, brasgamu trwy'r neuadd honno, a throi am eiliad i edrych dros fy ysgwydd, a chanfod, fel pob gorsaf arall bellach am a wn i, fod y byrddau cyrraedd-a-gadael enfawr uwchben y llwybr at y trenau wedi eu digideiddio'n oren, yn lle'r hen fyrddau analog du a gwyn a fyddai'n cyhoeddi, gyda ffrwst tonnog o gliciadau, unrhyw drên newydd neu unrhyw newidiadau, wrth i'r rhifau a'r llythrennau ar y teils redeg drwy'i gilydd a dod i stop disymwth wrth gyrraedd yr enw lle iawn, a'r amser cywir. Yn wir, y pryd hwnnw, mi allech yn hawdd fforddio edrych o'ch cwmpas ac at y nenfwd a dros arwyddion y siopau a'r caffis, oherwydd fe fyddai pennau pawb yn unfryd yn troi, o glywed y sŵn hwn fel sŵn siyfflo cardiau, i weld a oedd gwybodaeth eu trên hwythau bellach yn cael ei arddangos. Yr hyn a'm swynai ac a'm syfrdanai i bob amser, fodd bynnag, oedd y modd, ar ôl i drên neu'i gilydd adael, y byddai'r bwrddyn ar gyfer y trên penodol hwnnw yn troi'n ei ôl, drwy'r llythrennau a thrwy'r rhifau a'r amseroedd, yn ôl, yn ôl, yn ôl, nes troi'n ddim a'r bwrddyn yn ddu drachefn, bron fel pe bai gan y byrddau hyn y gallu i droi amser ei hun yn ei ôl, drwy'r holl ohirio ac aros, yn ôl i fwrddyn gwag, glân y bore hwnnw cyn i'r teithwyr oll ymddangos a diflannu. Wrth i minnau droi fy ngolygon drachefn i anelu allan o orsaf Euston, meddyliais tybed ai er mwyn dileu'r effaith rithiol a thwyllodrus hon y gwnaed i ffwrdd â'r hen fyrddau analog a dod â'r byrddau digidol, lle gellid newid enw lle ac amser ar amrantiad heb orfod rhedeg drwy'r holl deils, rhag i'r holl deithwyr gael eu twyllo, a dod i gredu, am ennyd yn ystod eu dydd gŵyl neu eu diwrnod gwaith, fod modd dychwelyd yn ddilychwin unwaith eto at y bore hwnnw neu'r diwrnod blaenorol, neu ymhellach hyd yn oed.

Wedi cyrraedd y gwesty dyma ollwng fy magiau yn yr ystafell, a sylwi ar beintiad o flaen y Duomo, gyda'i baent gwyn a gwyrdd, yn Fflorens, uwch fy ngwely, a daeth y darn hwnnw o gerddoriaeth na wyddwn mo'i enw o'r sgwâr o flaen y Palazzo Vecchio yn ôl i'm cof, heb adael fy mhen yn iawn drwy gydol fy arhosiad yn Llundain y penwythnos hwnnw. Daliais y trên tanddaearol i Elephant & Castle, er mwyn ymweld â'r Amgueddfa Ryfel, a threuliais gryn amser yno yn edrych ar yr awyrennau a'r tanciau anferth yn y brif neuadd, ac yna yn y galerïau i fyny'r grisiau, lle ceid gwahanol gypyrddau gwydr a phaneli a lluniau a llythyrau a thrugareddau yn croniclo profiadau gwahanol bobl mewn peth wmbreth o wahanol ryfeloedd a gwrthdrawiadau, cyn mentro i lawr y grisiau, i'r llawr gwaelod un oddi tan y brif neuadd, i fynd i'r *Trench Experience*. Yma byddech yn camu i mewn, trwy ddrws mewn coridor digon di-nod yr olwg, ac yn syth byddech oddi mewn i un o'r ffosydd, rywle yn nwyrain Ffrainc neu wlad Belg, gefn nos. Ar y dde wrth fynd i mewn roedd lloches i un o'r swyddogion, ac yno'r oedd swyddog plastig, a'i law yn dal ffôn at ei glust, ac fe'i clywid yn ceisio cysylltu â chatrawd arall yn nes i lawr y lein, cyn i'r llinell ffôn gael ei thorri gan ffrwydrad, ac iddo golli cysylltiad, ac yna byddai'r golau'n pylu arno. Ped arhosech yn ddigon hir, byddai'r golau'n codi eto a'r un sgwrs yn cael ei chwarae, cyn i'r swyddog druan golli cysylltiad drachefn, ac felly roedd, yn cynnal yr un sgwrs ffôn dragwyddol ddydd ar ôl dydd ond heb fyth lwyddo i gael yr wybodaeth yr oedd arno'i hangen. Ar ôl hyn byddid yn troi i mewn i'r ffos go iawn fel y byddai ar y ffrynt, a'r sêr yn disgleirio ar y nenfwd uwchben.

Fe'm hatgoffwyd, wrth gerdded hyd y ffos hon na allwn weld tros ei thop, am lain o ffosydd ger camlas Iser yng ngwlad Belg a oedd wedi eu cadw, ac yr ymwelodd fy nheulu a minnau â hwy pan oeddwn yn blentyn, ac a ymestynnai cyn belled ag y gallai llygad plentyn ei weld, yn graith lwyd ar y tir diffaith, brown. Fe'm cyfareddwyd gan y ffosydd hynny, ac yn benodol gan y bagiau tywod a oedd yn bentwr bob ochr imi, yn codi'n uchel uwch fy mhen, ac yn ffurfio waliau'r ffos, nes i mi estyn fy llaw allan a chyffwrdd un o'r bagiau, a sylweddoli wrth gyffwrdd ei oerni caled mai mowld sment ar siâp bag tywod ydoedd, ac er ei fod mor realistig nes bod patrwm a gwead y bag ar y sment, roedd y swyn wedi'i dorri a minnau wedi fy nadrithio. Llawer mwy boddhaol i mi oedd yr arddangosfa yn Hill 62, lle treuliais oriau yn rhythu ar y gynau, y sieliau, y bwledi a'r amrywiol ddarnau eraill o gyfarpar ac offer a oedd wedi eu hadfeddiannu o dir y meysydd brwydr a'u cynnull mewn cistiau gwydr, ac ar y ffotograffau sepia, yr oedd rhaid edrych arnynt drwy sylladuron bychain, mewn blychau pren, o feysydd brwydr, a mwd, a ffosydd. Mae un llun yn benodol wedi ei serio ar fy nghof, llun o geffyl wedi ei rwygo a'i ddarnio a'i daflu gan nerth y ffrwydrad nes ei fod yn hongian oddi ar frigau uchaf coeden gyfagos, ac mae'n rhaid fy mod wedi gweld cynifer o luniau o gyrff dynion meirw wedi hanner eu claddu yn y mwd nes bod y ceffyl hwn, a ymddangosodd yn sydyn o rywle ynghanol y lluniau hynny, mor wahanol ac mor druenus, wedi creu mwy o argraff ar fy nghof ifanc nag a wnaeth yr holl ddarnau breichiau a choesau dynol.

Wedi ildio i weddill y teulu, a oedd eisoes wedi diflasu ac ar ddiffygio, a gadael yr amgueddfa forbid ond syfrdanol hon, ceid camu allan i ffosydd a oedd yn gwbl wahanol i'r rhai ger camlas Iser oherwydd mai paneli sinc oedd yn ffurfio'r waliau, ac oherwydd nad sment glân a oedd o dan draed ond mwd, haen denau a diniwed ddigon o fwd, bid siŵr, ond mwd serch hynny, ac roedd gweld ôl fy esgid fy hun yn y mwd wrth gerdded yn ôl a blaen dros y dycbords drwy droadau'r ffos yn rhoi rhyw wefr i mi na allasai ffosydd syth, trefnus camlas Iser. Mae llun ohonof, wedyn, tua deg neu un ar ddeg oed, yn sefyll ar ymyl twll a grëwyd gan siel neu fom y tu allan i gaffi'r amgueddfa, gan amneidio ato â'm llaw dde, a'm hwyneb eto yn methu penderfynu a ddylwn fod yn gwenu ai peidio.

Nid oedd mwd yn y *Trench Experience* yn yr Amgueddfa Ryfel yn Llundain, ond yr oedd yno filwyr plastig neu gŵyr, un acw yn gorffwys mewn math ar hafn neu gilfach yn wal y ffos, yn chwilota yn ei dun bwyd ac yn sgrifennu llythyr adref, un arall yn defnyddio'i berisgop i edrych dros rimyn y bagiau tywod gyferbyn, ac roedd perisgop arall wrth ei ochr yn gwahodd yr ymwelydd chwilfrydig i wneud fel yntau ac i edrych, dros ddiffeithwch a weiren bigog tir neb, at olau sigarét yn y pellter a ddynodai'r man lle'r oedd milwr Almaenig diofal yn mwynhau mygyn. Codai rhyw arogl rhyfedd o rywle hefyd, arogl llaith ond llym, bron fel pupur, a chreodd hyn benbleth imi ai arogl y bwyd o dun y milwr gerllaw, ynteu arogl piso neu arogl llygod mawr, neu arogl pydredig cyffredinol y ffosydd yr oedd yr arogl hwn i fod i'w gyfleu. Fe'm trawyd hefyd gan brysurdeb y ffosydd penodol hyn wrth i nifer fawr o ymwelwyr, o ystyried cyn lleied yr oeddwn wedi dod ar eu traws yn y galerïau eraill i fyny'r grisiau, basio'n weddol frysiog heibio imi ac allan drwy'r drws ar y pen arall, lle treiddiai'r arogl pupur ychydig droedfeddi i lawr y coridor.

I'r arddangosfa hon, ac i arddangosfa gyffelyb ym mhen arall y seler, y *Blitz Experience*, lle'r arweinid criw o bobl allan o fath ar loches, ar ôl clywed a theimlo'r bomiau'n syrthio tu allan, drwy un o strydoedd yr East End, i weld yr holl ddinistr, i'r arddangosfeydd hyn, yn anad yr un arall, y tyrrai'r ymwelwyr, a'u hawch am ailbrofi, ac i ail-fyw'r profiadau hyn, yn hytrach nag edrych ar gyfres o drugareddau digyswllt, anghyffwrdd oddi mewn i gabinet gwydr. Ac i'm meddwl, daeth cymysgedd o synhwyrau – stribyn cul o sêr clir, oer ac arogl pridd llaith – ond yna, i'w disodli, rhyw ddelweddau pellach. Goleuadau melyn yn hongian o doeau isel, sŵn gwadnau traed yn atseinio ar hyd coridorau gyda chlic metalig a drysau dur yn cau yn rhywle, ac yna arogl camffor a disinffectant, tuniau bwyd a gwydrau peint ac iddynt handlenni, strydoedd cobls a thafarndai tywyll mewn strydoedd cul, a chaneuon am Tipperary a chlogwyni gwyn Dover. Ac yna roeddwn innau yng nghefn y car yn Dover gyda'r teulu ar fore llwyd o Awst, y car eisoes yn cynhesu, a ninnau gyda'n gilydd yn ceisio cofio geiriau cân Vera Lynn a'i hadar gleision.

Wedi'r profiad rhyfedd ond *ersatz* hwn, dychwelais drachefn i fyny'r grisiau, gan chwilio a chwilota am gornel neu gabinet neu banel a fyddai'n sôn am ymgyrchoedd yr Ail Ryfel Byd yn Syria. Bûm yn crwydro am gryn amser, i fyny ac i lawr y grisiau a thrwy gorneli tywyll a phaneli am y Blitz, am Fietnam, am ryfeloedd y Boer, am warchae Stalingrad, ac yna cyrhaeddais arddangosfa fawr, newydd, gwbl ddirdynnol am yr Holocost, a minnau'r unig ymwelydd drwy gydol fy amser yno, nes imi fynd yn bur ofnus oblegid natur frawychus y darluniau a'r ffilmiau a chwaraeid yn enfawr ar y waliau o'm hamgylch, a goleuo tywyll yr arddangosfa gyfan, a'r rhestr faith o enwau ar enwau o Iddewon, pobl hoyw, sipsiwn a miloedd eraill a ddinistriwyd, nes i bwl o gyfog a phendro ddod trosof, a'r wynebau a'r enwau a'r cytiau a'r simneiau a'r cyrff noeth yn chwyrlïo o'm hamgylch, a bu raid i mi anelu at yr allanfa'n syth a dod o hyd i fainc, ger drysau gwynion y toiledau mewn coridor ar hyd ymyl yr adeilad, er mwyn gorffwys a dod at fy nghoed. Wrth eistedd yno cofiais mai arddangosfa, lawer llai a llawer mwy traddodiadol, a oedd yno ers talwm pan aeth fy nhad â mi i fyny yno, ar wahân i weddill y teulu, gan anwybyddu'r rhybudd wrth y fynedfa nad oeddid yn argymell i unrhyw un dan un ar bymtheg ddod i ymweld â'r adran honno, a'm tad yn credu fy mod yn ddigon aeddfed, pe bai'r fath beth â bod yn ddigon aeddfed i ddod i ddysgu am y fath erchyllterau yn bodoli, a minnau'n dal yn dynn yn ei law. Ambell lun a fideo oedd yno y pryd hwnnw ymysg y paneli, yn wahanol i'r profiad amlgyfryngol yr oeddwn newydd fod trwyddo, ac rwy'n cofio un fideo yn benodol, ar lŵp o ryw ddeng eiliad ar hugain, o dwmpath anferth o gyrff noeth, esgyrnog wedi eu pentyrru ar eu pennau'i gilydd y tu allan i gwt pren, ac yna jac codi baw yn ymddangos o rywle i wthio'r cyrff hyn, yn drwsgl, i bydew mawr agored a oedd wedi ei gloddio'n benodol i'r perwyl hwnnw. Roedd y modd y teflid y cyrff hyn, mor afreal ac mor annhebyg i unrhyw gorff yr oeddwn i wedi ei weld, a rhywun yn methu gweld yn iawn, rywsut, ai coesau ai breichiau ai beth oedd y rhannau hyn a orweddai rhwng ei gilydd blith draphlith, cyn disgyn dros ei gilydd ar y ffilm herciog, i mewn i'r pydew hwn, yn fy nharo i'n rhyfedd, a bron iawn yn ddoniol, fel lluniau'r cyrff hynny yn Hill 62, i'r fath raddau nes i mi ollwng un chwerthiniad sydyn cyn sylweddoli, hyd yn oed yn fy oed ifanc, wrthuni chwerthin ar y fath olygfa.

Cofiaf gywilydd, yn wir rwyf eisoes yn cochi o gofio'r peth, o weld bod yr unig berson arall a oedd yn bresennol yn yr arddangosfa ar y pryd wedi troi, o glywed y chwerthiniad, i syllu arnaf ac i dwt-twtian. Ni chlywodd fy nhad mo fy chwerthiniad, neu o leiaf ni chymerodd arno glywed na, chwaith, sylwi ar ymateb yr ymwelydd, ond buan yr oeddwn yn tynnu ar ei lawes er mwyn i ni adael, ac ailymuno â'm mam a gweddill y teulu, a oedd bellach y tu allan i'r amgueddfa, yn yr heulwen, ymhell bell o'r arddangosfa dywyll honno, a'm brawd a'm chwaer wedi gwneud gêm o geisio dringo ar ben y canon a safai'n herfeiddiol oddi allan i adeilad neo-glasurol yr amgueddfa. Teimlas innau, yn eistedd y tu allan i'r toiledau ar y pedwerydd llawr, fy mod bellach wedi sadio digon i fentro codi, a than gadw'r atgof o'r heulwen yn fy nghof ymlwybrais yn araf, gan afael yn y canllaw, i lawr y grisiau ac allan i ddiwrnod llwyd a gwyntog, ond a oedd, ar ôl bod yng nghrombil yr amgueddfa, yn ymddangos megis y diwrnod mwyaf llachar o wanwyn. Clywais y caewyd yr amgueddfa yn fuan yn dilyn f'ymweliad, er mwyn ei atgyweirio'n barod ar gyfer dathliad-goffâd 2014, ac nad oedd y *Trench Experience* a'r *Blitz Experience* i oroesi'r trawsnewid. Rhyfedd meddwl nad yw'r ffos honno ddim ond yn bodoli yn fy nghof bellach, ynghyd ag mewn ambell i lun, fel na ddaeth y ffosydd go iawn ddim ond i fodoli yng nghof llai a llai o hen ddynion nes iddynt oll, fesul un, farw.

Yn ystod y prynhawn bûm yn cerdded o amgylch y Ddinas, gan ddechrau yn Aldwych cyn anelu i lawr at y Tŵr, ac yna dilyn yr afon i'r gorllewin at Monument, cyn gweithio fy ffordd i mewn eto, gan gyrraedd marchnad Leadenhall. A hithau'n benwythnos, roedd y Ddinas yn annaearol o dawel, a strydoedd lle byddai'r bancwyr a'r masnachwyr yn heidio yn ystod yr wythnos mor wag nes nad oedd angen edrych o'm cwmpas cyn croesi'r ffordd, ac na fu'r cyfarwyddiadau cyson a beintiwyd ar y ffordd i 'Look Right' neu 'Look Left' erioed mor ddiangen. Nid oedd Leadenhall, sydd wedi bod yn safle ar gyfer marchnad ar ryw ffurf neu'i gilydd ers y bedwaredd ganrif ar ddeg o leiaf, yn ddim gwahanol, onid oedd hyd yn oed yn fwy tawel, oherwydd y modd yr oedd wedi ei chuddio oddi wrth y stryd fawr, y tu ôl i nendwr neu ddau, ac roedd y siopau ffug-Fictoraidd, gyda'u henwau peintiedig yn hytrach na'r arwyddion mawr goleuedig arferol, yn ymddangos yn dywyll a llychlyd, fel pe bai'r perchnogion a'r cwsmeriaid wedi eu gadael ddegawdau'n ôl a neb wedi cymaint â tharfu ar y lle nes i minnau ddod ar ei draws yn ystod fy nghrwydro, a sŵn fy nhraed ar y palmant coblog yn atseinio o amgylch bwâu uchel, porffor addurniedig y nenfwd gwyrdd a hufen a marŵn a glas.

Ar gornel un o'r mynedfeydd i'r farchnad roedd darn o'r stryd wedi ei gau i ffwrdd gan fyrddau pren dros-dro, ac ar un o'r byrddau hyn roedd panel gwybodaeth yn egluro'r hyn a oedd y tu ôl i'r byrddau. Eglurai'r panel y modd yr oedd y gwaith cloddio a oedd yn digwydd yno yn waith pwysig dros ben, oherwydd bod marchnad Leadenhall yn sefyll ar safle'r hyn a fu ar un adeg yn ganol, ac yn galon, i Londinium y dref Rufeinig, ac mai yma, ar gornel y stryd hon, yr arferai fforwm a marchnad y dref hon arwain at y Basilica, a oedd yn adeilad mor enfawr ar y pryd nes y gellid ei weld filltiroedd i ffwrdd, ac yn sicr o bob rhan o'r dref. Rhwng distawrwydd llethol y farchnad a thywyllwch y siopau a llonyddwch y cownteri a'r byrddau, a'r ymdeimlad fy mod yn tresmasu ar fwy nag un gorffennol wrth sefyll yn y fan hon, ffarweliais â'r safle gan ymlwybro'n gymharol ddi-amcan yn fy mlaen drwy strydoedd y ddinas, gan anelu cwrs gweddol droellog tuag at y Gyfnewidfa Frenhinol a'r banc, a thu hwnt i hynny tua Chadeirlan Sant Paul.

Codai'r gwynt yn chwyrn weithiau i ysgubo'i ffordd drwy'r heolydd llydan, gan dynnu llwch yr wythnos drwy fy ngwallt, ac fe wnaeth hyn i mi sylwi ar y gwahaniaeth sydyn a syfrdan rhwng rhai o'r strydoedd bychain mwyaf cul a throellog a'r rhodfeydd eang, syth a gyrhaeddid ohonynt o bryd i'w gilydd. Hoeliwyd fy sylw hefyd ar y modd yr oedd arddull pob adeilad yn newid o'r naill i'r llall, o'r lledganoloesol i'r neoglasurol, ac yna i'r twmpathau concrid hyll neu'n waeth byth y rhai a ymddangosai fel pe baent wedi eu gwneud yn gyfan gwbl o wydr. Roedd nifer o adeiladau, wedi eu gosod mewn haenau a oedd yn cyfyngu wrth godi, fel pe baent ar lun grisiau neu, yn nes ati, efallai, yn ddynwarediad ôl-ryfel o Art Deco, ac fe'm trawyd wedyn mai dyna'n union oedd i gyfrif am yr amrywiaeth ryfedd hon o arddulliau, oherwydd bod rhai adeiladau wedi goroesi cawodydd y Blitz ac eraill wedi eu llorio. Roedd y Llundeinwyr wedyn wedi mynd ati gydag afiaith i godi'r hen gynteddau drachefn, yn dalach ac yn gryfach ac yn fwy godidog, nes imi sylweddoli fy mod, felly, o edrych ar yr adeiladau hyn, rywfodd yn edrych ac yn adnabod safleoedd a lleoliadau'r bomio. Lle bynnag yr oedd yr adeilad ar ei fwyaf ymwthgar a haerllug, yno hefyd y bu'r dinistr mwyaf, ac yr oeddwn, felly, wrth gerdded drwy'r ddinas, yn gweld y difrod fel pe bawn yn gweld negatif hen ffilm, y gwyn yn ddu a'r du yn wyn.

Cefais gyfle, ar ôl prynu brechdan yn y caffe yng nghrypt Cadeirlan Sant Paul, i weld model o'r fforwm a'r Basilica yr oeddwn wedi ymyrryd mor haerllug arnynt gwta ddwyawr ynghynt, yn Amgueddfa Llundain nid nepell o'r fan. Wrth gerdded tuag at yr Amgueddfa ar hyd heol annaearol ddistaw arall, teimlai fel pe bai'r adeilad, fel anifail mewn cornel, yn ceisio'i wneud ei hun yn fwy er mwyn fy mrawychu, oherwydd y modd yr oedd y fynedfa wedi ei chodi uwchben lefel y stryd.

Cysylltid yr Amgueddfa, drwy gyfrwng y lefel uwch hon a chyfres o rodfeydd sment, llinellau syth a gerddi concrid cuddiedig, â chyfadail dyrys y Barbican, drysfa o ganolfannau adloniant a llefydd byw a adeiladwyd uwchben strydoedd y ddinas yn y chwedegau fel na fyddai rhaid i'r trigolion arfaethedig, yn ymarferol, roi troed ar y ddaear o un pen y dydd i'r llall, ac a oedd, i'm tyb i, yn benllanw'r prosiect adeiladu y gwelswn dystiolaeth ohono drwy'r prynhawn. Golygai mynedfeydd niferus y Barbican, fodd bynnag, a'r lefelau amrywiol, fod ymwelwyr a phreswylwyr, fel ei gilydd, wedi dibynnu am flynyddoedd ar farciau a llinellau peintiedig ar loriau'r ganolfan fel modd o'u cynorthwyo i ganfod eu ffordd o amgylch y ddrysfa, a thybed nad oedd y bobl hyn, meddyliais, wedi dioddef hefyd o ryw fath o bendro neu benysgafnder o fod mor bell o'r ddaear solet oddi tanynt cyhyd, neu a oeddent, fel trigolion y mynyddoedd ers talwm, yn teimlo'n saffach, rywsut, yma yn eu huchelfannau.

Wrth gerdded o amgylch yr amgueddfa, a oedd yn dechrau ar y llawr uchaf gyda'r Rhufeiniaid, a ninnau'n edrych drwy wydr ar yr hen wal Rufeinig oddi tanom y tu allan, ac yna'n symud ymlaen yn gronolegol fel yr oedd yr ymwelydd yn tramwyo i lawr drwy'r lloriau, roeddwn yn dal i feddwl am y trueiniaid hynny ar y Barbican yn anelu, neu efallai hyd yn oed yn cael eu gwthio, tuag i fyny ac i fyny drwy'r amser, a chofiais wedyn am atyniad yr oeddem ni fel plant wrth ein boddau yn ymweld ag o wrth ddod i Lundain erstalwm. Enw'r atyniad oedd y Tower Hill Pageant, nid nepell o'r Tŵr, ac fe ddiflannodd rai blynyddoedd yn ôl. Mynedfa ddigon di-nod oedd i'r Tower Hill Pageant, ac ar ôl talu fe'n hebryngid, drwy gyfrwng lifft, i lawr i grombil y ddaear ac i eistedd mewn cerbyd bychan a fyddai'n ein cludo drwy hanes afon Tafwys ar ffurf nifer o *tableaux* a modelau, o'r cyfaneddu cyntaf i'r Rhufeiniaid, drwy'r Pla (lle byddai arogl annymunol, nid annhebyg i'r arogl yn y *Trench Experience*, yn eich amgylchynu), cyn pasio strydoedd cul y ddinas, model o ddyn bochgoch yn piso mewn ale, y Tân Mawr, y siopau coffi...

Yr hyn a oedd fwyaf brawychus i mi, fodd bynnag, oedd y lifft a'n cludai i lawr at y cerbyd hwn, oherwydd bod un o'i ochrau wedi'i wneud o wydr, ac felly fe allech eich gwylio'ch hun yn disgyn trwy dir, a thrwy haenau, y ddinas ei hunan, ac wrth i hynny ddigwydd, fe fyddai panel LED coch uwchben y drws yn cyfri'r blynyddoedd yn ôl, o 199– i hyn a hyn Cyn Crist, nes eich argyhoeddi eich bod, o deithio i lawr drwy'r tir, hefyd wedi teithio'n ôl mewn amser. Fe'm trawyd, wrth feddwl am hyn oll, gan y modd yr oedd cymaint o hanes wedi ei grisialu mewn un ddinas, ac wedi ei orchuddio a'i adael mewn haenau ar haenau, ond er gwaethaf pob ymdrech i adeiladu, ac i godi, ac i esgyn, ac i adael yr hanes hwn oddi tanynt, mai yn ôl i lawr yr oedd pob un yn ymbalfalu yn y pen draw, boed wrth ddisgyn y grisiau i'r Churchill War Rooms neu i'r London Dungeons, o'r Tower Hill Pageant i gymudo dyddiol y trên tanddaearol, ac mai yn ôl i grombil eu hanes eu hunain yr oedd y Llundeinwyr yn cael eu hatynnu'n feunyddiol, tra oedd rhodfeydd uchel, gwyntog y Barbican yn anghyfannedd.

Y diwrnod canlynol, teithiais o'm gwesty ynghanol y ddinas i ardal Kew, er mwyn ymweld â'r Archifau Cenedlaethol yno, dim ond i ganfod, ar ôl cyrraedd, fod yr adeilad, fel cynifer o siopau trin gwallt, ar gau bob dydd Llun. Roeddwn wedi penderfynu y byddwn yn ymweld â'r lle yn bersonol ar ôl darllen adolygiad gan berson dienw ar y we, a gwynai eu bod wedi talu deugain punt i gael copi o'r dogfennau a ddeisyfent wedi'i anfon atynt, gan eu bod yn byw mor bell o Lundain, ond nad oedd y dogfennau erioed wedi cyrraedd, a bod y cyfrif a greodd y truan ar-lein er mwyn archebu'r papurau, o ddychwelyd at y wefan, wedi diflannu, heb adael unrhyw gofnod iddo dalu ei arian a gosod ei archeb erioed, ac nad oedd wedi derbyn, er cysylltu â hwy lawer gwaith, ond negeseuon e-bost awtomatig yn ôl ganddynt. Wrth sefyll o flaen yr adeilad y diwrnod hwnnw, a'r ffenestri oll yn dywyll a neb i'w weld o gwmpas, teimlwn am funud fel pe bawn yn ôl ym marchnad Leadenhall, ac nad oedd yr un adyn wedi tywyllu'r lle hwn ers rhai blynyddoedd, ac nad oedd yr archifau yn bodoli o gwbl bellach, os oeddent wedi bodoli o gwbl.

Y diwrnod wedyn, fodd bynnag, a hithau bellach yn haul a minnau wedi ymgymryd â'r daith hanner awr ar y trên tanddaearol drachefn, yr oedd y lle wedi'i drawsnewid, yn llawn bywyd ac yn bygwth ymddangos yn groesawgar, gyda'r heulwen yn tywynnu ar yr adeilad concrid, yn peri i linellau syth y sment droi'n euraid, bron, ac yn ymwthio'i ffordd drwy'r ffenestri brownddu. Cymharol ddiffrwyth, fodd bynnag, fu fy ymchwiliadau yn yr Archifau y diwrnod hwnnw, ac yn yr orsaf Underground yn barod i ddal y trên yn ôl i'r canol, penderfynais am ryw reswm beidio ag esgyn ar y trên cyntaf a daranodd o'r twnnel i olau'r platfform, ond yn hytrach, arhosais am y nesaf, oherwydd ryw ymyrraeth rwy'n credu bellach, i gael gwybod sut beth oedd platfform yr Underground ar ôl prysurdeb y gadael. Brysiodd yr ychydig deithwyr i'r cerbydau, caeodd drysau'r trên a minnau heb fod arno, a chyda grwndi isel yn codi'n araf, gadawodd y trên yr orsaf o'i ôl, gan dynnu'r gwynt i'r twnnel i'w ganlyn fel rhywun yn anadlu i mewn.

Gwyliais y llwch a'r baw yn codi cyn gostwng ac ail setlo drachefn, a chlywed yr ychydig ddail ger y grisiau yn chwyrlïo, yn siffrwd, ac yna'n gorwedd. Atseiniai ôl traed yr un neu ddau o deithwyr a oedd wedi disgyn o'r trên wrth iddynt wneud eu ffordd tua'r allanfa, ac roedd un person arall mewn côt laes yn sefyll ar ben arall y platfform. Pesychodd y person hwnnw, a daliais ei lygad wrth i'r ddau ohonom edrych tua'r bwrdd gwybodaeth o dro i dro, gan wylio'r amser a oedd yn weddill yn ticio i lawr, cyn i'r trên nesaf daranu ei ffordd atom. Dechreuodd y llygod mawr i lawr ar y trac sgrialu drachefn, a theimlai fel pe bai'r orsaf, a oedd wedi tynnu ei hanadl a'i dal i mewn wrth i'r trên adael, yn dechrau anadlu allan drachefn. Felly y teimlwn innau, hefyd, rywsut, wrth geisio olrhain a dilyn yr Ail Ryfel Byd drwy'r ddinas hon, ac wrth iddo yntau, bob gafael, lithro oddi wrthyf. Roedd y rhyfel a'i holl arswyd wedi taranu trwy'r byd, a'r byd wedi dal ei anadl. Bellach roeddem ninnau a adawyd ar ôl ar y platfform wedi dechrau gallu anadlu drachefn, a phesychu, a gwrando ar y llwch yn disgyn, ond ar yr un pryd fe wyddem fod y teithwyr yn y cerbydau hynny yn rasio ymhellach ac ymhellach oddi wrthym, ac y byddent, cyn hir, ar gyrion eithaf y ddinas, ar y pen arall, a bod angen i ni ddal pob gronyn o lwch cyn iddynt gyrraedd y llawr drachefn. Pan gyrhaeddodd y trên nesaf, nid oedais o gwbl cyn brysio arno, a chanfod sedd.

Yn hwyr y prynhawn hwnnw cyn dal y trên yn ôl adref, deuthum i'r wyneb o grombil yr Underground yng ngorsaf Marble Arch, croesi'r ffordd tua Speakers' Corner, ac ymlwybro drwy Hyde Park tua'r gornel dde-ddwyreiniol. Codai awel gref gan ysgubo dros y ceir ar hyd lonydd llydan y ffordd, a chodi sŵn ym mrigau'r coed. Heibio imi prysurai amryw seiclwyr a loncwyr dinesig, ac roedd gweld y loncwyr yn eu crysau-t a'u lycra yn ddigon i beri imi dynnu fy nghôt amdanaf yn dynnach a throi'r goler i fyny dros fy ngwar. Croesais y ffordd wedi cyrraedd y gornel, ac anelu at gofeb ddigon truenus yr olwg, a safai nesaf at gofeb fwy a llawer mwy modern a thrwsiadus, y deallais yn ddiweddarach a godwyd yn 2003 er cof am golledion Awstralia yn y ddau ryfel byd. Tra gwahanol oedd llinellau crwn, glân, llwyd fel llechen, y gofeb enfawr hon i'r un yr oeddwn i wedi dod i'w gweld, sef y gofeb i'r Royal Artillery a ddadorchuddiwyd yn wreiddiol yn 1925, ond yr ychwanegwyd ati yn dilyn yr Ail Ryfel Byd. Onglau a llinellau syth, miniog a berthynai i'r gofeb hon, a safai'n feinsyth a model o wn Howitzer ar ei phen. Safai pedwar milwr efydd oddeutu'r gwn, ac ar ochrau'r gofeb yr oedd nifer o ddarluniau wedi eu cerfio yn cyfleu golygfeydd o frwydro. Ni wnâi'r darluniau hyn unrhyw ymdrech, fel cynifer o gofebau eraill, i guddio na rhamanteiddio na chreu delfryd arwrol o ryfel, ond yn hytrach yr oeddent yn frawychus o realaidd nes ymddangos yn gignoeth o giaidd, bron. Yr oedd haen o ryw fath o fwsog neu algae, fodd bynnag, yn prysur dyfu dros y gofeb, nes troi'r garreg wen yn wyrdd llysnafeddog, a châi'r ffaith fod y gofeb mewn dirfawr angen cael ei glanhau yn drylwyr ddwy effaith. Yn gyntaf, rhoddai arlliw o eironi i'r arysgrifiad ar un ochr o'r gofeb a gyhoeddai 'Their Glory Will Abide For Ever', ond yn ogystal â hynny, rywsut llwyddai'r mwsog i feddalu rhywfaint ar finiogrwydd a chaledrwydd y cynllun gwreiddiol nes peri i'r cyfan deimlo, mewn rhyw ffordd, yn fwy addas. Fel y gorchudd du dros gadair 1917, cuddiai'r tyfiant hwn y creulondeb miniog yn ei wynder plaen rhag disgleirio'n rhy giaidd yn fy llygaid. Symudais wedyn i edrych ar y placiau a ychwanegwyd ar ôl yr Ail Ryfel Byd, ac o dan yr arwyddair *Ubique*, na wyddwn beth a olygai, er y gallwn ddyfalu mai yn Lladin yr oedd, rhestrid nifer o wahanol ardaloedd o bedwar ban y byd. Darllenai'r rhestr fel cymysgedd o wledydd cyfagos a phellafoedd ecsotig, anhysbys: Ffrainc, Gwlad Belg, Yr Iseldiroedd, Norwy, Gwlad yr Iâ, Groeg, Creta, y Dodecanese, Malta, Gibraltar, Cyprus, Palesteina, Yr Iorddonen, Syria, Irac, Persia, Aden, Abyssinia, Somaliland, Eritrea, Sudan, Madagascar, yr Aifft, Libya, Tunisia, Algeria, Sicily, yr Eidal, Iwgoslafia, India, Ceylon, Burma, Malaya, Singapore, Sumatra, Java, Hong Kong, ac yn olaf, ac efallai'r mwyaf rhamantaidd o frawychus ohonynt oll, 'The High Seas'. Sylweddolais nad oedd nifer o'r gwledydd hyn yn bodoli bellach, neu o leiaf nad oedd ganddynt yr un enwau, ac am yr hanner arall, roedd nifer ohonynt yn gyfarwydd i mi oherwydd bod ymladd o ryw fath yn dal i ddigwydd yno hyd heddiw.

*

Er mai ychydig o wybodaeth a gefais, wedi'r cyfan, o fewn dyddiaduron amrywiol gatrodau'r fyddin yn yr Archifau Cenedlaethol yn Kew, yr oeddwn hefyd wedi bod mewn cysylltiad ag arbenigwr ar Gatrawd Maes 60, y Royal Artillery, drwy gyfrwng e-bost, a phan ddychwelais adref o Lundain yr oedd parsel yn fy aros, ac oddi mewn iddo lyfr ar hanes y gatrawd, ynghyd â nodyn byr, a oedd yn awyddus i roi gwybod i mi mai dyma'r unig gatrawd a fedrai hawlio eu bod wedi ymladd ymhob prif theatr, ac yn erbyn pob gelyn, yn ystod yr Ail Ryfel Byd, a bod yr arwyddair ar eu bathodyn, felly, *Ubique*, a olygai 'bobman' yn Lladin, yn hynod o briodol yn eu hachos hwy. Dyna ddatrys pos y gofeb felly, a'r ddealltwriaeth yn gwawrio arnaf wedyn mai rhestr o bob ardal y bu'r Royal Artillery yn ymladd ynddynt oedd y rhestr a ddarllenais arni. Yn wir, gellid ychwanegu at yr *Ubique* hwn, awgrymai'r gŵr bonheddig, oherwydd eu bod, drwy gyfrwng y ffaith iddynt ymladd ymhob prif theatr o'r rhyfel hefyd, wrth gwrs, yn *Unique*. Mor fychan oedd rhan John, mor feicroscopig oedd profedigaeth fy nheulu, ymysg y 29,924 o blith y Royal Artillery a laddwyd yn yr Ail Ryfel Byd, ac o blith y sawl a barhâi i ymladd, *Ubique*, yn y lleoedd hyn hyd y dydd heddiw.

Roedd arogl mwg cetyn yn drwm hyd dudalennau'r llyfr wrth i mi ddysgu fod y gatrawd yn gyntaf, pan dorrodd y rhyfel, wedi ei hanfon i Drawsfynydd i hyfforddi, cyd-ddigwyddiad efallai o ystyried mai criw o swydd Lincoln oedd y mwyafrif helaeth ohonynt a bod John, a oedd, wrth gwrs, yn byw ym Manceinion, wedi ei ddrafftio i'r gatrawd ar hap fel pob milwr arall a listiwyd ar ôl i'r rhyfel ddechrau. Dros y dŵr i Ffrainc y teithiodd y dynion wedyn, cyn cael eu hanfon yn ôl dan rym yr Almaenwyr a gorfod cilio drachefn i Loegr. Nid oeddwn yn siŵr pryd yn union y listiwyd John, ond fe wyddwn, o'r llythyrau, ei fod yn sicr gyda'r gatrawd pan esgynnodd y rheini ar fwrdd y *Scythia* ar eu ffordd i Irac. Bu raid i griw y *Scythia* gymryd milwyr ychwanegol ar ei bwrdd oherwydd bod llong arall, y *Pasteur*, yn gwrthod yn lân â hwylio, ac felly digon cyfyng oedd hi ar bawb ar hyd y deciau, heb ddigon o hamogau heb sôn am welyau. Ond ar ôl cryn oedi, yn ôl y llyfr hwn, hwyliodd y *Scythia* o Gourock ger Glasgow allan i Aber Clud ar 8 Chwefror 1941, a John ar ei bwrdd, cyn i gonfoi o oddeutu deg ar hugain o longau eraill ymuno â hi allan ar y môr agored. Ar Fôr Iwerydd, achosodd y tywydd garw i nifer o fechgyn fethu â chodi o'u gwelyau prin am ddyddiau, ac yn wir roedd ambell swyddog wedi dechrau gwylltio wrth y creaduriaid gan bod yr holl achosion o fod yn sâl-môr yn eu golwg hwythau yn arwydd o wendid. Ond cyn hir o dro fe lwyddodd y bechgyn i ddechrau eu hadlonni eu hunain, drwy gyfrwng sinemâu a chorau, gêmau tynnu rhaff a thombola, ac yn wir roedd y bwyd ar fwrdd y *Scythia* mor wael nes i rai o'r dynion deimlo mai bendith oedd y salwch di-baid, rhag iddynt orfod mentro i'r ystafell fwyta. I'r rhai a oedd yn dal ar eu traed, ac yn ddigon dewr i fentro yno, yr oll a oedd ar gael ddydd ar ôl dydd oedd cwningen allan o dun, hen benwaig, a sego.

Drwy hyn oll, roedd rhai llongau'n gadael y confoi, eraill yn cyrraedd, a'r confoi cyfan yn llywio cwrs igam-ogam drwy Fôr Iwerydd wrth i'r cefnfor dawelu, ac wrth i'r tywydd wella gyda phob dydd a âi heibio. Yn ddigon lletchwith a swil y gwisgodd criw'r *Scythia* eu tiwnics gwyn trofannol am y tro cyntaf, medd awdur y gyfrol hon wrthym, ond cyn hir roedd y môr yn las mwyaf llachar a'r dynion yn dechrau gweld dolffiniaid a siarcod yn gyson, a chyda'r nos roedd gwylio gweddill y confoi yn torri llwybr drwy'r dŵr o dan y lleuad yn olygfa i'w chofio. Erbyn mis Mawrth roedd y *Scythia* wedi cyrraedd Sierra Leone, ac yn Freetown bu'r dynion yn mwynhau adloniant band y Royal Marines ar fwrdd y llong dan oleuadau llawn oherwydd nad oedd blacowt yno, ac yn chwarae castiau digon cas â'r brodorion lleol a fyddai'n dod â bwyd iddynt yn eu cychod bach, gan wrthod eu talu ond yn hytrach lenwi'u cychod â dŵr o bibelli. Yn fuan wedyn, croesodd y llong y cyhydedd, a Seren y Gogledd a Chroes y De ill dwy i'w gweld yn glir uwchben.

Ceisiais ddychmygu John ynghanol hyn i gyd, ei ddychmygu'n rhyfeddu at y noson serog glir a holi tybed a oedd yn cymharu ei chytserau dieithr â'r rhai cyfarwydd a ddisgleiriai uwchben Canol Arren, neu am ba mor hir mewn gwirionedd y gallai ganolbwyntio, yn y gwres llethol, ar yr amrywiol ddarlithoedd am gymorth cyntaf, ymosodiadau nwy, gwersi semaffor, hyd yn oed y sesiynau cwestiwn ac ateb ynghylch trin a thrafod gwn, ond er chwilio amdano ar hyd y dec, ni allwn ddod o hyd iddo ymhlith yr holl diwnics gwynion a chefnau noeth, ac ni allwn ddechrau amgyffred na chwrs ei feddwl na'i deimladau. Heibio Cape Town yr aeth y *Scythia* wedyn, ar fwy o frys oherwydd bod dŵr yn brin, ond yna fe drodd y môr tu min drachefn wedi rowndio Penrhyn y Gobaith Da, a dynion yn gadael mewn porthladdoedd bob hyn a hyn i fynd tua'u gorsafoedd eu hunain, rhai i Dde Rhodesia ac eraill i Durban. Cafodd hogiau'r 60fed chwe diwrnod i'w cofio yn Durban, yn cael diodydd am ddim a chael eu tywys o gwmpas y ddinas lân a'i strydoedd llydan, ac ar y Sadwrn olaf, ar ôl iddynt barêdio drwy'r ddinas a hithau'n ymddangos fel pe bai'r rhan fwyaf o'r trigolion wedi dod allan i'w cymeradwyo, cafwyd cyngerdd yn neuadd y ddinas er anrhydedd iddynt, cyn i'r llong godi angor drachefn ddechrau Ebrill, yn llwythog ag anrhegion o rawnwin, afalau, pinafalau, a chylchgronau, gan ffrindiau newydd y bechgyn.

Wrth ddynesu tua'r cyhydedd eto, darllenais, cododd y gwres llethol drachefn, a rhywbryd yn ystod y cyfnod hwn y collwyd mwnci'r gatrawd oherwydd nad oedd gan neb yr egni i fynd i chwilio amdano. Am ryw reswm roedd yr hanesyn hwn yn teimlo'n rhyfedd o gyfarwydd, ond ni allwn yn fy myw â chofio ymhle yr oeddwn wedi clywed stori debyg i hon o'r blaen, hyd nes i mi daro ar gyfaill, Dafydd Timothy, ar faes yr Eisteddfod rai misoedd yn ddiweddarach. Cofiais yn syth wedyn am yr hanes a adroddasai yntau i mi am ei dad, Owen, yn ymgymryd â'r un fordaith yn union ag Yncl John ac yntau'n aelod o'r corfflu meddygol. Flwyddyn o flaen fy Yncl John, fodd bynnag, y bu Owen D. Timothy ar y daith, a manylodd yntau mai dros ochr bwrdd y llong y collwyd eu mwnci hwythau. Mae ei ddyddiaduron yn llawn manylion bychain, lliwgar, ac er nad oes llawer ohonynt, mae yna ryw swyn ynddynt sydd rywsut yn peri i ni allu blasu'r mango gydag ef am y tro cyntaf yn Freetown, neu wylio'r trigolion lleol yn tyrru o amgylch y llongau yn eu cychod bach, neu wylio'r lleuad yn codi y tu ôl i'r coed a'r bryniau. Fel hyn y cofnodir ffeithiau moel y diwrnod hwnnw, ar ddydd Sadwrn yn Awst 1940, yn ei ddyddiadur yntau:

Monkeys, snakes bought by some chaps; 1 shirt for a monkey, – went wild, some chaps bitten – Cpl. Cox. One ran up to top of mast. Dark at 7pm. One monkey flung overboard.

Er bod blwyddyn o agendor rhwng y ddau ddigwyddiad, teimlwn fod profiadau Yncl John ar ei fordaith yn llawer mwy byw a lliwgar i mi o ddarllen manylion o'r fath, neu fy mod innau bellach, rywsut, yn clywed yr hanes mewn stereo, o ddau wahanol safbwynt, a heb fod yn union mewn cytgord â'i gilydd, fel sŵn gramoffon mewn gorsaf reilffordd wag, i'r fath raddau nes bod y darlun yn estyn allan ac yn ehangu fel atsain. Yn ystod y daith hon, wrth weld y machlud ar hyd y cyhydedd, yr ysgogwyd Owen Timothy i gyfansoddi cerdd hyfryd am y machlud hwnnw rai dyddiau ar ôl y cofnod uchod. Ond y gerdd o'i eiddo sy'n aros gyda mi yw 'Eu Cread', wedi ei hysgrifennu yn Calais ym Mai 1940, cyn y fordaith, ac yntau'n dod ar draws milwr marw yn y ffos, gan ei ddisgrifio, wedi syrthio

Fel blodyn heb agor yn llawn
Cyn iddo gael cyfle i flaguro
Yn gwywo dan haul y prynhawn.

Daw cofnodion dyddiadur Owen D. Timothy, fel y'u trawsysgrifiwyd gan ei fab Dafydd hyd yma, i ben ddiwedd Medi, 1940, ond dysgais yr aeth, yn ddiweddarach, yn ei flaen i Syria, ac y bu'n gwasanaethu yn Damascus yn ystod y frwydr am y ddinas. Ni fentrais ac ni feiddiais ofyn i Dafydd pryd yn union y bu yntau yno, nac am ei gofnodion tra bu yno'n edrych at y syrthiedig, nac ychwaith a ysgrifenasai yno gerddi tebyg i'r uchod i'r truan yn Calais. Roedd hanes y fordaith a'r mwncïod yn dal i chwarae eu stereo yn fy mhen, ac yn fwyaf sydyn roedd yn llawer rhy hawdd credu mewn pethau fel ffawd a chyd-ddigwyddiad i fentro holi ymhellach.

Dwysawyd yr ymdeimlad hwn, wedyn, o ddeall nad yr awdur y bûm i mewn cyswllt ag ef oedd y person a adroddai'r hanes hwn yn y person cyntaf yn y llyfr. Yn y rhagair, eglurodd yr ail awdur fel yr oedd wedi cydweithio â'r awdur cyntaf i ddwyn y gyfrol hon i olau dydd, ond bod yr awdur cyntaf, wrth i ddrafft olaf y llyfr gael ei gwblhau, wedi cael ei daro'n wael. Roedd yntau wedi tynnu coes ei gyfaill, ei gymydog a'i gydweithiwr, y byddai'n rhaid iddynt frysio, neu fe fyddai yntau wedi ei phegio hi cyn i'r llyfr gael ei gyhoeddi, ac wrth gwrs o fewn ychydig ddyddiau yr oedd yntau'n farw. Drwy gydol y darllen, felly, yr oeddwn yn ymwybodol fod y llais hwn, hefyd, fel pe bai'n dod o'r tu hwnt i'r bedd, ac nad oedd modd i mi gysylltu ag yntau bellach, i'w holi a oedd yn adnabod brawd fy nhaid, a fu iddynt gyfarfod, efallai, wrth groesi'r dec i fynd i eillio rhyw fore. Gwyddwn fod yn y cyfryngau yn gyson y dyddiau hyn ryw hanes am berson neu'i gilydd a fu'n gwasanaethu neu'n syml yn byw drwy'r rhyfel, ond a oedd bellach wedi marw, a llawer o'u hanesion wedi mynd gyda hwynt, ac y byddem maes o law yn cyrraedd dydd lle nad oedd yr undyn byw yn y byd a allai gofio'r gwrthdaro, y dogni, y palu, y saethu, nes fy mod innau'n teimlo fy mod fel petawn yn sefyll ar y platfform Underground hwnnw yn Kew drachefn, a thrên olaf y dydd eisoes wedi gadael hebof.

Nid tan ddydd Gwener y Groglith y croeswyd y cyhydedd eto ar y ffordd i fyny'r ochr arall, a hebryngwyr y Llynges Frenhinol, toc wedi hynny, yn gadael y *Scythia* i dorri ei chwrs ei hun drwy Gefnfor India ac yna drwy'r Môr Coch, gan gyrraedd Porthladd Tewfik mewn pryd i'r milwyr gael eu blas cyntaf o oerfel nos yr anialwch, a dysgu bod y rhyfel, tra buasai'r bechgyn yn dioddef y gwres llethol ar fwrdd y llong, wedi bod yn symud yn ei flaen â chryn gyflymder, yr Eidalwyr wedi gwylltio Hitler drwy ymosod ar wlad Groeg, a'r Cynghreiriaid, maes o law, wedi cael y llaw uchaf. Ond roedd y broblem fwyaf enbyd i'w chanfod yn Irac, lle'r oedd y Rhaglyw newydd, Rashid Ali, wedi torri'r heddwch bregus â Phrydain yno, ac yn bygwth troi'r Prydeinwyr allan o'r wlad. Wedi rhai dyddiau o ddod i arfer â bywyd yr anialwch, yn gwylio ffilm yn yr awyr agored yn llewys eu crysau, ac yna'n gorfod gwisgo'u cotiau trymion hanner ffordd trwyddi oherwydd ei bod yn machlud, a thrwy'r cyfan yn ceisio cadw'r pryfed melltigedig i ffwrdd, daeth yr alwad arnynt i fynd tuag Irac, a batri 237 a aeth gyntaf oherwydd nad oedd batri 239, batri John, yn barod. Ond yn fuan wedyn fe aethant yn sgil eu cymrodyr dros Gamlas Suez, drwy Anialwch Sinai i Balesteina. Oherwydd bod awdur y llyfr yn aelod o fatri 237, y mae'r hanes yn y bennod hon yn ehangu ac yn lledaenu i'r fath raddau nes colli golwg ar John i bob pwrpas, ac yn wir ar y pwynt hwn euthum i chwilio'r mynegai am ei enw, gan ganfod nad oedd yno, a sylweddoli yn hynny o beth ran mor fechan oedd ei ran yntau, yn stori un gatrawd heb sôn am stori'r rhyfel yn ei chyfanrwydd.

Deallais, fodd bynnag, y bu'r ymgyrch Brydeinig yn erbyn y Rhaglyw newydd yn bur llwyddiannus, ac i Baghdad gael ei ailoresgyn, ar ôl teithio drwy wlad yr Iorddonen, croesi'r anialwch a chyrraedd Irac, a rhai o'r enwau hynny, megis Falluja a Basra, yn gyfarwydd i mi oherwydd y rhyfel llawer mwy diweddar yno. Er i filwyr Irac dderbyn rhywfaint o gefnogaeth gan yr Eidalwyr, ffôdd Rashid Ali y Rhaglyw i Iran o fewn ychydig ddyddiau, gan adael y gatrawd i fartsio i mewn i ganol y ddinas ac i gael eu croesawu mewn derbyniad urddasol gan Lysgennad Prydain yno. Roedd rhywbeth annaearol am y modd yr ymddangosai i mi, wrth ddarllen am y brwydro hwn, fod hanes yn ei ailchwarae ei hun, rywsut, neu o leiaf fod yr ymgyrch hon wedi rhagchwarae, ar hyd yr un tir, yr ymgyrch Brydeinig-Americanaidd ar ddechrau'r unfed ganrif ar hugain ac yn wir, awgrymid yn y llyfr hwn, am yr un rhesymau gan fod a wnelo'r ymgyrch lawer iawn â phibelli olew y wlad. O weld ffotograff o un o *jeeps* y fyddin yn croesi camlas drwy'r anialwch yn y llyfr, sylweddolais nad oedd unrhyw beth yn y llun du a gwyn hwnnw, a oedd ychydig yn annelwig oherwydd golau tanbaid yr haul ar y bont a'r cerbyd a'r gamlas, a allai ddweud yn bendant wrthyf ai yn 1941 ynteu yn 2003 yr oedd wedi ei dynnu.

Roedd y cyfan, hyd yn hyn, yn swnio fel tipyn o sbri afieithus. Cymaint yr oedd John, brawd fy nhaid, wedi ei weld a'i brofi, ar antur go iawn, cyn iddo gyfarfod ei dranc, nes fy mod, er gwybod am y diwedd torcalonnus hwnnw, rywfodd yn cenfigennu ato, ac at y cyfle a gawsai, i'r graddau y gallwn uniaethu, am y tro cyntaf yn iawn, â'r hysbysebion hollbresennol hynny a'u haddewidion y caech weld y byd, dim ond i chi ymuno â'r fyddin. Cawn fy nhemtio yn aml i deimlo rhywfaint o genfigen tuag at filwyr, boed yn y presennol neu'r rhai a gawsai eu galw, ym mlodau eu dyddiau fel petai, i wasanaethu. Yr oedd rhyw gambl ynghlwm â'r peth, oherwydd yn waelodol o dan y cyfan fe fyddai'r posibilrwydd real ac uniongyrchol o gael eich lladd, ond ar y llaw arall yr oedd yno hefyd y synnwyr diamheuol hwnnw o antur, ac o gyffro, ac o gael gweld y byd, ac yn wir y posibilrwydd y byddai'r profiad yn newid eich bydolwg yn llwyr.

Meddyliwn am bobl megis Frantz Fanon, y meddyliwr gwrthdrefedigaethol, a brofodd erchyllterau hiliol Ffrancwyr Vichy yn ystod y rhyfel ond a fu dan ddylanwad y profiadau hynny am weddill ei oes. Aml i dro yn undonedd a chaethiwed diddianc fy mywyd a'm gwaith bob dydd deuai'r deisyfiad, y ffantasi hyd yn oed, y byddai rhyw ryfel mawr hen ffasiwn yn torri ac y byddai'n rheidrwydd arnaf i fynd ymaith i ymladd. Rhyw ddadwreiddio gorfodol fyddai'r ymadawiad hwn, gan gael fy mhostio i ddinas ddiarffordd neu anialwch diffaith, i Trieste fel James Morris neu Dar-es-Salaam fel Roald Dahl, neu rywle pellennig cyffelyb ar gyrion yr Ymerodraeth, a hynny yn ddi-ffael 'in the dying days of the war'. A thybed nad oes yna eiriau mwy rhamantus na'r rhain yn holl gyfoeth yr iaith Saesneg, 'the dying days of the war'. Wrth gwrs fe fyddai merch dorcalonnus mewn rhyw fwthyn yn rhywle yn aros amdanaf, yn trwsio sanau ac yn rhwbio blaenau ei bysedd yn gignoeth rhwng gwrando ar dipiadau'r cloc a syllu'n fyfyrgar drwy baenau'r ffenestr, ac yr oedd rhamant a thrasiedi'r peth yn fy nhrechu.

Wrth gwrs defnyddio rheidrwydd a gorfodaeth rhyfel fyddai hynny, defnyddio'r un arena arwrol, dewr olaf hwnnw, yn eironig ddigon, i wneud iawn am fy llwfrdra fy hun. Llwfrdra, synnwyr o ddiymadferthedd, byrdwn anorchfygol gorfod dewis ynghanol byd llawn gormodedd o ddewisiadau a phenderfyniadau, a olygai fy mod innau hyd y dydd yn eistedd ac yn syllu o flaen sgrîn wag yn ceisio ysgrifennu, neu'n methu â chanolbwyntio ar baragraff o lyfr, yn hytrach na thaflu'r holl waith, holl ddefodau ceraint a chydnabod, holl rwymau teulu a chymdeithas a chenedl o'r neilltu ac yn codi 'mhac am ben arall y byd drachefn. Am hynny y cenfigennwn innau at Yncl John, at Cynan, at Churchill neu at Frantz Fanon. Doedd ganddyn nhw ddim dewis ond sefyll a chael eu cyfrif, cymryd y risg honno, ac yn achos fy ewythr John, colli'r gambl, ond yn achos Churchill, neu Saunders Lewis, rhoi iddynt y gymysgedd ryfedd honno o synnwyr antur a gwladgarwch gwyllt a'u cymhellodd i arwain, i ddewrder, ac i'w datganiadau mwyaf herfeiddiol. Yn achos Fanon dylanwadodd mor llwyr ar ei fydolwg a'i wleidyddiaeth nes golygu, hyd yn oed a chofio iddo farw'n ddisymwth yn un ar bymtheg ar hugain oed, y byddai ei ysgrifau yn cael eu cydnabod yn rhai o wrthlefau pwysicaf yr ugeinfed ganrif yn erbyn rhaib imperialaeth a threfedigaethu. Am hynny y cenfigennwn wrthynt, bron yn erbyn fy ngwirfodd a'm greddf, fod rhyfel, yn ogystal â lladd dynion, hefyd yn gwneud dynion.

Ac rwy'n rhyw amau, hefyd, fod y cenfigen hwn mewn gwirionedd yn treiddio'n ddyfnach nag i'r fordaith anhygoel honno yn unig, ond hefyd i'r gwersyll yn yr Aifft a'r daith i Irac, hyd yn oed, efallai, hyd eiliad y frwydr honno yn Syria, oherwydd roedd John wedi cael cyfle na chawswn i erioed, ac na chawn, fe debygwn, sef y cyfle hwn i weld ac i brofi dioddefaint go iawn, ac i weld ac i brofi mewn gwirionedd beth oedd wynebu ar berygl, perygl marwol, ac o'r canlyniad felly wedi cael y cyfle i ymddwyn yn wrol. Rhyfeddach, fodd bynnag, oedd troi'r dudalen yn llyfr hanes y gatrawd a chanfod, wrth ddarllen y bennod am ymgyrch Syria, nad yr Almaenwyr, er gwaethaf holl sôn John yn ei lythyrau am 'Jerry', y bu'r gatrawd yn eu hymladd yno, ond yn hytrach y Ffrancwyr. Ni allwn amgyffred, pan welais deitl y bennod, Fighting the French, am beth yr oedd yr awdur yn sôn, a chredais am funud ei fod wedi gwneud camgymeriad dybryd, ond o ddarllen, ei gael yntau'n gofyn, 'Pwy ar y ddaear a feddyliasai y byddem yn ein canfod ein hunain yn ymladd y Ffrancod?', deallais mai dyna'n union y buont yn ei wneud yno.

Yn ystod yr ymgyrch ar Irac, roedd y Prydeinwyr wedi canfod eu bod dan ymosodiad gan awyrennau Messerschmitt, ac na allai'r rheini fod yn dod o unrhyw le ond o Syria, gwlad honedig niwtral a oedd dan reolaeth y Ffrancod, ond mai carfan o Ffrancod oedd y rheini a oedd yn driw i lywodraeth Vichy, y llywodraeth a oedd, yn ei thro, wedi bodloni i ymgynghreirio â'r Almaenwyr. Tua Syria, felly, ar fyrder, yr anfonwyd y gatrawd, ynghyd â charfan o Awstraliaid, rhai Ffrancwyr o'r ochr arall, a chriw o filwyr troed Indiaidd. Arweiniwyd nhw'n ôl drwy'r anialwch gan Glubb Pasha a'i griw o Fedouin, a elwid yn 'Glubb's Girls' gan y Prydeinwyr oherwydd eu dillad llaes a'u gwallt hir, ar daith dridiau. Y bwriad wedyn oedd ymosod ar Damascus o dri chyfeiriad, ond yr hyn sydd yn amlwg yw bod y Ffrancod wedi ymladd yn erbyn y criw cymysg hwn o filwyr yn llawer mwy chwyrn a ffyrnig nag a ddisgwylid, a'r broblem bennaf oedd yr awyrennau, a fyddai'n ymddangos fel pe o nunlle gan saethu a gollwng eu bomiau, a'r milwyr troed ynghanol gwres yr anialwch heb unlle i gysgodi rhag na haul na bwled. Collodd amryw un o'r cwmni ei bwyll yn ystod y cyfnod hwn mae'n debyg, ac wrth ddarllen hanes un ohonynt yn cael ei gludo'n dawel i ysbyty yn Nghaersalem, bron nad oes modd synhwyro tinc o genfigen yn adroddiad yr awdur.

Eto yma, roedd yr enwau'n atseinio'n rhyfeddol o agos: Homs, Aleppo, enwau hynafol wedi eu harysgrifio drachefn â myrdd o ystyron newydd, brawychus. Ond er bod y llyfr, a dyddiaduron y gatrawd a ganfûm yn yr Archifau yn Kew, yn llawn manylion technegol yn olrhain pob symudiad, eto i gyd mae fel pe bai John wedi ei golli ynghanol y cyfan, fel ceisio canfod un gronyn o signal ynghanol statig llond sgrîn o eira du a gwyn. Dim ond pan ddarllenais hanes yr awdur yn dynesu, gyda'i fatri, at Damascus ar y degfed o Orffennaf, ac yna amdano yn dathlu ei ben-blwydd, fel John, yn un ar hugain, ganol Awst, y sylweddolais ei bod eisoes yn rhy hwyr, bod John, fel pe mewn llyfr arall yn rhywle arall, wedi ei glwyfo, ac wedi marw erbyn hynny, a bod hanes yr ymgyrch yn barod wedi symud yn ei blaen hebddo. Er mor hawdd yr oedd yr *Ubique* hwnnw wedi swnio pan ddarllenais ef gyntaf uwch y rhestr ar y gofeb, gwelais y pryd hwnnw anferthedd yr hyn yr oedd rhai o'r bechgyn, y gwŷr hynny, wedi ei weld a'i wynebu dros gyfnod o gwta bum mlynedd, a hwythau, maes o law, wedi goresgyn Syria, a gadael y meirwon o'u hôl yn eu beddi newydd, wedi symud ymlaen ar antur arall i'r Aifft, India, Burma. Nid oeddwn eto wedi cyrraedd mwy na rhyw draean o'r ffordd drwy'r llyfr.

Roeddwn wedi gobeithio y byddai darllen y pethau hyn rywsut wedi dod â mi yn nes at Yncl John. Roeddwn, ar un wedd, wedi dod i ddysgu llawer rhagor am symudiadau'r gatrawd, eu hantur o daith rownd o gwmpas Penrhyn y Gobaith Da, ac roedd y manylion bychain megis hanes y mwnci wedi rhoi rhyw gysylltiad i mi, ac wedi dod â'r peth ychydig yn fwy byw. Roedd y CO, hefyd, yn swnio yn dipyn o gymêr, gyda'i atal dweud a'i ffordd rodresgar o geryddu'r hogiau, ac eto roedd rhywbeth yn y modd y galwent hwythau ef yn 'Uncle Joe', a thinc rhyfedd o gyfarwydd a chysurus y llysenw hwnnw, yn drysu'r cysyniadau arferol o natur lem y berthynas rhwng swyddogion a milwyr, ac yn rhoi'r awgrym lleiaf i'r darllenydd o ddynoliaeth yr holl beth. Ond teimlwn hefyd absenoldeb John ar bob tudalen, ei bellter, ac ymgorfforwyd hynny gan y ffaith i mi chwilio'n fanwl a maith drwy bob ffotograff yn y gyfrol, ac astudio pob wyneb yn agos, gan ystumio fy llygaid a throi'r llyfr ar i waered, gan obeithio drwy hynny y byddai wyneb John, rhwng dau o'i gyfeillion, efallai, yn ymrithio i fodolaeth o flaen fy llygaid, a minnau'n ei adnabod yn ôl siâp y trwyn a oedd mor debyg i un Anti Olwen, neu amlinelliad y gwallt ar ei dalcen yr un ffunud â gwallt fy nhaid. Ni ddaeth, ac felly ni chefais yr un boddhad o'r gyfrol hon ag a deimlais o ddarllen llythyrau John ei hun, neu hanes rhywun fel Hedd Wyn, neu hyd yn oed Anne Frank, ffigyrau pell ac annirnad nad oes gennyf unrhyw gysylltiad gwaed na phersonol â hwy ond y gall rhywun deimlo, serch hynny, fod eu hunaniaeth, eu dynoliaeth, yn neidio oddi ar y tudalen i gwrdd â'r darllenydd distadl, fel pe baent ar gerdded tuag at rywun o Drawsfynydd ac o Amsterdam.

Y mae fy atgofion o gyfnod Cynon a minnau yn Amsterdam, wedyn, ar ein ffordd rhwng München a Gwlad Belg, hefyd ychydig yn fwy cymylog ac annelwig, rywsut, na rhai o'r lleoedd eraill y bu i ni ymweld â hwynt yn ystod ein taith. Y mae'n ddigon posibl fod a wnelo hynny â'r tŷ coffi yr ymwelodd y ddau ohonom ag o ar ein noson gyntaf yno, a chan fod ychydig yn rhy awyddus i brofi danteithion y fwydlen a osodwyd o'n blaen, ein bod wedi ymroi i ysmygu rhai pethau na ddylem fod wedi eu hysmygu, i'r fath raddau nes fy mod, ar un adeg, wedi codi'n ddigon simsan i ymweld â'r lle chwech i fyny'r grisiau, ac wrth ddod allan yn methu â chofio fy ffordd yn ôl i lawr. Yn yr un modd, efallai, yr oeddwn bellach yn methu â chofio fy ffordd yn ôl i lawr drwy weddill yr ymweliad, ond tybiaf hefyd fod a wnelo'r niwlogrwydd hwnnw rywfaint â'r ffaith fod bwlch o ryw bedair neu bum tudalen yn fy nyddiadur taith ar gyfer y cyfnod, tudalennau sydd yn gwbl wag heblaw am yr enw, Amsterdam, a'r cyfarwyddyd fod angen i mi fynd at fy mlog ar-lein a chopïo'r cofnod ar gyfer y ddinas oddi ar hwnnw i'r dyddiadur. Bûm innau'n gohirio hynny am fisoedd nes anghofio popeth am wneud, a bellach, wedi i mi chwilio'n ddyfal ar y we, canfûm fod y wefan erbyn hynny wedi'i dileu, a'r blog wedi ei golli am byth. Ar y cyfan mae hynny'n destun rhyddhad gan fod nifer o'r cofnodion yn bradychu stad feddyliol ddigon bregus ac anaeddfedrwydd nodweddiadol y llanc pedair ar bymtheg oed, ac eto y mae'n edifar gennyf na lwyddais i'm cymell fy hun i sicrhau fod y geiriau hynny wedi eu cofnodi yn rhywle arall hefyd, rhag ofn.

Wrth geisio cofio ein symudiadau o amgylch Amsterdam fe sylweddolais pa mor ddibynnol yw'r cof ar luniau ac ar eiriau i'w gyfeirio a'i annog, gan feddwl tybed faint o weddill y daith a fyddai'n fyw imi bellach pe na bawn wedi tynnu cynifer o luniau ac ysgrifennu yn fy nyddiadur bychan yn ddeddfol a bron yn ddi-ffael bob gyda'r hwyr neu yn yr oriau mân. Yn wir wrth chwilio'n ofer am y cofnod mewn dyddiadur cynharach, lle'r oeddwn wedi ychwanegu darn yn sôn am noson o fwynhad a dreuliais gyda'm cymdeithion yng nghaffe'r Idiot yn St Petersburg, darllenais y geiriau canlynol o'm heiddo a oedd wedi eu hysgrifennu, mae'n amlwg, yn rhyw fath o esgus dros wthio'r digwyddiad ynysig hwn yn ddiseremoni i ganol naratif arall: 'Dim byd anhygoel ond rhaid oedd cofnodi'r noson rhag iddi lithro i anghofrwydd', ac o ddarllen y geiriau hynny meddyliais eu bod yn ddisgrifiad pur agos hefyd o'r hyn yr wyf, am a wn i, yn ceisio'i wneud wrth ysgrifennu'r llyfr hwn.

Er bod y cofnod ar gyfer Amsterdam ar ddifancoll mae ysbryd y lle'n sicr yn dal i aros, a chofiaf fy mod wedi fy nhaflu braidd gan drefn ddaearyddol y lle, yr holl gamlesi fel cylchoedd mewn boncyff neu ar wyneb pwll o ddŵr pan fo diferyn wedi syrthio iddo, yn ymestyn ac yn tyfu allan o'r canol, ond bod y brif orsaf drenau, wedyn, er cael ei galw'n Amsterdam Central, heb fod yn gwbl ganolog mewn gwirionedd, wedi ei lleoli ychydig bellter i'r gogledd, gyda'i brics coch a'i haddurniadau gwyn a'i gwnâi'n debyg, i'm tyb i, i dŷ sinsir ac felly fel pe bai ar gracio a thorri a syrthio unrhyw eiliad, i ffwrdd o'r hyn a gynrychiolai bwynt canolog y ddinas. Cofiaf hefyd nad oedd y canol hwn at fy nant, a bod natur gyffrous a *risqué* yr ardal hon, a fu'n gryn agoriad llygad ac yn antur i ddau Gymro bach ar y noson gyntaf, yn ymddangos yn fudr, yn flêr a di-raen yng ngoleuni'r bore, ac yng ngoleuni'r bore hwnnw y daeth Cynon a minnau allan o'r hofel o hostel lle'r oeddem yn aros, ychydig yn llygatgoch ond o afael y llygod a redai drwy'r coridorau am y tro, i'r stryd lle'r oedd cartons cebab neithiwr yn dal i orwedd ac yn casglu mewn corneli ynghyd ag ambell gondom ar ddisberod.

Credaf mai Cynon a awgrymodd y daith ar y cwch, a hynny efallai'n arwydd neu'n awgrym bod y nosweithiau hir o'r diwedd yn dechrau ei orchfygu, ond buan y sylweddolodd y ddau ohonom, wrth i'r cwch ymlafnio yn ei flaen ar hyd y camlesi, mai camgymeriad, yn ein stad bresennol, oedd y daith hon, oherwydd bod adeiladwaith y cwch wedi ei gynllunio fel bod modd i ni dwristiaid edrych allan a rhyfeddu at bensaernïaeth y ddinas, a'r tai culion, uchel mewn gwahanol liwiau, a'u rhesi o ffenestri unffurf, a'r bachyn a grogai oddi ar dalcen pob tŷ oherwydd mai trwy osod rhaff ar hwnnw a chodi dodrefn fel eu bod yn gallu cael eu tynnu i mewn drwy'r ffenestri oedd yr unig fodd o'u cael i mewn i'r adeiladau cyfyng, ond ein bod hefyd, ar yr un pryd, wedi'n gwarchod rhag yr elfennau. Ar y diwrnod tanbaid hwn, fodd bynnag, nid ein gwarchod rhagddynt ond cynyddu effaith yr elfennau a wnâi'r gorchuddion plastig tryloyw yn hytrach, gan droi'r cwch bychan yn dŷ gwydr. Rhag toddi, disgynnodd y ddau ohonom oddi ar y cwch yn yr arosfan gyntaf posibl, a hynny, fel y digwyddai, o flaen yr *Anne Frank Huis*. Yr oeddwn yn awyddus i ymweld â'r tŷ, a chan nad oedd gan Cynon unrhyw wrthwynebiad, ymunodd y ddau ohonom â'r ciw a estynnai rownd y gornel ac a ddiflannai i mewn i'r estyniad gwydr modern ar gornel y stryd lle'r oedd y fynedfa bresennol.

Eto, am ryw reswm y mae fy atgofion o'r tu mewn i'r tŷ yn niwlog dros ben, a hynny'n destun cryn syndod i mi, oherwydd fy mod, fel pe bawn oddi allan i mi fy hun, yn cofio bod y tŷ wedi ei gyflwyno mewn modd hynod ddiddorol ac addysgiadol. Cofiaf yn fras fel yr arweinid yr ymwelydd drwy loriau'r tŷ, lle'r oedd nifer o wahanol arddangosfeydd a ffilmiau am fywyd y teulu ac am amgylchiadau'r Iddewon yn Amsterdam yn ystod y rhyfel, a hyd yn oed fodel bychan o'r rhandy cyfrinachol yng nghefn y tŷ, cyn camu y tu ôl i'r silff lyfrau, fel y byddai'r teulu bychan wedi gorfod ei wneud, i'r union randy hwnnw. Cofiaf y silff honno'n glir, ond ni allaf yn fy myw â chofio'r unpeth am yr ystafelloedd a welais y tu cefn iddi ar ôl camu i mewn, nac ychwaith ba deimladau ac emosiynau a brofais ar y pryd, ac yn wir bron nad yw'n haws i mi fy ngweld fy hun a Chynon o bellter, fel pe bawn yn edrych i mewn arnom yn crwydro drwy'r model bychan hwnnw yn y câs gwydr, na chofio'r gegin fechan foel, na'r trawstiau trwm a wyrai am i mewn ac a ymwthiai'n glawstroffobig ar y gofod cyfyng, na fframiau'r drysau a'r ffenestri wedi eu peintio'n wyrdd, na'r papur wal blodeuog sydd erbyn hyn wedi melynu, na hyd yn oed y marciau ar y papur hwnnw lle'r oedd tad y merched wedi olrhain eu prifiant gydag inc.

Rhyfedd o fyd fy mod heddiw'n gallu ymweld â'r mannau hynny ar-lein, a'u gweld yn glir, mewn tri dimensiwn, drwy gyfrwng gwefan ryngweithiol, a theimlo i'r byw yn fy nghydymdeimlad ag Anne fechan a'i theulu, ond na allaf gofio i mi gael fy nghymell i ollwng deigryn nac i deimlo fawr ddim wrth grwydro drwy'r anecs fechan yn y cnawd. Hwyrach yn wir nad oedd yr un o'r ddau ohonom wedi deffro'n iawn y bore hwnnw, a'n bod ni hefyd eisoes wedi gweld ôl yr Ail Ryfel Byd yn gysgod dros gynifer o ddinasoedd Ewrop nes ein bod wedi'n merwino mewn rhyw ffordd, wedi'n merwino i'r fath raddau na allai tranc y ferch fach hon a'i theulu adael argraff arhosol arnom, ac yn wir, erbyn i ni ddod allan drachefn i haul llachar canol dydd rai munudau'n ddiweddarach, roedd y cyfan eisoes yn dechrau pylu. Efallai nad oeddwn wedi dod yn agos at amgyffred, cyn hynny, sut y gallai rhai pobl beidio â bod yn bobl dan y cysgod hwnnw a oedd mor bellgyrhaeddol nes y gellid yn hawdd anghofio pa fath deimlad oedd peidio sefyll oddi tano, ac nad oedd ond y math hwn o fywyd yn bodoli.

Rai dyddiau'n ddiweddarach, roeddem wedi symud o'r hostel gan bod Cynon wedi canfod lle rhatach i ni, a chadarnhawyd fy amheuon innau ynghylch unrhyw le a allai fod yn rhatach na'r twll o hostel yr oeddem newydd ddianc ohono pan gyfarfu dau ffigwr digon amheus yr olwg â ni y tu allan i floc o fflatiau, rhoi'r allwedd i ni a'n cyfeirio i fyny'r grisiau, cyn diflannu am weddill ein cyfnod yn y ddinas, ac ni wnaeth fy ngolwg gyntaf ar y fflat ond cryfhau'r argraff hon gan bod amrywiol drugareddau a gwrthrychau yn dal i fod hyd y lle, fel pe bai rhywun yn byw yno, neu'n wir fel pe bai rhywun wedi arfer byw yno hyd yn ddiweddar iawn ond wedi gadael, neu wedi cael eu gorfodi i adael, a hynny ar frys. Dim ond wrth weld yr olygfa fodern hon, sylweddolaf erbyn hyn, y daeth ystyr yr hyn a welswn yn yr *Anne Frank Huis* i fwrw'i effaith arnaf, ac eto ar y pryd ni chredaf i mi allu gwahaniaethu rhwng yr effaith honno ac effaith y teithio a'r yfed ymddangosiadol barhaus yr oeddem ein dau wedi bod yn ymgymryd ag o dros yr wythnosau blaenorol.

Gwneuthum ymgais i ymddihatru o'r don ddiweddaraf hon o'r felan a ddaethai trosof trwy ddal tram i lawr at y dociau, ar fy mhen fy hun, gan fy mod wedi clywed am noson *jazz* a oedd i'w chynnal mewn canolfan gelfyddydau yno, gan adael Cynon yn yfed ac yn gwylio'r pêl-droed at y teledu yn y fflat. Horwth o ganolfan gelf fodern ei phensaernïaeth oedd yr adeilad, a chymerodd gryn dipyn o gerdded ar ymyl traffordd cyn imi allu ei chyrraedd o gwbl. Erbyn i mi gyrraedd, a gwneud fy ffordd i fyny'r grisiau at y llawr cywir, roedd y noson eisoes yn mynd rhagddi a hynny mewn theatr o'r iawn ryw, gan olygu y byddai raid imi, pe dymunwn wylio a gwrando, ddod i mewn a chroesi o flaen y llwyfan ar ganol y perfformiad gan darfu ar bawb. Cwbl wahanol oedd hyn i'r darlun delfrydol a oedd gennyf yn fy mhen o seler mewn tafarn fechan ar stryd gefn ynghanol y ddinas, lle'r oedd y byrddau pren a'r trawstiau isel yn anodd eu gweld oherwydd y mwg, a'r gerddoriaeth annelwig yn dod o rywle ym mhen yr ystafell yn ogystal ag o'r botel win o'm blaen, ac felly arhosais yn y bar y tu allan i'r theatr, archebu potelaid o win, o leiaf, a meddwi, cyn dychwelyd i'r fflat a syrthio i gysgu nesaf at Cynon, a oedd eisoes wedi hen lithro i drwmgwsg.

Deffroais yn y bore â chryn boen ar waelod fy nghefn, yn ogystal â chur pen a dolur gwddf, ac roeddwn yn argyhoeddedig, er y taerai Cynon na allai weld unrhyw beth, fod rhyw fath o frech yn dechrau datblygu ar fy nghoesau. Ni allwn godi oddi ar y gwely, na symud fawr ddim, ac er bod Cynon yn twt-twtian ac yn fy nghymell i ddod allan i chwilio am frecwast, dechreuaswn innau baratoi ar gyfer cystudd maith a phoenus a oedd yn cyd-fynd â'm cred gynyddol, a oedd wedi dwysáu wrth i ninnau symud drwy'r cyfandir, nad oedd gennyf lawer o amser i fyw. Ni ddaeth y cystudd hwnnw, fodd bynnag, ac fe gliriodd y diymadferthedd hwn ynghyd â'r frech a'r cur yn y man, ond nid tan ein bore olaf, a ninnau'n gadael y fflat rhyfedd o'n holau ac yn anelu'n ôl am dŷ sinsir yr orsaf a'r wlad a'r ddinas nesaf, y medrais ddiosg y parlys hwnnw a chodi o'm gwely.

Pasg 2012

Golygai fy ymchwil fod arnaf angen mynd i chwilota rywfaint drwy bapurau W. B. Yeats a gedwir yn Llyfrgell Genedlaethol Iwerddon yn Nulyn, a manteisiais ar y cyfle, dros wyliau'r Pasg 2012, tra oeddwn yn rhydd o ddyletswyddau dysgu, i ymweld â'r ddinas am wythnos. Ar fore Llun llwyd a gwyntog gadewais y car yn y maes parcio ym mhen pellaf y pentir ar ochr ddwyreiniol y doc yng Nghaergybi, ac aros am y bws gwennol i'm cludo i'r terminws, ond wedi ugain munud o aros, a minnau'r unig enaid byw o fewn golwg a dim sôn am y bws, penderfynais gerdded draw dan faich fy magiau a'm llyfrau. Rhoddai'r gwynt a chwipiai o amgylch pob cornel ragargoel drwg i mi, ac yn wir bu bron i mi â methu cadw fy mrecwast Gwyddelig soeglyd, a brynais am grocbris ar y cwch, i lawr, yn enwedig y selsig a oedd wedi ei greu â rhyw fath ar berlysiau nad oeddwn erioed wedi eu blasu ynghynt ac na ddymunwn mo'u blasu byth eto.

Er mwyn cadw fy meddwl oddi ar y fordaith, troais fy ngolygon at y sgrîn deledu a oedd yn darlledu'r sianel newyddion, ac ar y pryd roedd y cyflwynydd yn egluro gwaith y sylwedyddion a oedd wedi eu hanfon i Syria er mwyn creu adroddiad ar y sefyllfa yno. Roedd dinas Homs ymysg y dinasoedd a oedd dan fwyaf o fygythiad ar y pryd, ac roedd adroddiadau'n cyrraedd bob dydd am rai degau a oedd wedi eu saethu neu eu canfod yn farw yno, ond roedd llefarwyr NATO'n bendant na fyddent yn ymyrryd â'r hyn a oedd ar droed yn y wlad, ac ar yr un pryd roedd rhai o'r gwrthryfelwyr eisoes yn cyflwyno ac yn darlledu eu gweledigaeth am Syria newydd ar ôl Assad. Yn ôl rhai gohebwyr, er na allai'r sylwedyddion swyddogol gadarnhau hyn, roedd yn bur amlwg bellach fod y fyddin Syriaidd yn bomio ac yn sielio lleoliadau yn ddiwahaniaeth, a lleddid pobl gyffredin, yn wŷr ac yn wragedd ac yn blant, bob dydd. Yn y cyfamser, roedd byddin y gwrthryfelwyr wedi cipio Douma, ar gyrion Damascus, yn ystod y nos, ac roeddent yn dynesu at y ddinas ei hun. Wyddwn i ddim a oedd Douma yn agos at y maes awyr, ac felly at y fynwent lle gorweddai brawd fy nhaid, ai peidio, ond teimlwn y selsig yn codi eto yn fy stumog a bu raid imi droi fy mhen i edrych allan drwy'r ffenestr, dros y tonnau brown, at y gorwel. Serch hynny gallwn ddal i glywed y gohebydd yn nodi bod yr ymladd o amgylch Homs yn parhau ac yn dwysáu, yn y cyfamser, a rhagor o bobl gyffredin yn cael eu dal ynghanol yr holl beth bob dydd, yn colli eu cartrefi, yn cael eu hanafu ac yn cael eu lladd.

Ymhen cryn amser gallwn weld Dulyn a phorthladd Dún Laoghaire yn ymestyn dros y gorwel, ac yna fe allwn, pe craffwn, weld siâp y tŵr Martello allan ar y pentir yn Sandycove lle'r oedd Joyce wedi byw ac wedi ei drawsffurfio ei hun, ar ffurf Dedalus, i'w nofel, a lle'r oeddwn wedi ymweld a'r tŵr unwaith, ar ychydig o frys, wedi imi gyrraedd y porthladd yn wirion o gynnar ar fy ffordd nôl i'r Eisteddfod o Gonamara. Yno, ar ôl gwneud yn saff nad oedd neb yn edrych, roeddwn wedi sefyll ar ben y bylchfur ar do'r tŵr, wedi codi fy nysgl eillio ddychmygol, ac wedi adrodd, yn fy llais Buck Mulligan gorau, *introibo ad altare dei*, ond roedd y llais wedi ei gipio yn syth gan wynt y môr, ac roeddwn innau hefyd bellach, er credu ynghynt fod gennyf ddigon o amser cyn i'r llong adael, yn dechrau poeni am ba mor gyflym y gallwn gerdded yn fy ôl at y porthladd.

Ond er mwyn gweld Yeats ac nid Joyce yr oeddwn yn Iwerddon y tro hwn, ac i borthladd Dulyn ac nid Dún Laoghaire y cyrhaeddais, i ganol yr aceri o gynwysyddion mawr metal wedi eu stacio'n daclus ar ben ei gilydd, a chanfod bod bws ar gael, y tro hwn, i'm cludo oddi yno. Fi oedd yr unig adyn ar y bws llonydd am amser maith, ac eisteddais yno tra chwaraeid jig yn uchel dros y radio, yr injan yn troi, a'r gyrrwr y tu allan yn smygu, cyn i un neu ddau o greaduriaid digon amheus yr olwg gyrraedd o rywle, ac i'r gyrrwr benderfynu o'r diwedd ei bod yn werth iddo ymgymryd â'r daith bellach. Wedi nadreddu'n ffordd drwy dai blinedig yr olwg a heibio'r palmentydd craciog, cyraeddasom ganol y ddinas a cherddais, drachefn, yn dal i regi fy nhuedd i deithio gydag o leiaf ddau fag a llawer gormod o ddillad a llyfrau, heibio Theatr yr Abbey at Stryd O'Connell, lle dechreuodd fwrw glaw. Oedais am ennyd i edrych ar y Swyddfa Bost, gan addo i mi fy hun, yn ysbryd y Pasg a oedd ar y trothwy, y byddwn yn dychwelyd yno pan fyddai hi'n sychach a'm hysgwyddau dan lai o faich, yna euthum yn fy mlaen i ollwng fy magiau yn y gwesty bychan ar Great George's Street, cyn croesi'r ffordd i dafarn y Long Room, lle bûm heb symud am ran helaeth o'r noson.

Y bore canlynol, roeddwn ychydig yn hwyrach nag yr oeddwn wedi ei obeithio yn camu i gyntedd marmor y Llyfrgell Genedlaethol ar Stryd Kildare, er mwyn hawlio fy ngherdyn darllen. Fe'm harweiniwyd i fyny'r grisiau i'r stafell eang, hardd o dan y gromen honno a'i choffrau gwyrddlas a'm hatgoffai o'r Pantheon yn Rhufain, ac a oedd, i'm tyb i, â llawer mwy o apêl iddi na'r stafell hir enwog yn llyfrgell Coleg y Drindod ar draws y ffordd lle byddai'r heidiau'n cael eu tywys ar ôl cael cip enbyd o sydyn, os oeddent yn ffodus, ar Lyfr Kells. Mawr oedd fy siom, fodd bynnag, o ddeall nad i'r ystafell hon yr anfonid llawysgrifau wedi eu harchebu, gan fy mod wedi fy ngweld fy hun yn eistedd wrth y ddesg o dan un o'r lampau hynny ac wedi tybio y byddai'n lle penigamp i wneud diwrnod da o waith. Cefais fy nhywys, wedi derbyn fy ngherdyn, yn ôl i lawr y grisiau, gan estyn fy mhethau'n ddigon swta o'r locer, a chael fy nghyfeirio i lawr y stryd at ryw fath o ddrws cefn. Dyfnhawyd fy siom, wedyn, er bod y stafell newydd hon yn un ddigon dymunol, pan ganfûm fod papurau Yeats bellach i gyd ar *microfiche*, ac nad oedd modd i gyw ymchwilydd fel fi gael trin a thrafod a chyffwrdd y papur a'r inc go iawn heb fod gennyf reswm dilys dros wneud hynny.

Am wythnos felly y bûm yn fy nghwman yn ceisio datrys llawysgrifen traed brain y bardd o Sligo yng ngolau pŵl a sgrîn fechan y darllenydd *microfiche*, ac nid tan y Sadwrn olaf, pan oedd y llyfrgell yn cau am hanner dydd, y cefais gyfle, a hithau'n olau, i ddychwelyd i Stryd O'Connell, gan wgu ar y golofn ddur anferth, ffalig a godai i'r entrychion rhwng cerflun O'Connell a'r Swyddfa Bost ac a adwaenid yn lled ddilornus gan y trigolion lleol fel y 'Stiffy on the Liffey', cyn cyrraedd y Swyddfa Bost ei hun. Wedi edmygu'r portico enfawr a'i golofnau ionig o bellter am ychydig, gan dynnu ambell ffotograff, mentrais yn nes er mwyn chwilio am y marciau enwog a adawyd gan y bwledi, ond gan deimlo ar yr un pryd yn hynod hunanymwybodol, rhag ymddangos ynghanol y twristiaid fel un a chanddo fath o ddiddordeb morbid, neu, Duw a'n gwaredo, ddiddordeb terfysgol neu eilunaddoliadol, hyd yn oed, o'r marciau hyn. Ond o'u canfod, fe'm trawyd gan ba mor debyg oeddent i unrhyw farciau ôl traul arferol ar unrhyw bileri hynafol eraill, ac na fyddwn fyth wedi eu cymryd am farciau bwledi oni bai fy mod yn gwybod mai dyna oeddent. Mentrais gamu i mewn i'r cyntedd eang, gan deimlo o hyd fy mod yn tresmasu, rywsut, ac na ddylwn fod yno, efallai'n syml oherwydd nad oedd gennyf lythyr i'w bostio ond hefyd yn teimlo, pe bai rhywun yn canfod fy ngwir resymau dros fod yno, y byddent yn fy ngheryddu ac yn fy nhaflu allan ar amrantiad.

Sylwais fod amgueddfa fechan yn un pen i'r cyntedd yn mynd trwodd i ystafell fechan arall, a theimlais o'r diwedd fy mod wedi canfod yr hyn y chwiliwn amdano. Telais fy nwy ewro'n frwd, ond gan fethu peidio â theimlo, wrth basio drwy'r llidiart, fod y giât honno fymryn yn ddiangen gan mai fi oedd yr unig un a oedd yno ar y pryd ac o bosibl, fe synhwyrwn, yr ymwelydd cyntaf y diwrnod hwnnw gan bod y ferch y tu ôl i'r cownter wedi edrych arnaf â rhyw olwg a oedd cystal â gofyn a oeddwn i'n hollol siŵr fy mod am fynd i mewn, ac a oeddwn, tybed, yn fy iawn bwyll. Deallais yn bur fuan ar ôl camu i mewn y rheswm dros yr edrychiad hwnnw, oblegid roedd yr amgueddfa'n llawn o drugareddau yn ymwneud â hanes y gwasanaeth post a'i le cwbl greiddiol a chanolog, o gredu'r arddangosfa hon, i fodolaeth a datblygiad y bywyd Gwyddelig. Mewn un cabinet cynigid casgliad o amrywiol stampiau o wahanol gyfnodau yn hanes y wlad, ac mewn cornel arall roedd hen ddesg ysgrifennu fawr drom, dywyll, ynghyd â phanel a roddai wybod i'r ymwelydd mai'r angen cynyddol am allu anfon a derbyn gwybodaeth a arweiniasai at ddatblygiad y gwasanaeth post yn Iwerddon.

Yna gwelais hen flwch post gwyrdd ac iwnifform postman o'r 1880au, ac yn wir dechreuais gymryd at y lle, gan ganfod, o graffu'n nes ar y stampiau, fod y cynllun ar rai ohonynt yn gelfydd dros ben. Hoeliodd un stamp yn benodol fy sylw, a darlun arno mewn pensil a dyfrlliw o Oisín a Niamh ar gefn ceffyl, yn marchogaeth ar ras, yn llythrennol dros y tonnau, yn dianc yn dragwyddol. Roedd y ceffyl gwyn yn un hardd ar y

naw, ac Osian a Nia mor glòs ar ei gefn nes eu bod bron yn un
ffigur, ac na ellid gwahaniaethu rhyngddynt ond trwy gyfrwng
y don aur o wallt a chwifiai o wyneb Nia, y rhan fwyaf ohoni
wedi ei chuddio gan glogyn enfawr Osian a oedd yn gynffon
drwchus o'i ôl. Roedd trwyn y march ar i lawr, a'i goesau'n cicio
yn eu holau, fel pe bai ar ganol ei garlam, ond nid oedd unrhyw
ran ohono'n cyffwrdd tonnau gwyrdd a glas y môr, gan roi'r
argraff ei fod wedi ei rewi yno ynghanol ei symudiad, a bod y
tri ohonynt yn gwbl gaeth, heb allu dychwelyd i dir yr ieuainc
nac ychwaith fynd yn eu blaenau i adael i Osian roi ei droed
drachefn yng ngwlad y Feniaid, a heneiddio yn y fan. Roedd y tri
ohonynt wedi eu gludo, fel stamp i lythyr, yn dragwyddol yn eu
hunfan, yn y man canol hwn rhwng deufyd.

Erbyn imi gyrraedd pen pellaf yr amgueddfa, ac at yr un
wal fideo a drafodai Wrthryfel y Pasg 1916, drwy gael actorion
i ailadrodd rhai o'r adroddiadau yr oedd amrywiol bobl wedi
eu rhoi am y diwrnod hwnnw pan oresgynwyd y Swyddfa gan
y gwrthryfelwyr, roeddwn wedi colli diddordeb yn yr holl beth,
braidd, gan fy mod wedi hanner gobeithio gweld rhagor o luniau
manwl o'r Swyddfa fel yr oedd, ac fel y bu am fisoedd wedyn, yn
sgerbwd o adeilad a'r llwch a'r mwg yn cymysgu rhwng ei gilydd
wrth godi. Ond wedyn pa faint gwell fuaswn i o weld y lluniau
hynny? Ac ai dyna'n wir a oedd wedi esgor ar y siom honno a
deimlais yn y cyntedd hefyd, o weld y lle wedi'i addurno'n gain
a'r paent yn sgleinio, a minnau wedi hanner disgwyl cerdded
i mewn o olwg y marciau bwled treuliedig i ganol y rwbel a
chodi fy ngolygon i weld y trawstiau noeth? Cerddais yn ôl at
y brif arddangosfa, a chanfod fy hun oddi mewn i gwt bychan
a oedd wedi ei addurno fel y tu mewn i drên, y tu mewn i'r
cerbyd post ar drên a bod yn fanwl gywir, a'r sgrîn fideo ar y wal
yn chwarae llun tirwedd yn pasio heibio, gan roi'r argraff ein
bod, mewn gwirionedd, yn gwibio drwy gefn gwlad Iwerddon
tuag at Ddulyn er mwyn anfon llythyron i Gaergybi, neu draw i

America efallai. Yn sŵn rhythm cyson y cledrau yn y fideo-ffenest, ar amrantiad roeddwn innau'n ôl ar drên, yn gwibio i Prâg a Chynon wrth fy ochr, a rhywbeth gwell na llythyr yn fy aros yno, oblegid bod fy nhad a'm chwaer wedi hedfan allan er mwyn cael treulio'r penwythnos yn ein cwmni.

Yn Koper y noson flaenorol roedd Cynon a minnau wedi treulio'r gyda'r nos yn ein hystafell yn y gwesty, mangre lled foethus ar gyrion y dref yr oeddem wedi cael ein trosglwyddo iddi oherwydd bod staff yr un rhad a archebwyd gennym wedi anghofio cadw lle i ni ar gyfer y noson olaf honno. Lled-orweddai y ddau ohonom ar ein gwelyau moethus, yn yfed ac yn ysmygu, yn gwylio'r teledu'n gegrwth hyd yr oriau mân, mewn rhyw fath o lesmair a oedd, mae'n rhaid, wedi ein goddiweddyd o'r diwedd ar ôl yr ymosod yr oedd holl ddinasoedd Ewrop wedi ei wneud arnom ac ar ein holl synhwyrau, nes nad oedd modd inni, bellach, na gwerthfawrogi'r un eglwys nac amgueddfa, na mwynhau amrywiol seigiau, na dal a dal i grwydro drwy strydoedd culion hen drefi canoloesol. Er imi deimlo pang o euogrwydd yn ystod y noson o fod yn segura fel hyn, fodd bynnag, a'r argyhoeddiad gwan y dylem fod allan yn cyfranogi o fywyd nos y dref, erbyn y bore teimlai'r ddau ohonom fod ein hawch i grwydro, ac i weld, ac i brofi wedi ei adnewyddu drachefn, ac felly gyda thraed digon poenus, ar ôl bod yn crwydro'r harbwr a'r strydoedd swbwrbaidd, gan geisio'n ofer gael cip o Trieste heibio'r penrhyn, neu hyd yn oed Fenis yn y pellter drwy darth y môr, y daliodd y ddau ohonom drên lleol yn ôl i Ljubljana ddiwedd y prynhawn canlynol cyn esgyn, gyda synnwyr cyffrous, adnewyddedig o antur, ar fwrdd y trên nos i Brâg.

Roeddwn wedi canfod, ers dyddiau fy nhaith ar draws Siberia, fod y trên a'i symudiad rhythmig, cyson, er y gwelyau bync cul a chaled, yn meddu ar ddawn hynod i'm suo i gysgu, ac felly fe fyddwn wastad yn edrych ymlaen at daith ar drên nos am resymau ymarferol yn ogystal â'r ymdeimlad o ramant y tueddai'r fath daith bob amser ei gynnau ynof. Roedd y modd y siglai'r cerbyd o ochr i ochr yn araf, fel crud, ynghyd â fflachio llachar a phŵl am yn ail y lleuad, rhwng y coed a thrwy'r llenni, wedi fy nghynorthwyo droeon i adael i filltiroedd ar filltiroedd o goed a gwastadeddau lithro heibio'n ddiarwybod. Y noson honno, fodd bynnag, a minnau wedi ymlâdd yn gorfforol, ac anadlu trwm Cynon yn fy nghyrraedd o'r bync oddi tanaf, roedd fy meddwl yn dal yn gwbl effro, a methwn yn lân â chysgu. Treuliais gryn oriau yn teimlo'r trên yn symud fesul cledr tua Phrâg, weithiau'n araf araf ac yna'n magu stêm drachefn gan hyrddio yn ei flaen rywle rhwng Slofenia, Awstria a'r Weriniaeth Tsiec. Roeddem wedi gadael Ljubljana ers tua saith y nos, ond gwyddwn na fyddem yn cyrraedd Prâg tan ymhell ar ôl saith y bore, ac roedd y wawr yn hir yn cyrraedd, o bosibl oherwydd y gwyddwn fod y cyfarfyddiad hwnnw â'm tad a'm chwaer yn fy aros ar Sgwâr Wenceslas, ac roedd cyffro'r disgwyl wedi fy nghadw'n troi a throsi yn fy ngwely cul nes ei bod eisoes wedi dechrau goleuo erbyn i minnau lithro i gwsg ysgafn. Cefais fy neffro yn weddol fuan wedyn, fodd bynnag, ryw awr neu ddwy ar y mwyaf yn ôl yr hyn y gallwn ei amcangyfrif, gan y *provodnitsa* a ddaeth fel chwa drwy'r cerbyd yn agor drysau ac yn bloeddio ein bod, o'r diwedd, wedi cyrraedd PRAHA.

Oherwydd ei bod mor gynnar roedd ein cyrhaeddiad i'r hostel yn dra annisgwyl a bu raid i Cynon a minnau aros yn yr ystafell gyffredin tra bod ein hystafell wely'n cael ei pharatoi, ac felly yno ar fainc galed y gorweddais innau, gyda haul y bore yn treiddio trwy baneli'r ffenestri uchel, gan fy atgoffa o hen ystafell ddosbarth, a Cynon yn eistedd yn cofleidio'i fag wrth fy ochr yn ceisio dadebru a deffro, tra oeddwn innau yn ceisio dwyn rhagor o gwsg cyn i'r diwrnod ddechrau'n iawn. Yn gwbl groes i'r nos a fu'n llusgo yn ei blaen, cyn imi wybod bron, roedd ein hystafell yn barod, ein bagiau wedi eu gadael a'r ddau ohonom allan yn yr haul, ac ar ôl crwydro o gwmpas am ychydig, a'r tyndra'n cronni yn fy nghylla, gadewais Cynon yn fodlon gyda'i beint yn yr haul a chyrchu Sgwâr Wenceslas. Fe'u gwelais o bellter, yn sefyll ar ben uchaf y sgwâr a minnau ar ei waelod, yn gorfod dringo atynt, ond er eu gweld yr oedd yn anodd i mi amgyffred eu bod yno o gwbl rywsut, a'r hen hollt honno rhwng fy mywyd cyn y daith a'm bywyd ar y daith bellach wedi ei dileu, er mai am gwta ddeuddydd yr oedd hynny, a'r ddeufyd yn cyfarfod o'r diwedd y tu allan i freuddwydion y nos. Mor braf oedd eu gweld, ond yn gymaint o ddychryn hefyd, y naill, fy chwaer, yn prysur dyfu'n ferch ifanc ac yn gadael ei phlentyndod ar ôl, a'r llall, fy nhad wedyn, eisoes rywsut wedi britho mwy nag yr oeddwn wedi ei ddisgwyl, ac yn edrych yn fwy bregus, rywsut, nes fy ngyrru i arswydo wrth feddwl, yn ddigon myfïol o ystyried y peth, fod gennyf innau a'm habsenoldeb ers deufis ran i'w chwarae yn yr heneiddio annisgwyl hwnnw.

Ond yr oedd y cofleidio rhyngom ein tri, a'r arllwys gofidiau a ddaeth yn ei sgil, yn ddigon i lesteirio ac arafu rhywfaint ar yr heneiddio hwnnw yr oeddem ein tri, mae'n siŵr, a hwythau'n fy ngweld innau wedi newid, yn ei rannu, a chan wenu a chwerthin, yn nerfus ac ychydig yn betrus i ddechrau, ond gan ymlacio'n ôl i'n hen ffyrdd yn fuan, yr anelodd y tri ohonom dros afon Vltava tua Chastell Prâg ac anferthedd gothig Cadeirlan St Vitus o'i fewn. Dyma ganolbwynt yr hen Ymerodraeth Lân Rufeinig a oedd, serch hynny, i mi drachefn yn ddigon tebyg i'r degau o eglwysi a chestyll eraill yr oeddwn eisoes wedi eu gweld, er imi deimlo cryn gyffro nerfus ac ychydig o bendro wrth ddringo gyda'r ddau i ben un o'r tyrau, gan geisio celu'r nerfusrwydd hwnnw, fel y dylai pob hen law o deithiwr fel fi, oddi wrth y ddau arall. Ond ymhen ychydig dylanwadodd brwdfrydedd y ddau arnaf, ac wrth i minnau eu gweld yn mwynhau ac yn gwerthfawrogi pob eiliad o gael bod yma yn yr haul yn gweld y rhyfeddodau hyn yn hytrach nag adref ymysg undonedd gwaith ac ysgol, gwelais innau hefyd y lleoedd hyn o'r newydd gan allu anwybyddu, am y tro, yr haid di-ben-draw o dwristiaid o'n cwmpas, a derbyn yn llawen mai dyna oeddem ninnau ein tri hefyd, a gallu chwerthin, hyd yn oed, gyda'r criwiau stag a oedd yn bla hyd y ddinas, fel pe baent yn gwarchae arni, yn hytrach na ffieiddio atynt.

Un o'm hoff strydoedd i oedd y Lôn Euraid, stryd fechan, dlos fel darlun, o dai bychain mewn lliwiau llachar. Er mai ar ôl y gofaint aur a weithiai yno yn ystod yr ail ganrif ar bymtheg yr enwyd y stryd, roedd rhai'n dal i gredu hyd heddiw, yn ôl y llyfr tywys yr oedd fy nhad wedi ei gludo gydag o i'r ddinas, y cafodd ei henwi oherwydd mai yno y trigai alcemyddion y brenin Rudolph II, a weithiai nos a dydd wrth geisio canfod ffordd o droi'r hylifau yn eu distyllyddion berw yn aur pur iddo, ond erbyn y bedwaredd ganrif ar bymtheg roedd yr ardal wedi dirywio i fod yn slym, yn llawn dihirod a phuteiniaid. Yn ystod y 1950au taflwyd y trigolion i gyd allan, gan adfer y stryd i'r olwg, ond nid y cyflwr, y bu ynddo tua'r adeg pan fu Kafka'n trigo yno, yn rhif 22 gyda'i chwaer yn ystod y Rhyfel Byd Cyntaf, a lle'r ysgrifennodd ran helaethaf ei gasgliad *Ein Landarzt*. Digon hawdd oedd ei ddychmygu, wrth ysgrifennu'r stori 'Ein altes Blatt', yn edrych allan drwy ffenestr fechan yr adeilad sydd bellach, yn anochel, efallai, wedi ei enwi'n Café Franz Kafka, a lle'r oeddem ninnau bellach yn eistedd, ac yn gwylio'r crydd druan ar draws y ffordd yn agor ei siop gyda'r wawr er mwyn dechrau ar ei waith, ond yn canfod bod criw haerllug ac anniwylliedig o deithwyr a chrwydriaid o'r gogledd wedi llenwi'r stryd a'r sgwâr oddi allan, yn dangos amarch llwyr at drigolion y lle, ac yna'n dechrau difrodi a darnio'r dref gyfan, yn ysbeilio'r siopau i gyd a throi'r ddinas yn dwlc mochyn, a'r Ymerawdwr o'i balas yn gwylio ond yn methu gwneud dim i'w rhwystro.

Yn ddiweddarach, wedi cinio hamddenol o fara, selsig a chaws mewn caffe ar lan y Vltava, cerddodd y tri ohonom o dan Borth y Powdr a heibio'r *Obecní dům* cyn ymlwybro drwy'r hen dref a draw i'r hen gymdogaeth Iddewig. Wrth i ni ymweld â'r synagog yno, a'r fynwent oddi allan a oedd yn ardal mor fechan, ac mor gyfyng, nes bod yr ychydig filoedd cerrig beddi yn syrthio dros ei gilydd, a sôn fod oddeutu can mil o gyrff wedi eu claddu yno, weithiau mewn haenau o ddeuddeg corff uwchben ei gilydd oherwydd diffyg lle, sylweddolais mai dyma'r ardal gyntaf o'i bath i mi ymweld â hi yn ystod fy holl deithio drwy ddinasoedd Ewrop, a sylweddolais, wrth imi ddarllen y llyfr a'r hanes, mai dim ond oherwydd y bu gan Hitler gynlluniau i droi'r ardal hon yn fath ar amgueddfa estynedig i hil a fyddai, pe cawsai ei ffordd, wedi peidio â bodoli ymhen ychydig flynyddoedd, y cadwyd y synagog a'r fynwent o gwbl. Yma, ni throwyd y cyfan yn geto cyn ei losgi i'r llawr, fel a ddigwyddodd mewn cymaint o ddinasoedd eraill.

Y noson honno ymunodd Cynon â ni am swper o gig moch a thatws a gwin mewn caffe ar stryd fechan oddi ar yr hen sgwâr ynghanol y ddinas, ac ymysg y bwyd da a'r gwin a'r cwmni diddan y medrais ymgolli a mwynhau fy hun yn fwy nag a wneuthum ers dyddiau, ac efallai wythnosau. Teimlwn, rywsut, gyda phresenoldeb fy nhad a'm chwaer, fod fy mam a'm brawd yno hefyd, a'n bod ar wyliau haf teuluol drachefn, ac wrth i ni wylio'r ddinas yn pasio heibio dan oleuadau Pont Carlo cyn noswylio, a chlychau'r tŵr gerllaw yn taro'n gyson, yr oeddwn yn fodlon fy myd, ac yn dechrau meddwl drachefn am gariad, ac am syrthio mewn cariad.

Y diwrnod canlynol cawsom goffi diog cyn cerdded o amgylch ambell stryd eto, wrth i'm tad a'm chwaer chwilio am anrhegion i'r teulu gartref, cyn canfod lle i eistedd drachefn ar deras y caffe hwnnw ar lan y Vltava, ac archebu'r un cinio o selsig a chaws ag a gawsom y diwrnod blaenorol. Yn anffodus roedd y teras yn llawn a dim ond bwrdd heb barasol yn rhydd, ond er mor llethol o boeth oeddem a'r haul yn tasgu ar ein gwarrau, gan daflu ei olau'n llachar ar wyneb yr afon nes bron â'n dallu, ni thybiaf y dymunai'r un ohonom i'r cinio ddod i ben y prynhawn hwnnw, fy nhad a'm chwaer oherwydd eu bod wedi mwynhau'r egwyl amheuthun hon yn aruthrol a, thrwy lwc, wedi dylanwadu rywfaint arnaf i yn hynny o beth, a minnau oherwydd na allwn ddioddef meddwl amdanynt yn diflannu, mor sydyn ag y daethant, o ganol fy nhaith.

Wrth i ni gofleidio a ffarwelio hanner awr yn ddiweddarach, yn ôl ger yr orsaf ar sgwâr Wenceslas, teimlwn bron fel pe nad oeddwn yno mewn gwirionedd, ond yn hofran uwchben y cyfan, yn fy ngwylio fy hun yn osgoi llygaid y ddau, ac yn cadarnhau, heb arlliw o arddeliad yn fy llais, y byddwn yn eu gweld eto ymhen rhai misoedd, a bron nad oedd gennyf awydd i ddychwelyd gyda hwy i gael gyrru'n ôl drwy law yr A55 a Radio Cymru'n diasbedain drwy'r car. Aros a fu fy hanes, wrth gwrs, ond ar yr union eiliad pan ddiflannodd y ddau o'r golwg i grombil yr orsaf fetro, teimlais drachefn y gagendor cynyddol hwnnw rhwng y byd y deuthum ohono a'r byd yr oeddwn ynddo bellach yn agor, yn lledu ac yn dyfnhau gyda phob eiliad a âi heibio. Erbyn imi gyrraedd yn ôl at y caffe ar Hen Sgwâr y Dref roedd Cynon eisoes â darn helaeth o gerpyn a sglodion ar blât o'i flaen, a phowlennaid o *goulash*, ac yn y broses o archebu ei ail botel o *demi-sec*. Erbyn hynny roeddwn yn gwbl barod a bodlon i ymuno ag o, er nad oedd ond newydd droi dau y prynhawn, ac ildio i'r awydd am gael yfed ein hunain i gyflwr o syrthni yn y gwyll tra oedd gwahanol gêmau pêl-droed Cwpan y Byd yn cael eu chwarae ar y sgrin enfawr o'n blaenau, sgrin yr oeddwn, tan hynny, wedi ei chasáu a'i dirmygu oherwydd y modd y cuddiai'r eglwys wen a'r cloc a'i wyneb hardd a safai y tu ôl iddi, bron yn llwyr. Nid oes llawer o'r noson honno wedi'i serio ar y cof, heblaw am y ffaith iddi fod yn un o fwynhad pur, a'n bod wedi dod â hi i ben mewn clwb *jazz* tywyll, llawer mwy boddhaol na'r un y bûm ynddo yn Amsterdam, yn llawn mwg a chymeriadau digon amheus yr olwg, a'r gerddoriaeth a'r gwin yn llifo. Dau deithiwr digon carpiog eu hymddangosiad a'u hymarweddiad a ymlwybrodd yn araf, a'u bagiau ar eu cefnau bron cyn drymed â'u pennau, tua'r trên y bore canlynol.

Y noson honno yn Nulyn hefyd, rai oriau ar ôl fy ymweliad â'r Swyddfa Bost, ymlwybrais allan o'r ardal ganolog, drwy strydoedd prysur, blêr Temple Bar, at afon Liffey, gan ei chroesi, ac yna cerdded gyda'r afon allan tua'r Four Courts. Roedd y strydoedd yn yr ardal honno, o gofio ei bod yn nos Sadwrn, yn frawychus o ddistaw, ond roedd un o'r cyrchwyr yn y llyfrgell wedi rhoi gwybod imi fod sesiwn ar droed mewn tafarn y tu ôl i'r Four Courts oddeutu deg y nos. Ar ôl imi godi fy mheint, a'r tafarnwr yn synnu fy ngweld, braidd, gan wybod yn syth nad rhywun lleol mohonof, es draw i eistedd yn nes at y criw cerddorion a oedd eisoes wedi dechrau cynnull ac a oedd yn tyfu mewn nifer bob rhyw chwarter awr, ond yn ddigon pell i roi gwybod nad oedd fy niddordeb ynddynt yn ysol, ac eistedd i lawr gyda'm llyfr.

Ni chyrhaeddodd fy nghyfaill o'r llyfrgell tan yr oedd hi'n tynnu tua hanner nos, a minnau erbyn hynny wedi cael diod neu ddwy, ac ar ôl sgwrsio am ychydig cefais ar ddeall mai brodor o Felffast ydoedd, a'i fod wedi bod yn astudio yn y brifysgol yn Nulyn ond wedi cael swydd yn y llyfrgell wedyn er mwyn aros yno, a'i fod mewn perygl o golli ei swydd oherwydd ei fod, y mwyafrif o nosweithiau'r wythnos, yn canu ei ffliwt mewn sesiynau fel hyn, ac yn cael trafferth codi yn y boreau. Fe'm dychrynwyd braidd o ddeall hyn i gyd gan gywilyddio nad oeddwn wedi cymryd yr un tamaid o ddiddordeb ynddo yn y llyfrgell, dim ond cyn belled ag i holi a allai gael gafael ar y papur-a'r-papur i mi, ac efallai mai er mwyn lleddfu rhywfaint ar fy nghydwybod y prynais wisgi iddo ac i mi fy hun.

Tua'r trydydd wisgi, dechreuais sôn wrtho am fy siom wrth ymweld â'r Swyddfa Bost y bore hwnnw. Edrychodd yntau arnaf mewn penbleth, braidd, gan ofyn beth yn union oedd gennyf mewn golwg, ac ategais innau nad oeddwn i fy hun yn gwbl sicr, nad oeddwn ar unrhyw gyfrif wedi disgwyl y byddai gormod o sylw'n cael ei roi i'r Gwrthryfel yn y lle, a'm bod innau wedi darllen y plac yn y cyntedd yn disgrifio'r tân byw a gynheuwyd yn y fan yn 1916. Ceisiais egluro wedyn y modd yr oedd y Gwrthryfel, ac yn wir y Rhyfel a ddilynodd yn 1919, yn destun diddordeb mawr a hyd yn oed, efallai, genfigen, i nifer ohonom ni Gymry, oherwydd na chafodd yr un math o dân byw erioed mo'i gynnau â'r un math o awch gennym. Slicrwydd ac union swyddfa bost-oldeb y lle, felly, oedd wedi aflonyddu arnaf rywsut, nes na allwn, ar fy ngwaethaf, ganfod Cú Chulainn na'r un ysbryd arall yn 'stalking through the post Office', chwedl Yeats.

'Beth oeddet ti'n ei ddisgwyl', holodd y cyfaill, 'teml? Gofod sanctaidd a phopeth yn dawel, yn cynnig cyfle i'r teithiwr blinedig ddod i'w dawelwch a'i heddwch a myfyrio, a choffáu?' Wrth iddo ddweud hyn ni chododd y gŵr ifanc ei lais, ac ni chredaf i'w dymer godi'n ormodol chwaith, yn wir, bron nad oedd tinc amyneddgar i'w eiriau. Roedd gennyf deimlad ei fod wedi gorfod esbonio rhywbeth tebyg i nifer o bobl cyn heddiw, hyd at syrffed, ond ni thynnodd ei lygad oddi arnaf, chwaith, ac aeth yn ei flaen gan awgrymu, pe bawn i wedi mentro i fyny i Felffast erioed, y byddwn yn deall pa mor amhosibl oedd coffáu'r fath beth mewn unrhyw ffordd amlwg, ogoneddus, rwysgfawr, tra bod ceir yn dal i gael eu llosgi a phobl yn dal i gael eu lladd wrth gerdded y stryd, a thra'r oedd ergydion gynnau Pasg 1916 yn dal i atseinio o amgylch waliau a phalmentydd Derry. Roedd y gorffennol yn rhy agos, meddai, yn dal i daflu ei gysgod yn llawer rhy dywyll dros heddiw, i ddechrau meddwl am godi amgueddfeydd a rhoi polish ar y plac, 'ac mae'r tyllau bwledi yna a welaist ti heddiw', meddai'r cyfaill wrthyf, 'er i ti synnu mor dreuliedig oedden nhw, yn dal i ymddangos i'm golwg i yn llawer rhy eglur'.

Ar hynny yfodd weddill ei wisgi a dychwelyd at y cerddorion er mwyn ymuno yn y gân nesaf. Pan adewais y dafarn ryw hanner awr yn ddiweddarach, gwenodd llygaid y cyfaill arnaf o'r tu ôl i'w ffliwt, ac roedd y difrifoldeb wedi diflannu ohonynt a'r hwyl yn ei ôl, a gwyddwn mai cerydd ennyd oedd ei eiriau ac nad oedd mewn gwirionedd wedi gwylltio â mi, ond wrth imi gerdded yn ôl ar hyd glan afon Liffey, yn ôl o dawelwch y cei a thrwy Temple Bar lle'r oedd y trigolion meddw yn chwydu'r Guinness i'r gwter ac yn baglu eu ffordd rhwng y twristiaid llygadrwth, roedd ei eiriau'n dal i bwyso arnaf. Cysgais gwsg a oedd yn drwm ac yn aflonydd am yn ail dan ddylanwad y wisgi, a chodi'n gynharach na'r angen cyn pacio yng ngolau llwyd y wawr a dal tacsi, y tro hwn, yn ôl i'r porthladd. Roedd y croesiad yn ôl ychydig yn llyfnach ond yn dal yn weddol arw, ac ni fentrais fwyta'r un selsig y bore hwnnw. Erbyn i Gymru ddod i'r golwg roedd y môr yn llonyddu a'r awyr yn gymysgedd ryfeddol o binc a melyn a choch dros Ynys Lawd. Wrth imi sefyll tu allan ar y dec gan geisio dal rhywfaint o awyr iach a mwynhau chwipio gwynt y môr ar fy wyneb, roeddwn yn dal i deimlo baich geiriau'r Gwyddel, ond roedd rhywbeth yn braf, bellach, yn y baich, oherwydd ei fod yn faich, yr ochr hon i Fôr Iwerddon, yr oedd dichon imi wneud rhywbeth amdano, ac felly dan fyrdwn y baich hwnnw yr ymlwybrais at y car ar ben y pentir rhyw dri chwarter awr yn ddiweddarach, a gyrru adref drwy Fôn.

*

Yn ystod yr hoe honno gartref am rai dyddiau, euthum yn ôl fy arfer i ymweld â Nain a Taid, a bu'r tri ohonom yn gwledda ac yn sgwrsio fel pe na bawn wedi bod i ffwrdd o gwbl. Ar ôl fy mhrofiadau yn Nulyn, fodd bynnag, roeddwn yn benderfynol o beidio â gadael i bethau lithro, bellach, ac felly dyma fagu plwc gyda'r nos, ar ôl yr ymdawelu ar gyfer y newyddion a'r tywydd, i holi'r ddau rywfaint am y rhyfel, heb fod yn rhy hyderus am yr atebion a gawn. Ond yr oedd y ddau mewn hwyliau da ac mewn tymer i adrodd stori. Soniodd fy nhaid wrthyf am yr wythnos fer a dreuliodd yn Nhonfannau, Sir Feirionnydd ger Tywyn, yng ngwanwyn 1941. Roedd yn rhy ifanc i listio ei hun ond arferid anfon criwiau o fechgyn ieuainc fel 'cadets' i gael blas ar fywyd milwr am ychydig ddyddiau. 'Ew, mi gawson hwyl', oedd y frawddeg a ailadroddai fy nhaid yn ysbeidiol yn ystod ei stori, a rhaid bod y cyfle i'r cog o'r Briw gael mynd efo'i ffrindiau i lan y môr am wythnos wedi ymddangos yn ddymunol iawn. Digon dymunol, mae'n amlwg, i'r bechgyn dynnu ynghyd i drefnu dawns er mwyn codi arian i dalu iddynt allu mynd.

'Roedden ni'n cysgu ar slats, nid ar lawr', meddai Taid, 'pawb ohonom ni o gwmpas y polyn ynghanol y babell a'n traed tuag i mewn at y canol. Mi oedd yna lefnyn mawr, rhingyll dw i'n meddwl oedd o, ac mi fydde fo'n cadw'i watsh ym mlaen ei esgid, wyddost ti, wrth ochr ei wely tra oedd o'n cysgu, ac os byddet ti eisio gwybod yr amser mi fyddai rhaid iti ddod o hyd i'r esgid yma ynghanol nos ac ysgwyd y watsh allan ohoni heb ddeffro'r rhingyll, ac yn y bore', ychwanegodd Taid, 'mi fyddai rhaid iti wneud dy wely a'i godi a rhoi popeth y tu allan yn daclus, pentwr bach wedi'i blygu, a dy sgidie am ben y cyfan, wedi lasio a phob dim, a'r sgidie wedi polisho ynde. Ac wedyn be fydden ni'n ei wneud fyddai mynd ar *march* allan, dwed pum milltir allan at y môr ac yn ôl, a be oedd gen ti', meddai Taid, 'oedd criw o fechgyn o le oedden nhw'n alw'n Borstal, ysgol i gogie drwg, ac wrth gwrs rhyw filltir mewn i'r *march* mi fydde'r rhain yn dechre hercian, ti'n gweld, a chwyno, a mi fydde'r *officers* wedyn yn dweud, wel, well i ti fynd nôl. Ond wrth gwrs mynd nôl i ddwyn ein pethe ni oedden nhw – y b'leinied.

'Dro arall mi oedden ni'n gorfod aros i fynd i'r *mess*', cofiodd Taid, 'a phan gyrhaeddon ni mewn, dyna lle'r oedd yr *officers* wrthi'n bwyta'n barod, a dyma un o'r cogie Borstal yma'n mynd i fyny rŵan, i wneud cwyn felly. "Sit down", medde'r *officer* yma, a'r cog yn dal i gwyno, "you sit down now", gwaeddodd yr *officer*, ac medde'r bachgien ma na fase fo'n eistedd "until we've been served first". Wyddost ti, doeddet ti ddim yn mynd i mewn ac yn eistedd lawr ac wedyn yn estyn am y byns neu beth bynnag, na, mi fyddet ti'n estyn am be gaet ti y munud oeddet ti mewn drwy'r drws, neu chaet ti ddim byd. Ew, mi gawson hwyl.' Sôn wedyn am un cogyn yn dwyn y basins o'r cabanau ymolchi, a'u cymryd adre yn ei gês. 'Mi ath i Awstralia'n ddiweddarach', meddai Taid yn fyfyriol, a Nain yn torri ar ei draws fel chwip gan ofyn, 'Ath o'm â'r basin efo fo gobeithio?'

Fe soniodd wrthyf wedyn amdano'n dychwelyd, drwy Langelynnin, Dolgellau, Llangadfan a Llanfihangel i Lanfyllin, a heb adael ei feic yno oherwydd nad oedd, ar y pryd, yn adnabod neb yn y dref, ac felly'n gorfod cerdded adref i'r Briw, gryn chwe milltir i ffwrdd, yn hwyr gefn nos, ac fe allai gofio, meddai wrthyf, ei bod yn dywyll dywyll, ond fod y chwiloleuadau o'r Amwythig ac o Groesoswallt, o dro i dro, yn fflachio heibio ac yn goleuo'r awyr, neu hyd yn oed weithiau y ffordd o'i flaen. Dro arall, cofiai sefyll y tu allan i'r tŷ ar ochr y bryn, yn gwylio'r awyr yn olau i gyd oherwydd eu bod wedi bod yn bomio ar gyrion Wrecsam, ac yntau dri deg milltir i ffwrdd. Cofiai Nain hefyd, a oedd yn byw ychydig ymhellach i ffwrdd, y chwiloleuadau wrth iddi seiclo adref, ac yr oedd hithau'n cofio'r faciwîs a fu'n trigo gyda hwy, a hithau hyd yn oed wedi bod i edrych amdanynt yn y De ambell waith dros y blynyddoedd, ymhell ar ôl y rhyfel.

Doedd Taid ddim yn cofio llawer am ei faciwîs yntau, fwy na'u bod yn ddau fachgen o Lerpwl a'u bod yn cael dychwelyd adref at eu mam o dro i dro, oherwydd ei fod yntau erbyn hynny yn lodjio yn Llanfyllin yn ystod yr wythnos gan ei fod yn y 'county school'. Ond cofiai'r carcharorion rhyfel a ddaethai i'r ardal, a hyd y dydd heddiw dywedodd na allai flasu pwdin reis heb feddwl amdanynt, a heb feddwl yn benodol am Almaenwr a ddaeth i aros ar fferm gyfagos, a pherchennog y fferm yn dod o hyd i ffidil heb dannau yn rhywle. Gwirionodd yr Almaenwr, gan lanhau a pholishio'r ffidil bob nos, a chael gafael ar dannau, a'r hwyl a gafwyd wedyn gyda'r nosau ac mewn nosweithiau llawen, a'r Almaenwr yn ei chanu'n hyfryd. Roedd dagrau yn llygaid Taid wrth iddo sôn am yr Almaenwr yn mynd o amgylch yr ardal gyda'r teulu i ganu mewn neuaddau pentref a festris, ac am y croeso mawr a gafodd y teulu yn yr Almaen ar ôl y rhyfel. Edrychai Taid yn rhyfeddol o falch o'r croeso hwnnw.

Deuai'r tameidiau a sgrapiau eraill hyn ar draws ei gilydd, a'r naill yn gorffen stori'r llall, am y gorau bron, minnau'n teimlo fy mod yno gyda hwynt, achos yno'r oedden nhw, yn sicr, wedi hen fynd yn ôl ddegawdau. Dyna Nain yn sôn am ei brawd hithau, Dafydd, yn cymryd arno yn y gwersyll na allai ddeall na siarad Saesneg, ac felly'n gwneud pethau dwl fel peidio cau'r drws o'i ôl, neu'n troi i'r chwith wrth fartsio pan âi pawb arall i'r dde. 'Wrach mai fo oedd galla ohonon ni gyd'. 'Oedd gynnoch chi ofn'?, holwn innau wedyn. 'Ewadd annwyl oedd, hen amser rhyfedd oedd o hefyd ynde', oedd yr ateb, a'r ddau'n sôn wedyn am Lord Haw Haw yn darlledu ei goelion gwrach a'i newyddion brawychus i godi ofn ar bawb, a rhyw ddyn o'r ardal yn ei Anderson Shelter, yn ffrïo bacwn ac yn gwrando ar y darllediad, ac ar honiad Haw Haw, 'The British are starving', ac yn gwylltio gymaint nes rhedeg allan o'i loches, dal y badell i fyny i'r awyr a gweiddi ar y tonfeddi anweledig, 'Smell that then, you bugger'.

Roedd Nain hefyd yn cofio, yn glir iawn fel y swniai i mi, un noson yn hwyr y nos pan oedd hithau'n rhyw un neu ddwy ar bymtheg, gweddill y teulu wedi clwydo a hithau wrth fwrdd y gegin yn gwneud ei gwaith cartref, pan glywodd fom, '*whistling bombs* roedden nhw'n eu galw nhw', meddai, 'yn syrthio led cae i ffwrdd o'n tŷ ni. Nid ein cae ni oedd o', meddai hi, 'cae'r fferm nesaf draw, a naddo es i ddim ar ei gyfyl o'r noson honno ond diawch dydw i ddim yn meddwl imi fynd i'r ysgol y diwrnod wedyn, ac mi oedd yna dwll mawr cyn lleted â'r stafell yma yno y bore wedyn, a'r mwg yn dal i godi ohono'. Pan ofynnais iddi beth roedd un o awyrennau'r Luftwaffe yn ei wneud yn gollwng bomiau ar gefn gwlad Sir Drefaldwyn, torrodd Taid ar draws eto gan gynnig mai un o'r awyrennau a anelai at Lerpwl oedd wedi colli'i ffordd yn y blacowt, 'neu bosib', cynigiodd Taid, 'mai un o'n hawyrennau ni oedd ar eu holau nhw a'u bod nhw'n gollwng eu llwyth yn reit handi er mwyn gallu troi'n ôl am yr Almaen yn sgafnach'. Wrth i Nain nodio'i chydsyniad oedodd fy meddwl innau dros yr ymadrodd hwnnw, 'ein hawyrennau ni', ac yntau wedi bod yn sôn lai na phum munud ynghynt am yr Almaenwr o ffidlydd, ond allwn i ddim llai na theimlo mai felly y byddwn innau wedi teimlo hefyd yn ei le. 'Dydech chi ddim yn gwbod ei hanner hi, nag ydech fechgyn', ychwanegodd Nain yn feddylgar wrth droi'n ôl at y teledu, a gafaelodd Taid yntau yn y teclyn i droi'r sain i fyny, gan arwyddo bod y sgwrs bellach ar ben, neu ei bod am y tro wedi dod i'w phen naturiol, a'n bod ninnau'n tri wedi glanio'n ôl yn ddidrugaredd yn y stafell fyw yng Nghaernarfon yn 2012.

Gyda chlebran y teledu yn gefndir meddyliais am sgwrs a gawsai fy mrawd a minnau rai dyddiau ynghynt pan ddigwyddodd yntau, ar hap, sôn am y modd rhyfedd a oedd gan blant ein hysgol ni pan oeddem yn fychan o hel ffrindiau ar yr iard er mwyn chwarae gêm. Byddai criw bychan yn dechrau gan gerdded o amgylch y buarth mewn rhes, ysgwydd yn ysgwydd, a llafarganu enw'r gêm, a byddai pwy bynnag a ddymunai ymuno yn rhoi eu breichiau o amgylch ysgwyddau'r galwyr, gan ymestyn y rhes yn y fath fodd nes bod digon o blant i chwarae, a chofiodd fy mrawd a minnau gyda chwerthiniad y modd yr oedd y gloch, yn amlach na heb, yn canu cyn i neb hel digon o chwaraewyr. Yr oeddwn innau wedi llwyr anghofio am y ddefod nes i'm brawd ddigwydd sôn am y peth yn ystod y sgwrs, ac nid tan y pwynt hwnnw y daeth yr atgof yn ôl i'm meddwl, yn fyw a chyflawn a'r un mor eglur a phe bai wedi bod yno erioed.

Gyrrodd hyn fi i feddwl am yr hanesion yr oeddwn newydd eu clywed gan Nain a Taid, ac wn i ddim ai'r modd yr oedd disgrifiadau'r ddau o'u teithiau unigol yn ôl hyd lonydd y wlad dan belydrau'r llifoleuadau yn rhyfeddol o debyg, ynteu'r modd yr oedd Nain, ar ôl disgrifio'r lein wen yr oedd yn rhaid ei pheintio o amgylch unrhyw gar yn ystod y blacowt, wedi methu â chofio sut y goleuid y ffordd gan y cerbyd, cyn i Taid dorri ar draws ac ychwanegu mai griliau a ddefnyddid dros lampau'r car, a Nain wedyn yn cytuno ac yn porthi, neu'r modd y medrai'r ddau mor rhwydd restru'r gwahanol fathau o fomiau – *whistlebombs, high explosive, incendiary* – neu efallai mai cyfuniad o hyn oll, a'r modd y gallwn feddwl am nifer o enghreiffitiau tebyg o nifer o wahanol straeon o'u heiddo, a wnaeth i mi ystyried tybed sut fath o berthynas a fodolai bellach rhwng cof y ddau, a oedd wedi ei asio'n un efallai, neu efallai eu bod yn bodoli fel dau gof ar wahân ond y naill yn ddibynnol ar y llall ac yn adleisio'i gilydd, fel stereo. Os oeddwn i mor ddibynnol, wedi llai nag ugain mlynedd, ar atgofion fy mrawd yn gyflenwad, fel petai, i'm hatgofion fy hun, ceisiais ddyfalu pa effaith a gawsai cryn ddeg a thrigain mlynedd, tybed, ar y gydberthynas hon. Am a wn i mai dyna pryd y sylweddolais, am y tro cyntaf efallai, nad dibynnu ar ei gilydd yn faterol a chorfforol yr oedd y ddau bellach ond yn feddyliol ac, efallai, yn ysbrydol hefyd, a bod hynny i'w gyfrif yn gymaint â dim am y ffaith na allai'r un ohonom ni'n tri bellach ddychmygu'r naill yn bodoli heb y llall. Digon posib mai'r un rheswm, yn llai eithafol, a oedd i gyfrif am y ffaith fy mod i, yn fachgen bach, wedi gwneud sylw wrth fy mam a fy nhad i'r perwyl ei bod yn hawdd dweud o ran eu hymddangosiad a'u hymarweddiad eu bod yn perthyn i'w gilydd, gan gymryd mai perthynas waed, fel brawd a chwaer neu gefnder a chyfnither, oedd y berthynas rhwng gŵr a gwraig.

Fe'm canfûm fy hun rai dyddiau yn ddiweddarach yn y llyfrgell ym Mangor, a'r hyn a welais ac a glywais yn Nulyn, ac yn nhŷ Nain a Taid, yn dal i chwarae ar fy meddwl. Roedd yn ddiwrnod braf o wanwyn a fygythiai droi ar unrhyw eiliad i fod yn haf, a disgleiriai toeau Bangor oddi tanaf o'm llecyn ar y bryn, wrth i'r haul dasgu drwy baneli'r hen ffenestri ac euro pren y trawstiau a'r silffoedd urddasol o dan nenfwd uchel darllenfa Shankland. A minnau â bwrdd cyfan i mi fy hun, yr oeddwn, o'r diwedd, wedi bwrw fy mryd, ar ôl hir bendroni am y mater, ar ysgrifennu stori John, mewn rhyw nofel a fyddai, wrth reswm, yn cadw'n gwbl driw i'w hanes ef a'i gymeriad, ei bersonoliaeth, ond hefyd o bosibl

yn ymgorffori rhai elfennau o ffuglen. Yn wir yr oedd y nofel hon yn un bwysig iawn i'w hysgrifennu, oherwydd yn un peth fe fyddai'n rhoi ar gof a chadw hanes John cyn iddo fynd yn angof, a thrwy hynny, gobeithiwn, yn fodd o dynnu sylw'r darllenydd at erchyllterau'r Ail Ryfel Byd, a rhyfel yn gyffredinol, a dangos nad du a gwyn oedd hyd yn oed y mwyaf du a gwyn hwnnw o holl ryfeloedd y byd, oherwydd mai Ffrancwyr ac nid Natsïaid a laddasai frawd fy nhaid.

Yn ychwanegol at hyn, teimlwn rywsut fod y weithred hon o ysgrifennu amdano yn fodd o leddfu fy euogrwydd fy hun, neu efallai o gyflawni'r ddyletswydd a deimlwn tuag at fy nhaid, oherwydd fy nymuniad i fynd i dalu gwrogaeth o flaen y bedd ond yr amhosibilrwydd o wneud hynny ar hyn o bryd, y tu hwnt i'm rheolaeth i'n llwyr, ac mai dyma felly, mewn ffordd, oedd fy ngweithred i o goffâd a'm hymdrech i wneud iawn am y methiant hwnnw. Cyraeddaswn y llyfrgell yn blygeiniol, ac roeddwn wedi eistedd gydag awch yn barod i ddechrau ysgrifennu, ond fe'm llethwyd yn gyntaf gan gwestiynau moesol. Faint o'r hyn yr oeddwn wedi ei ddysgu am farwolaeth John a fyddai'n dderbyniol i mi ei ddatgelu? Pa mor werthfawrogol fyddai fy nhaid o'r ymdrech hynod gyhoeddus hon i roi hanes John ar gof a chadw? Y peth olaf y dymunwn innau ei wneud oedd brifo neu gywilyddio fy nhaid mewn unrhyw fodd, ond llwyddais i'm perswadio fy hun mai fel teyrnged i John yr oeddwn yn ysgrifennu'r nofel hon, ac na fyddai raid i neb ond fy nhaid ei darllen pe dymunai yntau hynny, ac felly â chydwybod cymharol glir yr es ati drachefn i'w hysgrifennu.

Ond cefais anhawster wrth geisio dod o hyd i ffordd o ddechrau'r gwaith, ymhle y dylwn gyflwyno'r cyfan, ai mynd o gyfnod John ym Manceinion neu roi rhyfwaint o gefndir y cartref hefyd, a dechreuais sylweddoli yn araf, er yr holl lythyrau a'r llyfrau, ac yn wir er adnabod Taid ei hun, nad oedd gennyf amgyffrediad o fath yn y byd o'r bywyd yr oeddwn yn ceisio ei ddisgrifio, ac yn waeth efallai, nad oedd gennyf chwaith mo'r dychymyg i geisio creu'r cyfan o'm pen a'm pastwn fy hun, ac ofnwn, hyd yn oed pe bai gennyf y ddawn, mai gwneud cam dybryd â John ac â'r teulu cyfan y byddwn o geisio gwneud hynny. Yn ychwanegol at hynny, roedd rhyw ran ohonof a sylweddolai nad oedd hon mewn unrhyw ffordd yn stori anghyffredin neu'n stori arwrol, yn stori sydd, yn ôl y llinyn mesur arferol, yn werth ei hadrodd. Cyn belled ag y gwn, nid oedd unrhyw frwydro arwrol a chwerthin yn wyneb ffawd yn perthyn i'r brwydro yn Syria. Brwydro mecanyddol, peiriannol ydoedd, mater o rifau yn erbyn rhifau, nid stori rhyw oroesi mawr drwy amryw frwydrau. Gwelodd John rywfaint o ymladd, yna fe'i lladdwyd, fel cannoedd ar filoedd o rai eraill. Symudodd y gatrawd yn ei blaen, wedi claddu eu brodyr, ac aeth y rhyfel yn ei flaen hebddynt. Ac eto, yr oeddwn yn benderfynol fod angen cofnodi'r stori hon. Ond teimlwn rywsut fel pe bawn wedi colli fy llais, fy mod yn grug, a bod yn rhaid imi felly adrodd y stori a defnyddio llais rhywun arall, ac o'r herwydd roedd unrhyw ymgais i ddechrau ar fy stori ar unwaith yn swnio'n ffuantus a ffals. Ymhen hir a hwyr roedd fel pe bai'r inc yn yr ysgrifbin wedi sychu'n llwyr, a'r geiriau'n gwrthod yn lân â dod, fel y chwydiad olaf hwnnw am dri y bore pan fo popeth eisoes wedi ei chwydu i'r bowlen ond bod y stumog yn dal i wthio, yn dal i gywasgu ac yn dal i hidlo'r defnynnau olaf hynny o fustl chwerw i fyny o rywle, cyn peidio'n gyfan gwbl.

Cymerais hoe, ac eistedd i fyny i edrych o'm cwmpas, i wylio'r llwch yn chwyrlïo yn y pelydrau golau a symudai'n ddiarwybod o araf ar hyd y llawr a'r silffoedd, gan lanio yma ar un llyfr, ac ymhen rhai munudau ar y nesaf, a dilynais y pelydrau hyn i fyny at eu tarddiad yn uchelfannau'r ffenestri lliw â'u harfbeisiau, a'r tu hwnt i hynny wedyn at y nenfwd trawstiog a'i arfbeisiau yntau wedi eu gosod yn drefnus a destlus, arwyddion na olygai ddim i mi ond a oedd, mae'n rhaid, wedi arwyddo i fyfyrwyr mwy hyddysg a diwylliedig yn y gorffennol pa deuluoedd a phendefigion a oedd wedi cynnig eu nawdd i ddysg yn y Brifysgol hon. Oll yn ymgeisiau, meddyliais, i gyrraedd rhyw fath o anfarwoldeb, i adael eu marc, ac ar hynny codais a dechrau pori drwy'r llyfrau ar y silffoedd, gan nodi'r holl enwau, yr holl awduron, a oedd wedi ysgrifennu'r holl lyfrau hyn, pob un yn fyd bychan ynddo'i hun, pob un yn ei ffordd ei hun yn ymgais i ddod â rhywbeth, a rhywrai, yn fyw, rhai'n anochel yn fwy llwyddiannus na'i gilydd, a rhagor a rhagor yn cael eu hychwanegu atynt drwy'r amser. Ond pwy tybed, meddyliais, a gafodd, neu a gaiff gyfle i ddarllen pob un o'r rhain, i bwyso a mesur a gwerthfawrogi pob un yn ei dro a'u cymharu, eu cofio, eu hargymell, eu pasio ymlaen, a pha rai a anghofir, a dynnir oddi ar y silff a'u cynnig yn flêr am ddim ar y bwrdd ar y ffordd allan. Tybed a oedd rhai llyfrau nad oedd yr un person erioed wedi eu darllen, a thybed wedyn a wyddai'r awdur hynny, a deimlai ef neu hi ym mêr ei esgyrn nad oedd neb byw wedi dod i adnabod y cymeriadau yr oedd yntau neu hithau wedi llafurio mor galed i'w creu, neb yn gweld y llefydd yr oeddent hwythau wedi eu disgrifio mor gain.

Troais y gornel i'r silff nesaf, a gweld y cyfrolau'n dal i ymestyn, a minnau bellach yn nyfnderoedd yr adran Gymraeg, yn meddwl wedyn, os oedd hyn oll yn wir am y llyfrau Ffrangeg, Almaeneg, Saesneg eu hiaith, pa faint mwy diatreg o wir oedd hynny am y llyfrau hyn, a'u holl ddarllenwyr posibl, heb sôn am y rhai a drafferthai ddarllen mewn gwirionedd, yn marw fesul un ac yn diflannu, ac am eiliad cefais yr argraff fod y silffoedd hyn, yn araf, mor araf nes nad oedd neb yn sylwi, yn gwagio fesul llyfr, a chyfrol yma ac acw yn diflannu, yn troi'n llwch ar gyffyrddiad. Tybed beth fyddai wedyn, pan na fyddai'r un darllenydd Cymraeg ar ôl, ai darllenfa grand a hardd a gormesol o wag a fyddai yma, ynteu a fyddai'r llyfrgellwyr yn mynd yn eu blaen heb sylwi, yn llenwi'r bylchau â'r llyfrau Saesneg a orlifai o'r ddarllenfa lawer mwy anghysurus ac oerach, mwy modern, drws nesaf?

Teimlwn braidd yn chwil wrth ddychmygu'r fath feddyliau abswrd, a dychwelais at y bwrdd. Hyd yn oed yno, fodd bynnag, teimlwn fel pe bai'r silffoedd, drachefn yn orlawn nes fy mod wedi cael trafferth gosod un gyfrol yn ei hôl yn ei phriod le, yn pwyso arnaf, yn ormesol, fel pe baent yn bygwth dymchwel ar fy mhen unrhyw eiliad, ac fe wyddwn yno yn y funud honno nad oedd lle, ac nad oedd diben, i'r un nofel bitw o'm heiddo innau ar yr un o'r silffoedd hyn. Yr oeddwn yn fwyaf sydyn yn dyheu am awyr iach, a theimlwn yn fyglyd, wrth godi i hel fy mhac ac agor fy ngholer, ond yn sydyn daliwyd fy llygad gan un gyfrol ac iddi glawr gwyrdd tywyll a oedd heb ei gwthio'n ôl yn iawn i'w lle, fel pe bai'n ymwthio allan ychydig ymhellach na'i chyfoedion. Teimlais yr angen i sodro fy ngolygon ar ddu a gwyn solet, ar eiriau, ar ddalen agos ddisymud, ac felly fel rhyw fath o ymgais olaf cyn gorfod gadael, estynnais am y gyfrol ac eistedd drachefn yn fy lle. Pasiodd un o'r llyfrgellwyr heibio, a gofynnais am gael ffenestr wedi ei hagor, a theimlwn, am y tro, ychydig yn fwy cysurus, cyn belled â'm bod yn anghofio am y nofel wirion honno.

Digwyddai mai casgliad o ysgrifau ac erthyglau gan Saunders Lewis a oedd yn fy llaw, ac ymhen ychydig roeddwn â'm trwyn yn y gyfrol honno wrth y bwrdd. Yr hyn sydd yn gwneud ysgrifau Saunders Lewis ar feirdd yr Oesoedd Canol yn fwy diddorol na rhai nifer o'i gyfoedion, er (ac efallai oherwydd) nad oedd bob amser yn rhoi lle mor anrhydeddus i ffeithiau ac yn dibynnu'n fwy ar ei ddehongliadau mympwyol ei hun, yw ei ddychymyg byw sydd yn cyfleu i'r darllenydd nid yn unig amgylchiadau moel y canu a'r creu, ac ychydig fyfyrdodau ar y farddoniaeth ei hun, ond ei gysyniad yntau o holl awyrgylch a bywiogrwydd a ffordd o fyw y cyfnod. Ni ddaw hyn i'r amlwg yn unman arall yn fwy eglur, efallai, nag yn ei ddarlith ar yrfa filwrol Guto'r Glyn, ac yn ei ddisgrifiad o Guto, neu ddisgrifiad Guto ohono'i hun, efallai, wedi ei sianelu drwy Saunders, pan ddywed fod Guto yn fachgen eithriadol. 'Fe dyfodd yn gyflym i fod yn llanc tal, mawr o gorff, pryd tywyll, gwrdd wyneb, bwyall o drwyn, gwallt du – fe aeth yn foel cyn canol oed, – dwylo fel dwylo gof, – ai gof oedd ei dad? – yn bencampwr ar fwrw maen ac ar farchogaeth', medd Saunders.

Mae mwynhad llwyr y beirniad llenyddol byw ei ddychymyg, ac wrth gwrs fe fyddai Saunders wedi herio'r diffiniad hwnnw ohono fel beirniad llenyddol hefyd, ond mae ei ddychymyg a'i asbri yn gwbl fyw yn y cwestiwn sydd yn holi, dim ond oherwydd fod gan Guto ddwylo fel gof, ai gof oedd ei dad. Dro arall roedd yn benderfynol o gyfleu Guto'r Glyn yn un ohonom ni, yr un a allasai'n ddigon hawdd fyw yn ein hoes a'n hamser ni a dygymod yn rhyfeddol ddigon, 'ac os oedd Guto'r Glyn mor gryf o gorff â D. J. Williams, a'r un mor gryf o ddeall, yr oedd ef fel D. J. hefyd wrth ei fodd mewn cwmni, yn enwog ddigri ei hunan ac yn cynhyrfu digrifwch y lleill.' Dawn Saunders yw creu a cherfio Guto'r Glyn yn gymeriad byw nad yw'n bodoli ar bapur yn unig, ond yn cerdded yn ein mysg, yn croesi'r ffin drosodd atom ni, yn ei eiriau o ei hun. Ie, llenor, nid beirniad llenyddol, oedd Saunders Lewis, oblegid mae modd sylwi ar y ffordd y newidiai'n sydyn, ynghanol ei ddarlith, i amser presennol y ferf mewn un frawddeg, er mwyn cyfleu mawredd a natur ddramatig y disgrifiad canlynol o Guto:

Y dyddiad yw Chwefror 1440. Yr oedd yntau, mi dybiaf i, yn ugain oed, ei brentistod ar ben. Nid oedd neb wedi ceisio gwneud mynach ohono. Yr oedd ei Saesneg yn rhugl. Y tebyg ydy' iddo fod droeon ar deithiau porthmona dros y fynachlog yn Lloegr. Nid hel defaid yn unig a wnâi; yr oedd iddo enw am hel merched.

Glaniodd, yn ystod ei daith glera, yn Euas, yn ôl Saunders, lle canfu yn syth fod ganddo lawer yn gyffredin â'r noddwr ifanc yno, Harri Ddu ap Gruffudd, a bu'r ddau yn ymhyfrydu mewn chwaraeon a charu merched cyn i Harri ddechrau sôn am ryfel. Â Saunders yn ei flaen wedyn gan ddisgrifio fel y 'dywedodd Harri Ddu fod y *Duke of York* wedi ei benodi'n llywodraethwr yn Ffrainc ac yn bennaeth y fyddin yno a'i fod ar y pryd gyda Syr Wiliam ap Tomas yn Nhre'r Tŵr ym Mrycheiniog yn trefnu i Syr Wiliam fod yn aelod o'i gyngor ef a dyfod allan i Normandi gyda byddin Gymreig. Yr oedd Harri am fynd yn ôl i'r fyddin, tybed a hoffai Guto fynd gydag ef? Cytunodd Guto'n frwdfrydig a thrannoeth carlamodd y ddau ar eu meirch i Dre'r Tŵr.' Fe'i swynwyd, medd Saunders, 'gan y moesgarwch a'r croeso a chan y cyfle a'r anturiaeth', ac yna ym mis Mehefin 1441 'yr hwyliodd Dug Iorc a'i fyddin, a Syr Wiliam Tomas a'i fintai o Gymry yn rhan ohoni, o Portsmouth i Normandi, glanio yn Harfleur a mynd ymlaen i'r brifddinas, Rouen.'

Fe'm trawyd yn sydyn gan yr enw hwnnw, wedyn, oherwydd mi gofiais mai oddi yno, yn ôl Alan Llwyd, yr anfonasai Hedd Wyn ei lythyr enwog o 'rywle yn Ffrainc', ac mai yno y bu ar ei gyfnod olaf o orffwys, ar ôl hwylio o Litherland, cyn gorymdeithio yn ei flaen i'r ffosydd. Yr oedd Hedd Wyn erbyn hynny, yn ôl llythyr diddyddiad arall o'r un cyfnod, yn dwyn enaid trymaidd a chalon drymaidd gydag o, ond serch hynny cawsai ei hudo gan y golygfeydd o'i gwmpas, mewn gwlad mor dlos er gwaethaf y felltith ddisgynnodd arni, meddai. Yn benodol, fe ddisgrifia'r bardd-lythyrwr olygfa hynod a welsai, 'sef y bore yn torri ymhell a minnau o'r môr yn cael yr olwg gyntaf ar Ffrainc rhwng colofnau o niwl'. Mae rhywbeth syml o brydferth yn y disgrifiad hwn sydd yn peri imi feddwl, tybed a wyddai Hedd Wyn hyd yn oed y pryd hwnnw na fyddai'n dychwelyd i Gymru. Yn wir, y mae rhyw elfen o lythyrau amryw awdur a bardd sy'n peri i'r darllenydd ryw hanner amau, wrth eu darllen, a oedd ganddynt bob amser ryw lygad ar ddarllenydd ar wahân i'r rhai y ceir eu cyfeiriad ar ben y ddalen, rhyw ddarllenydd arall, pellach mewn amser os nad yn ddaearyddol, efallai, ac eto yma y mae'r disgrifiad mor dawel o hiraethus nes na allwn ond penderfynu, yn y pen draw, nad oedd Ellis Humphrey Evans ond â'i lygad ar Ffrainc drwy'r niwl, gan daflu cipolwg dros ei ysgwydd yn awr ac yn y man, efallai, er mwyn gweld, ar ei waetha'i hun, tybed a welai Gymru y tu cefn iddo.

Ac er bod y Guto'r Glyn ifanc yn ymddangos, drwy ei gerddi yntau, yn dipyn mwy o lafn anturus na Hedd Wyn, ac yn un na fyddai wedi meiddio edrych yn ei ôl, ond yn hytrach dremio'n ei flaen yn eofn yn ddieithriad, tybed ai dim ond natur a chonfensiwn barddoniaeth y ddwy oes sydd yn peri i ni synio fel hyn am y ddau, a cherddi rhamantaidd, hiraethus Hedd Wyn o raid yn peintio darlun meddalach ohono na'r Guto hoenus a diwahardd. Tybed na thaflodd Guto'r Glyn yntau gip dros ei ysgwydd wrth i'r llong hwyliau ddod i dir ar draeth yn Normandi, a hithau'n gyfnod olaf y rhyfel Can Mlynedd? Mae Saunders y darllenwr astud a chyfrwys yma hefyd, gan iddo sylwi, am y brwydro yng Ngogledd Ffrainc rhwng 1435 a 1450, fod yr 'haneswyr Saesneg yn bur gynnil. Fe gewch lyfrau poblogaidd yn olrhain pob diwrnod cyn brwydr Agincourt ac wedyn, ond anodd cael manylion am y blynyddoedd hyd at golli Rouen a'r cwbl ond Calais'. Digon tebyg oedd hynny, meddyliais innau, i'r Ail Ryfel Byd a'r modd na wyddwn innau ddim am yr ymgyrch yn Syria oherwydd mai'r Ffrancwyr a'i lladdodd yn y pen draw, ac nid yr Almaenwyr, er i John gyfeirio atynt fel 'y Jerry' a chredu hynny'n eirwir, fe ddichon, mewn llythyr at Arthur, ac mewn gwirionedd, meddyliais, tybed pa fath ddyn fyddai Churchill heddiw yn ein dychymyg ni pe bai Hitler wedi ennill y rhyfel.

'Dyna'r brwydro y bu Guto'r Glyn yn ei brofi', medd Saunders. 'Yr oedd ef yn ifanc ac mewn cwmni o wŷr ifainc fel fo'i hunan, mentrus, rhyfygus, dibris, a brwydro yn ddawns o orfoledd iddynt, "dawns mawr ar hyd Aensio a Maen"', nid yn annhebyg i Saunders y swyddog ei hun yn y Rhyfel Mawr, debygwn i, ac 'yn fuan ddigon fe gafodd gyfle i ymuno â'r gatrawd a oedd dan arweiniad Syr Mathau Goch. *Condottiere* o Gymro yng ngwasanaeth Lloegr oedd y cochyn hwn', medd Saunders, 'yr enwocaf o'r holl Gymry yn Ffrainc,' ac 'er gwybod mai colli'r dydd yr oedd Lloegr 'doedd hynny'n mennu dim ar ysbryd mintai Mathau Goch yn 1441. Hwyl, sbri, – y gair Saesneg yw 'lark' – oedd y rhyfel iddyn nhw, ac un ohonyn *nhw*, yn gorfoleddu yn y rhialtwch mawr, oedd Guto'. Yr ysbryd hwnnw, disgrifia SL, sydd yn esgor ar linell ddigon difrïol Guto, ond sydd eto yn un o linellau mwyaf dirdynnol barddoniaeth Gymraeg, a ddisgrifia'r milwyr gan honni mai 'Rhyw flodau rhyfel ydynt' a dim mwy.

Gwêl Saunders, hefyd, y cyswllt neu'r gymhariaeth amlwg rhwng y dorf hon o filwyr yn heidio i Ffrainc a'r dorf arall a heidiodd yno dros hanner mileniwm yn ddiweddarach. Dyna brofi yn yr un llinell honno o farddoniaeth, hefyd, nad oedd Guto a Hedd Wyn mor annhebyg â hynny i'w gilydd wedi'r cyfan, oblegid yn ei lythyr o 'Rywle yn Ffrainc' cawn Ellis Evans yntau yn disgrifio llwyni o rosynnau, a chorff hen 'shell' wedi ei droi i dyfu blodau: ''roedd coeden fechan werdd yn cuddio rhan uchaf yr hen "shell"', medd Hedd Wyn, 'a naw neu ddeg o flodau bychain i'w gweled cyd-rhwng y dail yn edrych mor ddibryder ag erioed. Dyma i chwi brawf', medd Ellis wrth ei ohebydd, 'fod tlysni yn gryfach na rhyfel onide? a bod prydferthwch i oroesi dig; ond blodau prudd fydd blodau Ffrainc yn y dyfodol', ac wrth ddarllen hynny o lith o'i eiddo y mae'n syndod, neu efallai nad syndod o gwbl, meddwl fod dau fardd a bron i hanner mileniwm yn eu gwahanu wedi glanio'n filwyr yn yr un man ac wedi mynnu cyfosod blodau a rhyfel yn y fath fodd, a mynnu gweld hagrwch a harddwch bywyd yn cyd-drigo mor frawychus o agos at ei gilydd, ac yn gweld dynion yn gwywo fel blodau, y cof yn edwino fel gwraidd heb faeth.

Erbyn ail ymweliad Guto â Normandi, fodd bynnag, eglura Saunders, roedd ar gyrraedd ei ddeg ar hugain ac roedd 'y trefi Normandi Seisnig yn syrthio o un i un i'r Ffrancwyr', a gwarchae ar Rouen, a thry Saunders yntau yn ei ôl i'r amser presennol er mwyn ceisio cyfleu'r cyffro a'r panig, a'r gatrawd o Rouen yn dyfod drwy strydoedd culion Caen, y dref fechan, lle'r oedd y milwyr Cymreig, a Guto'n ceisio canu er mwyn diddanu a difyrru a dwyn sylw'r milwyr oddi wrth y sefyllfa anobeithiol oddi allan. Fel hyn y mae Saunders yn crynhoi, wedyn, y blynyddoedd hynny yng ngyrfa Guto'r Glyn, ac mae'n berthnasol, i'm tyb i, ei fod eto yn teimlo'r angen i gyfeirio at ei yrfa filwrol ei hun, gan ddweud:

Rhai blynyddoedd yn ôl mi gyfarfûm i â gŵr a fuasai'n swyddog gyda mi yn y South Wales Borderers yn y rhyfel byd cyntaf; nid oeddem wedi cyfarfod oddi ar hynny. Wedi sgwrsio a chofio ac atgofio dyma fo'n dweud yn sydyn, 'Wyddoch chi, dyna flynyddoedd gorau'n bywyd ni'. Wel, dyna ysbryd cywyddau'r milwr a'r swyddog, Guto'r Glyn. Hwyl gŵr eithriadol gryf o gorff, a llond ei groen o ddewrder ac antur, yn mwynhau'r ymladd a'r lladd a'r llosgi a'r peryglon lu a'r siawns, y mae hynny oll, a'u cariad fel cariad brodyr y mae'r cyfryw fyw yn ei feithrin, yn canu yn y cywyddau hyn.

Fel y mae Saunders yn ein hatgoffa, yr hyn sydd yn drawiadol am yrfa filwrol Guto'r Glyn yw mai ymladd dros Loegr ac yn ei henw yr oedd, ac fe gawn y cwpled hwn

Llew Lloegr a'i llaw a'i llygad,
Llew terwyn glew tir ein gwlad

o eiddo Guto i ddangos yn glir ac i atgyfnerthu'r syniad hwn. Atgoffodd hynny fi yn ei dro o Taid yn disgrifio awyrennau Prydain fel 'ein hawyrennau ni'. Ond yr ail beth sy'n taro rhywun, o ddarllen yr hanes hwn, yw mor wahanol yw'r bardd o filwr a ddarluniodd Saunders Lewis i ni, yr un bardd a fu'n canu am ei farf ac yn brolio'i gryfder, neu hyd yn oed y bardd a fu'n gwneud hwyl am ben ei geilliau ei hun, mor wahanol yw hwnnw i'r Guto sydd, wedyn, yn hen ac yn fusgrell ac yn ddall, yn cwyno mai 'Hynaf oll heno wyf i', neu'n datgan mewn cywydd arall mai 'Moli bûm ymylau byd, Malu sôn melys ennyd', gan ddangos, neu awgrymu o leiaf, mai rhan o dirlun llawer ehangach oedd Cymru iddo, ond gan awgrymu'n bwysicach, efallai, ei fod yn llwyr ymdeimlo â byrhoedledd ieuenctid ac yn hiraethu am fod yn ifanc eto, ynghanol ei gyfoedion ar faes y gad, yn wylo ei *ubi sunt* i'r tywyllwch yng Nglyn-y-Groes. Nid yr henaint hwn a ddymunai Guto, oblegid 'I minnau rhoed mwy no rhan', meddai, o 'Anynadrwydd neu oedran', yn Llywarch Hen o grintach melodramatig, ac yn wir efallai mai'r unig beth a all awgrymu i ni mai'r un Guto sydd yma o hyd yw ei fodlonrwydd parhaol, hyd yn oed yn ei henaint, i wneud hwyl am ei ben ei hun. Mor llwyr fu'r trawsnewidiad fel arall nes nad yw'n syndod, efallai, i lawer ysgolhaig dros y blynyddoedd holi'n wir a oedd, mewn gwirionedd, ddau Guto gwahanol, a'n bod ninnau, o eisiau ac angen gweld hyder y bardd ifanc ochr yn ochr â bathos yr henwr dall a hanner byddar, wedi mynnu credu mai'r un oedd y ddau. Erbyn heddiw, fodd bynnag, cred ysgolheigion mai newid ei enw a wnaeth y Guto, oherwydd pan aeth i Ffrainc gyntaf tua 1437 neu 1438, Guto ap Siancyn ydoedd. Ond Guto'r Glyn a ddychwelodd i Ffrainc yn 1441, ac felly gellir rhoi coel ar y gred iddo newid ei enw rywbryd rhwng y ddwy daith hon.

Anfonodd hyn fi, maes o law, i feddwl am rywbeth a ddigwyddasai i mi pan oeddwn oddeutu deng mlwydd oed, a thua blwyddyn pedwar neu bump yn yr ysgol gynradd, yn weddol fodlon fy myd ac yn hyderus yn fy hunaniaeth fy hun yn y modd na all ond plentyn deng mlwydd oed fod. Ond cyrhaeddodd bachgen newydd, o ysgol arall, i'n plith, a'i enw cyntaf yr un un â mi'n union, ei ail enw â dim ond un llythyren yn wahanol, fel ein bod ein dau yn Llŷr G–yn, a'i gyfenw'n Jones. Fel pe na bai cael ein henwau cyntaf bron yn union yr un fath yn creu digon o benbleth, felly, nes bod angen defnyddio'n hail enwau er mwyn gwahaniaethu rhyngom, yr oedd ei enw hefyd yn diasbedain yn syth o flaen f'un i yn foreol ac yn brynhawnol yn nhrefn y gofrestr. Yr ergyd farwol imi, a minnau eisoes o ganlyniad, bellach, mewn cryn benbleth ynghylch fy lle yn y byd a'm pwrpas ar y ddaear, oedd canfod ei fod yn dathlu ei ben-blwydd ddiwrnod yn unig ar fy ôl, a chanfod yn sgil hyn fod ein rhieni wedi penderfynu manteisio ar yr agosatrwydd hwn er mwyn trefnu un parti pen-blwydd ar y cyd ar ein cyfer, yn hytrach na thrafferthu gyda dau ar wahân.

Ynghanol prysurdeb yr ysgol uwchradd, golygodd gwasgariad disgyblion ein hysgol gynradd ni, fel moleciwlau bychain, fod natur dyngedfennol y cyd-ddigwyddiad hwn wedi ei leihau'n sylweddol, a dal i ostwng a wnaeth wrth i ninnau, a oedd drwy gyfrwng ein henwau wedi dod yn dipyn o ffrindiau, ddechrau mynd ar hyd ein llwybrau'n hunain gan ddewis gwahanol bynciau ac ymgyfeillachu â gwahanol grwpiau o gyfoedion newydd. Torrwyd y cysylltiad bron yn llwyr wedyn pan fu'n amser gadael yr ysgol, a minnau'n mynd am y coleg. Dim ond rhai blynyddoedd yn ddiweddarach, drwy gyfrwng gwefan gymdeithasol, y deallais innau ei fod yntau wedi mynd i'r fyddin, ac wedi bod yn ymladd yn Afghanistan, a'i fod bellach yn byw yn Lloegr, nid nepell o Lundain, ond nid oeddwn wedi bod yn barod am y sioc a, rhaid imi gyfaddef, yr elfen o siom a ddaeth o gael ei fod, rywbryd yn ystod ei yrfa filwrol, wedi penderfynu newid ei enw, gan gael gwared ar y ddau enw cyntaf yn llwyr, a thrwy hynny, fel y tybiwn innau, wedi lladd, neu o leiaf adael, rhan ohono'i hun, a rhan ohonof innau hefyd, ar ei ôl yn yr anialwch. Cofiais wedyn am ffrind i ffrind, a fuasai'n Uwchgapten yn Afghanistan, ond a'i canfu mor amhosibl i addasu i fywyd yn ôl gartref, ac a fethodd ddygymod â chofio'r erchyllterau yr oedd wedi eu profi i'r fath raddau nes iddo gerdded allan, un dydd, ar y maes tanio yn y gwersyll yn Lloegr ac aros yno nes cael ei chwythu'n ddarnau. Arweiniodd hyn fi i feddwl am natur y dychwelyd yr oedd y tri hyn, oll yn eu gwahanol ffyrdd, wedi gorfod ei brofi, ac wedi dygymod, neu fethu â dygymod ag o, trwy amrywiol ac amryfal ddulliau, nes y bu bron imi â dod i'r casgliad y buasai'n well gan rywun fel Guto'r Glyn, er enghraifft, fod wedi cael ei saethu neu ei drywanu a'i ladd yn y fan ar faes y gad na dioddef cywilydd a cholled yr heneiddio.

Hyd yn oed o fethu â dod i'r casgliad hwnnw bûm yn meddwl yn hir am y modd yr oedd maes y frwydr wedi effeithio ar y rhain i'r fath raddau nes bod y rhai a gafodd fyw wedi newid, wedi eu trawsnewid, yn llwyr, ac yn teimlo'r angen i newid eu henwau, hyd yn oed. Roedd meddwl am gyfoedion i mi, rhai yr oeddwn wedi gorfod eu helpu dros eu syms yn yr ysgol, er enghraifft, yn sefyll allan yn yr anialwch ac yn wynebu peryglon na fyddwn i fyth wedi gallu eu hwynebu, wedi bod yn destun braw cyson i mi, ac wedi fy arwain i feddwl bod yn rhaid i ddyn fod yn rhywun gwahanol, yn nid-yn-fo'i-hun, allan yno, ac efallai hefyd fy mod yn gweld bellach nad oedd y rhywun gwahanol hwnnw fyth yn diflannu'n llwyr, hyd yn oed ar ôl dychwelyd, nes nad oedd modd dod o hyd i'r fo gwreiddiol wedi dod adref.

Cyd-ddigwyddiad llwyr, wedyn, oedd bod fy nghyfaill o'r ysgol gynradd wedi newid ei enw fel ei fod bellach yn J— Jones, ac felly'n rhannu'r un llythrennau blaen yn ei enw â John, brawd fy nhaid, ond credaf y byddai'r myfyrio hwn wedi fy arwain, maes o law, ato p'un bynnag, ac at rai cwestiynau amdano yntau a'i frawd nad oeddwn wedi eu hwynebu ynghynt. Yr oeddwn yn gynyddol amheus, bellach, o'm cymhellion fy hun wrth imi olrhain, yn ddyfnach ac yn fanylach, bob symudiad o eiddo John yn ystod ei ymgyrchoedd mewn modd a oedd yn ymylu ar y llechwraidd, ac yng nghefn fy meddwl yr oedd yr ymwybyddiaeth nad oeddwn, yn fy holl flynyddoedd o adnabod Yncl Arthur, a fu'n ymladd yn Indonesia ac a ddaeth yn ei ôl yn fyw, wedi ei holi am ei brofiad yntau yn y rhyfel. Efallai nad oeddwn innau'n barod i holi rhywun a fedrai ateb yn ôl, rhag ofn na ddymunwn glywed yr hyn a oedd ganddo i'w ddweud. Bellach yr oedd yr amheuaeth yn llechu yn fy meddwl mai'r ffaith syml i un brawd ddod yn ei ôl, ac i'r llall fethu â gwneud hynny, a oedd i gyfrif am fy niddordeb ysol, bellach, yn John, a rhyw ymgais ofer, drwy ddysgu am ei holl gefndir a'i fywyd a'i symudiadau olaf, i ddod i'w adnabod ar draws bwlch y degawdau.

*

Mae dau o'r llythyrau uchaf yn y pentwr a gefais gan fy nhaid yn yr un llaw â'i gilydd, a honno'n llaw mor debyg i eiddo John nes peri imi gredu, i ddechrau, mai llythyrau ganddo yntau oeddent. Ond o graffu'n fanylach a sylwi ar y dyddiad ar yr uchaf ohonynt, 27 Ionawr 1945, sylweddolais na allai hynny fod. Llythyr yw hwn a ysgrifennwyd yn Burton, Swydd Derby, ac a gyfeiriwyd at fam fy nhaid. Fel y gwyddai hithau'n dda, awgryma'r llythyr, roedd yr awdur bellach wedi dychwelyd o Burma, ac mae'n ddrwg gennyf, ychwanega, nad ysgrifennais ynghynt, ond rwyf wedi bod yn rhyfeddol o brysur. Mae fy nheulu wedi gwasgaru ar draws ardal eang, a'r teithio rhyngddynt heb fod yn hawdd oherwydd y tywydd. Ond mae popeth wedi dod i drefn bellach, yn 'ship shape', a dim ond wedyn y teimla'r awdur y gall fagu plwc i gyffwrdd ar ei bwnc o ddifrif, sef ei gydymdeimlad â'r teulu yn eu colled, gan nodi nad oes ganddo amheuaeth, tra bo cynifer o filwyr yn dychwelyd adref fel hyn, nad yw eu meddyliau hwy yn llwyr gyda John.

Ni bu'r awdur hwn chwaith, fodd bynnag, heb ei drallodion, a diolcha i Mrs Jones am ei chydymdeimlad ag yntau ar golli ei dad, minnau'n rhyfeddu at allu'r fam i gydymdeimlo a hithau'n ei galar, ond yna'n rhyw dybio, rywsut, mai haws ac nad anos yw cydymdeimlo pan fo rhywun mewn sefyllfa debyg. Ymddiheura'r gŵr hwn hefyd am fethu dod i ymweld â hi am y tro oherwydd y tywydd, ac anfona'i gofion at ei mab arall, sydd yn dal yn Ceylon, cyn arwyddo, gyda chofion, B. Brindley. Ar weld hyn estynnais yn syth at y llyfr ar hanes y gatrawd yr oeddwn wedi ei dderbyn rai misoedd ynghynt, ond nid oedd sôn amdano yntau chwaith yn yr holl gyfrol, nes lledu'r gagendor yn fy mhen innau rhwng y cysylltiad a oedd gennyf â'r gatrawd, a'r gatrawd fel y cawsai ei phortreadu yn y llyfr.

Mor wahanol yn ei fanylion oedd y llythyr hwn o'i gymharu â'r llythyr nesaf yn y pentwr, gan L/Bdr Brindley B. y tro hwn, ar 1 Chwefror, at Mr J. Morris-Jones, tad John. Daw'r un cydymdeimlad diffuant, wrth reswm, ond y tro hwn mynd yn syth i'w chanol hi a wna Brindley heb ogordroi, gan ei ddisgrifio'i hun fel ffrind gorau John drwy gydol ei wasanaeth, ac yna daw'r manylion noeth.

He sustained his wounds during an attack on Palmyra (in North Syria). In company with others of his section, he was hit during a machine-gunning attack made by enemy aircraft. Although badly wounded, he was extremely cheerful, and it was discovered that the nature of his wounds was such as to render him more or less numbed, and he felt little or no pain.

Fe wyddwn felly yn union bellach ymhle y bu'r brwydro, a'r anafu, ac fe'm trawyd hefyd gan y disgrifiad ohono'n ymarweddu'n siriol, mor debyg i'r disgrifiad hwnnw o Hedd Wyn yr un modd yn ei funudau olaf yntau. Bûm yn pendroni dros y disgrifiad o'i anaf hefyd, a'r modd na theimlasai unrhyw boen, ac yn ceisio dyfalu ai gwir oedd hynny ynteu ai geiriau caredig, ystyrlon y cyfaill a geisiai gelu'r artaith oddi wrth y teulu. Ddeuddydd yn ddiweddarach y bu farw, medd Brindley, ac roedd yn dyheu am gael rhoi gwybod i'r teulu fod John wedi ei wneud ei hun yn gyfaill triw i bawb a gyfarfu, ac y rhannai yntau, Brindley, a nifer o filwyr eraill y gatrawd, y galar yr oedd y teulu yn ei deimlo.

Cymharais y disgrifiad hwnnw wedyn â'r disgrifiadau diweddarach a ddarllenaswn, y cyntaf gan CO John yn llawn manylion technegol fel Fort T3 on the Tripoli Palmyra Pipe Line, a'r ffaith iddo gael ei gymryd yn ôl i'r hospital at H3, neu'r disgrifiad o'r

signalling truck upon which your son was travelling [and which] was machine gunned by a low flying Vichy plane,

a rhyfeddu at y gallu i ddweud hynny'n blwmp ac yn blaen wrth riant galarus, a meddwl tybed pa mor ddiolchgar oedd y tad ei fod wedi cynnwys y manylyn hwnnw, Vichy plane, fel pe bai ots pwy'n union oedd wedi saethu ei fab yn ei gefn. Disgrifiad cyffelyb a gawswn gan awdur y llyfr y bûm mewn cyswllt ag ef, yn defnyddio'r gair *strafing* i ddisgrifio'r ymosodiad ac yn nodi mai un o wyth a laddwyd yn y frwydr honno oedd John.

Er fy mod yn ddiolchgar ryfeddol i Brindley am sensitifrwydd ac anwyldeb ei ddisgrifiad, ac er mor gignoeth oedd disgrifiad y CO wedyn, mi gredaf mai ôl-nodyn syml awdur y llyfr yn ei neges e-bost a'm trawodd innau galetaf, y gair oer hwnnw, *strafing*, a minnau rywsut yn gweld yn llygad fy meddwl gorff yn lledan ar lawr a'i freichiau a'i goesau wedi eu hymestyn allan, ac yna'r sioc, i rywun a oedd wedi ei fagu, fel petai, ar y Somme a'i niferoedd abswrd o feirwon mewn diwrnod, y cannoedd ar filoedd, o glywed mai dim ond un o wyth ydoedd, fel pe bai hynny'n gwneud y cyfan yn llawer iawn gwaeth, rywsut, rhyw deimlad cwbl hunanol, fel pe bawn wedi gallu dygymod â'r cyfan yn well pe bai rhyw gant arall wedi trengi gyda brawd fy nhaid y diwrnod hwnnw. Rywsut roedd gwybod hynny yn dod â ffaith ei farw yn llawer mwy real i'm meddwl, ond eto fyth, ni ddeuai'r bachgen, y dyn, yn eglur. Enw ydoedd er yr holl fanylion hyn, nid person o gig a gwaed, a haws yn wir oedd ei alw'n frawd fy nhaid, a thrwy hynny ei gadw hyd braich wedi'r cyfan.

Yn yr ysgrif honno o'i eiddo ar Guto'r Glyn a'i yrfa filwrol, eglura Saunders Lewis ei ddamcaniaeth hefyd ynghylch athro barddol cyntaf y Guto, gan gynnig yn betrus y bu Llywelyn ab y Moel yn ddylanwad arno fel bardd ac fel milwr, os nad fel athro a fu'n dysgu cerdd dafod iddo'n uniongyrchol. Gwahanol, fodd bynnag, yw barn J. E. Caerwyn Williams, a gred fod y gwir, yn anochel efallai, yn 'less colourful' na damcaniaeth Saunders Lewis, a chynigia yntau mai un o athrawon barddol cyntaf y Guto oedd Dafydd Cyffin, offeiriad Llangedwyn. Er mai digon sigledig yw'r dystiolaeth dros y ddamcaniaeth hon, sef bod Guto wedi galw Dafydd yn athro ar un achlysur, ac nad yw golygyddion y testun newydd ar-lein fel pe baent yn ei derbyn, mae rhywbeth yn apelgar yn y syniad i mi, a chan hynny, mae'n siŵr, rywbeth i'w wneud â'r teimlad a ddaeth drosof wrth yrru heibio wal yr eglwys ar fy ffordd i mewn i bentref Llangedwyn, a'r wefr a gefais o feddwl y gallai Guto ei hun fod wedi cymryd camau cyntaf ei yrfa farddol wrth draed yr offeiriad dafliad carreg o'r man y magwyd fy nhaid, yn y llwyn gwydr yn Llangedwyn.

Yn wir, roedd yn dda gennyf wrth fyfyrdodau o'r fath wrth gyrraedd y pentref, oherwydd nad oeddwn yn y dymer orau pan gychwynnais yn y car tua Llangedwyn ar y prynhawn Sadwrn hwnnw o Ebrill, a minnau'n gobeithio y byddai ymweld yn iawn â Chanol Arren yn dod â mi, o'r diwedd, yn nes at John ac at bwy ydoedd mewn gwirionedd. Roedd nifer o resymau i gyfrif am fy nhymer ddrwg y diwrnod hwnnw, ond yn sicr nid oedd y ffaith fy mod yn llawer hwyrach na'r bwriad yn ei chychwyn hi o gymorth. Efallai, o edrych yn ôl, mai rheswm arall dros deimlo mor anniddig, a bod bron â rhoi'r holl daith heibio a cheisio eto ryw ddiwrnod arall, oedd ei bod yn ddiwrnod hynod o lwyd, a'r niwl yn hongian yn isel, isel dros y bryniau a'r gwlith yn glynu'n ddiog at y cloddiau. Rwy'n credu, rywsut, fy mod wedi edrych ymlaen at allu ail-greu yn y cnawd y golau euraid hwnnw a oedd mewn cynifer o luniau a welswn o'r lle, ac roedd y sylweddoliad na fyddai hynny'n bosibl y diwrnod hwnnw yn un rhwystredig. At hynny yr oeddwn yn dod o gyfeiriad dwyreiniol y diwrnod hwnnw, o'r Mers, cyfeiriad cwbl wahanol i'r hyn yr oeddwn wedi arfer ag o, a hynny wedyn yn rhoi gwedd anghyfarwydd ar y daith a minnau'n methu ag amgyffred lle'r oeddwn yn iawn. Dim ond pan fyddai'r tywydd yn ddrwg ar y naw, a chroesi'r Berwyn yn beryglus, yr arferem ni fel teulu fentro'r ffordd hon erstalwm, a hyd yn oed wedyn byddem yn arfer troi, ar ôl dod oddi ar y briffordd yn Llynclys, tua Charreghofa yn gyntaf a thrwy'r fan honno i Lanfyllin.

Ond y diwrnod hwnnw roeddwn i ar fy ffordd i Langedwyn, ac felly daliais yn fy mlaen heb droi i Lanfyllin, ac yn wir wrth i mi dreiddio ymhellach i Faldwyn, i lawr y dyffryn a'r bryniau'n dechrau codi o boptu imi, cododd fy ysbryd innau, gan fy mod bellach ar fy ffordd, er bod y niwl, ar y llaw arall, yn hongian yn is ac yn is nes ei fod bron â gorchuddio llawr y dyffryn. Nid oedd gennyf unrhyw gynllun penodol pan gyrhaeddwn Langedwyn. Yn wir rwy'n credu imi wrthod cyfaddef i mi fy hun fy mod yno i chwilio'n drylwyr ac yn ddyfal am Ganol Arren, a'r cynllun gweddol annelwig oedd aros am ychydig ynghanol y pentref, dod allan o'r car i dynnu llun neu ddau o'r ardal amgylchynol, a chan fod gennyf frith gof ein bod wedi gallu gweld y cartref ar ael y bryn o'r briffordd pan fuom yno flynyddoedd ynghynt, fy mwriad oedd tynnu ambell ffotograff felly ohono o bell, heb darfu ar y perchnogion presennol.

Wrth ddynesu ar hyd y lôn droellog tuag at y pentref, fodd bynnag, a gweld y coed yn ildio i'r dyffryn a ledaenai yn agored o'm blaen, gwelais arwydd Llangedwyn yn cyhoeddi fy mod ar gyrraedd, gan fy hysbysu hefyd fod y lle wedi ei efeillio ag Omerville, ardal yn Ffrainc bron union hanner ffordd rhwng Paris a Rouen. Wrth basio muriau uchel rhyw blasty ar y dde, canfûm fy mod yn fwyfwy penderfynol o ddod o hyd i'r union dŷ cyn iddi fachludo. Drwy gyd-ddigwyddiad rhyfedd, roedd yr arwydd ar gyfer y gyffordd gyntaf y deuthum ar ei thraws yn fy nghyfarwyddo tua'r Briw, a llamodd fy nghalon wrth i mi sylweddoli fy mod ar y trywydd iawn ac y gallwn fod yn dod o hyd i'r tŷ o fewn y munudau nesaf. Dilynais y ffordd heibio i stad o dai byngalo, heibio i faes parcio neuadd y pentref ac i fyny rhiw gweddol serth a oedd yn pasio hyd ymyl clwstwr o goed bythwyrdd. Roedd hi'n amlwg wedi bod yn dywydd garw, a brigau a dail wedi eu gwasgaru hyd y ffordd, a honno wedyn yn mynd yn fwy cul a serth, a mwdlyd hefyd. Ond llyfnhaodd ymhen hir a hwyr wrth i'r car ddod allan o'r coed ac wrth i'r lôn wastatáu, er bod y llwybr yn dal yn gul a'r cloddiau bob ochr i'r car yn uchel, a minnau'n cropian rownd pob tro, rhag ofn.

Ar ôl rhai troadau roedd y lôn yn fforchio, ond am y tro euthum yn fy mlaen ar y trac a oedd yn arwain i'r chwith. Roedd rhywbeth ynof, rhyw frith gof neu ryw reddf, a fynnai mai i'r cyfeiriad hwnnw yr oedd y tŷ, ac roeddwn yn argyhoeddedig y byddai'r hen fferm fechan, ar ôl dod heibio'r coed, yn dod i'r fei dros yr ael nesaf bob tro. Ond ar ôl pum munud da arall o yrru, a'r lôn yn culhau bob gafael, daeth fferm fawr i'r golwg, a dim arwydd fod y ffordd yn parhau heibio iddi. Arhosais yn llonydd yn y car am rai munudau, yn ceisio dirnad ai hwn oedd y tŷ, wedi ei drawsnewid a'i ddatblygu a'i ehangu y tu hwnt i bob adnabyddiaeth, ynteu a oedd y ffordd yn parhau heibio i'r fferm hon, neu ai'r fan hon oedd diwedd y trywydd, am y tro. Digon hawdd yw credu y byddwn yn dal yno hyd heddiw pe na bai clamp o Land Rover wedi dod i'm cyfwrdd, ac wedi fy ngorfodi i fagio yn fy ôl i'r llain fwdlyd o flaen un o'r sguboriau er mwyn iddo gael pasio.

Bron heb feddwl, troais y car wedyn i'r cyfeiriad arall a dilyn y Land Rover yn ei ôl i lawr y rhiw. Pan gyrhaeddais y fforch yn y lôn drachefn, oedais yn hir a syllu i'r cyfeiriad arall. Gallwn weld talcen un tŷ, gweddol fychan, yn nythu o'r golwg, ac yn wir fe allai mai dyma'r union le y chwiliwn amdano. Ond am ryw reswm na allaf ei ddirnad hyd heddiw, ar ôl syllu arno am rai eiliadau, gwasgais y sbardun ac anelu'n ôl i lawr y rhiw i ganlyn y Land Rover. Wn i ddim ai ofn ai ansicrwydd, ai rhyw ymdeimlad gormodol o gwrteisi rhag teimlo fy mod yn tresmasu a barodd imi wneud hynny, ond cyn i mi allu ymresymu'n iawn â mi fy hun yr oeddwn yn ôl i lawr yn y pentref, yn pasio'r byngalos ac yn troi i'r dde ar y ffordd fawr. Yna ymhen ychydig droedfeddi, wrth yr ysgol, troais i'r chwith ar y ffordd a fyddai, fe wyddwn, yn fy nghludo dros Fwlch y Ddâr i Lanfyllin, ac a fyddai, roeddwn bron yn siŵr, yn golygu y cawn gip ar Sycharth ar y ffordd, os nad oedd fy nghof yn pallu. Cofiwn fod yr hen dwmpath crwn ar ben bryn ger fferm fechan ond eto fyth, er i mi arafu ger fferm lawer mwy na'r hyn a gofiwn, nid oedd dim i'w weld, a chyn pen dim yr oeddwn yn codi ac yn dringo allan o'r dyffryn a thua'r bwlch, ac fe wyddwn fy mod eisoes yn rhy uchel i fod yn anelu am Sycharth, ac eto o graffu i'r chwith o'r car dros y clawdd, roeddwn yn argyhoeddedig fod y tirlun a'r ffordd y gorweddai'r caeau a'r coed yn union yr un fath ag y cofiwn, bron fel pe bai'r hen le ei hun wedi ei sleisio a'i godi'n un darn oddi wrth y gweddill ac wedi ei rwygo o'i gynefin.

Wrth yrru'r lôn droellog tua'r bwlch daeth y niwl i lawr yn

llwyr, gan guddio popeth mewn caddug gwyn a'm rhwystro, trwy drugaredd, rhag gweld dros y dibyn a oedd yn cynyddu'n fwyfwy serth gyda phob munud, nes fy ngorfodi, yn y pen draw, i arafu a bod ar fy mwyaf gwyliadwrus, cyn imi fy nghanfod fy hun yn fwyaf sydyn ar gopa'r mynydd a wahanai Langedwyn a Llanfyllin, ar ben y pas. Yr unig ffordd o wybod hynny, fodd bynnag, oedd bod y coed wedi diflannu fwyaf sydyn, a'r peth nesaf a wyddwn oedd bod capel bychan, a ymddangosai yn llawer mwy heddiw, yn neidio allan o'r niwl, ac yntau bellach yn dŷ, a chofiais yn y fan fy mod wedi gyrru'r union ffordd gyda Nain a Taid ar ein taith rai blynyddoedd yn ôl, a'u bod wedi sôn wrthyf sut yr arferent weld ei gilydd yma yn y cyfarfod misol, y naill wedi dod i fyny'r bwlch o un ochr, a'r llall o'r ochr arall.

Yna roeddwn yn teithio ar i lawr drachefn ac yn anelu drwy droadau a choed unwaith eto i Lanfyllin. Roeddwn, wrth gwrs, wedi arfer dod at y dref o gyfeiriad y Berwyn, ac felly profiad digon rhyfedd oedd canfod fy hun ar y cyrion wrth ochr capel y Tabernacl, y capel y bu Nain a Taid yn hoelion wyth ynddo am gynifer o flynyddoedd, a lle priododd fy rhieni, a theimlo wrth ddod heibio iddo fel hyn i mewn i'r dref fel rhywun a oedd wedi talu i fod yn aelod o'r gynulleidfa mewn drama, ond a oedd yn ei ganfod ei hun, rywsut, wedi dod i mewn drwy'r drws anghywir a chyn iddo wybod mwy am y peth ei fod yn sefyll wrth gefn y llwyfan ac yn cael ei wthio o'r esgyll i ganol y goleuadau. Ond buan y deallais lle'r oeddwn, a chanfûm le i barcio ar y brif stryd, lle cynhelid marchnad ar brynhawniau Iau, ac wrth ymyl yr hen doiledau cyhoeddus o dan Pen-y-bryn lle'r oeddent, fel y dywedai'r plac, wrth gloddio'r lle ar gyfer y toiledau, wedi dod o hyd i floc mawr ac arno'r gair, mewn llythrennau bras,

PRISON,

bloc a oedd bellach yn cael ei arddangos yn yr union wal honno a'r unig arwydd i'r ymwelydd, heblaw am y briciau goleuach lle'r oedd y drws wedi ei lenwi, fod toiledau wedi bod yno erioed. Rhyfedd o beth, meddyliais wrth ddringo'r grisiau at res tai Pen-y-bryn, sut roedd y cylch rywsut bellach yn gyflawn, a bod arwydd y carchar a gollwyd o dan hen neuadd y dref, a gafodd ei ddefnyddio wrth adeiladu'r boncyn hwn, ac a ganfuwyd wedyn wrth greu'r toiledau, bellach ynddo'i hun yr unig beth a oroesai o'r toiledau a gollwyd. A rhyfedd wedyn, meddyliais, yw'r modd yr ydym ni'n rhoi cymaint rhagor o werth ar rywbeth po hynaf ydyw, er fy mod yn teimlo, a minnau wedi bod yn gyrru ers rhai oriau bellach, y byddai'r hen doiledau diweddar hynny wedi bod o lawer mwy o werth i mi ar y pryd.

Arafu a wnaeth fy nghamre wrth gerdded ar hyd y rhes, gan wybod fy mod yn dynesu at hen dŷ Nain a Taid, ac eto dyna lle'r oedd bellach, o fy mlaen, a theimlais bang o falchter nad oedd y perchnogion newydd wedi newid enw'r tŷ, er bod Nain a Taid hefyd wedi cario'r enw gyda hwy i Gaernarfon. Doedd dim golwg o fywyd yn y tŷ, a syllais ar bob un o'r ffenestri yn eu tro, ffenest y stafell flaen yn gyntaf, a gedwid ar gyfer achlysuron arbennig a lle'r oeddem weithiau yn llwyddo i berswadio Nain i adael i ni ei helpu i gynnau tân 'go iawn', ac yna yn union uwchben hwnnw eu hen ystafell wely nhw, lle byddem yn sleifio atynt, cyn i'n rhieni godi, i gael bisgedi *wafer* pinc, hanner Trebor Mint, a chwarae siop. Drws nesaf wedyn yr oedd y llofft lle'r arferai fy mrawd a minnau rannu'r gwely dwbwl, yn amlach na heb, a lle'r oedd llun o wiwer yn bwyta mesen yn edrych drosom, neu'n waeth, y llun o'r *Laughing Cavalier* gan Frans Hals yr oeddwn wedi crefu ar Nain i'w symud i'r atig oherwydd fy mod yn argyhoeddedig ei fod yn syllu arnaf, waeth o ba gyfeiriad yr edrychwn arno, â'r chwerthiniad annaearol hwnnw. Cam gwag oedd hynny hefyd, oherwydd pan fyddai ein teulu ni a theulu'n cefndryd yn aros yno ar yr un pryd, i'r atig yr anfonid ni'r plant i gyd gyda'n gilydd, i chwerthin a chadw sŵn tan berfeddion, ond gyda'r hen gafalîr yn dal i grechwenu arnaf.

Ffenestr yr atig honno oedd yr olaf a welwn wedyn, cyn i mi gyfeirio fy ngolygon yn ôl i lawr at yr ardd ffrynt, a'i chael yn gwbl wag a hesb, ac er y gwyddwn yn iawn fod gardd arall yng Nghaernarfon yn dal i fod yn llawn trugareddau a ffigyrau a blodau o bob math, gwacter yr ardd fechan honno oedd y peth mwyaf torcalonnus am yr holl dŷ y diwrnod hwnnw.

Ceisiais fynd heibio'r tŷ i gael golwg ar yr ardd gefn, ond moel oedd hi yno hefyd o'r hyn y gallwn ei weld, a dim ond cael cip o hen sied fechan Taid a roddodd wefr i mi. Er cystal yr oeddwn i'n adnabod y lle hwn, fe wyddwn bellach fod yn rhaid imi ei ychwanegu at y rhestr honno, fel y tŷ yn Llangedwyn, fel y llythyrau a'r lluniau a gawswn gan Taid, y rhestr o bethau a llefydd a gwrthrychau na allwn ymweld â hwy heb deimlo fy mod yn tresmasu ar rywbeth nad oedd yn perthyn yn llwyr nac yn gyfan i mi, yn wir, yr oeddwn wedi fy nhynghedu, rywsut, i fod heb gysylltiad ag o o ychydig raddau yn unig. Troais i ffwrdd oddi wrth y tŷ a cherdded i fyny'r dre, chwedl Taid, at y pen arall lle'r arferai'r garej fod, heibio'r eglwys a'i thŵr brics coch a'i chloc wyneb glas, y rhifau Rhufeinig yn aur arno, a lle'r oedd, yn ddigon rhyfedd, y clychau'n cael eu canu'n ddibaid y prynhawn hwnnw, nes eu bod yn diasbedain dros y dref a'r adar ar y toeau a'r brigau gyferbyn wedi cynhyrfu'n lân ac yn trydar nerth eu pennau.

Ynghanol y tryblith hwn yr oedais innau o flaen tŷ brics coch mawr, a oedd bron yn union ar draws y ffordd i'r eglwys ac ar y ffordd yn ôl tua'r sgwâr. Roedd cornel chwith blaen yr adeilad wedi ei addasu yn fferyllfa y bûm ynddi ambell dro yn fachgen gyda Nain a Taid, er nad oedd gennyf yr un atgofion melys o'r siop honno ag o siop y gornel i lawr y stryd, lle'r arferem fynd a llwyddo, yn amlach na pheidio, i berswadio un o'r ddau i brynu rhyw fferins neu gomic neu degan bychan i'n diddanu. Ond o ochr arall y stryd fel hyn, gallwn weld mai dim ond cornel fechan o flaen yr adeilad oedd y siop a bod gweddill ffasâd y tŷ yn dal i fod o gymeriad tra gwahanol a thipyn yn hŷn, a sylwais yn nes at bostyn y drws ynghanol y ffasâd fod plac bychan wedi ei osod. Croesais y ffordd er mwyn darllen y plac a eglurai mai hwn oedd Tŷ'r Cyngor, a adeiladwyd yn y ddeunawfed ganrif, a lle cynhelid cyfarfodydd cyngor y dref rhwng 1775 a 1791.

Mwy diddorol i'm tyb i, fodd bynnag, oedd y frawddeg fechan, ymddangosiadol ddi-nod yn cofnodi mai yma y carcharwyd nifer o filwyr Ffrengig yn ystod y rhyfeloedd Napoleonaidd. Nid oedd unrhyw wybodaeth ychwanegol, nac awgrym ymhle y gallai'r ymwelydd chwilfrydig ddysgu rhagor am ffawd y carcharorion hyn, neu yn wir sut y digwyddodd hi mai yma yn Llanfyllin y cawsant eu carcharu yn y lle cyntaf. Digon i mi, fodd bynnag, oedd yr ychydig wybodaeth hon i ddwyn i gof stori y byddai Nain yn arfer ei hadrodd i mi, ond a oedd wedi mynd yn angof gennyf ers blynyddoedd, ynghylch milwr Ffrengig ifanc o'r enw Jacques Pierre, milwr yr oeddwn i, am ryw reswm, wastad wedi ei ddychmygu ar ffurf y *Laughing*

Cavalier hwnnw, a'i het gantal anferth a'i drawswch trwsiadus, cyrliog, a'r wên wybodus honno, fel cnaf. Nid cnaf, fodd bynnag, oedd Jacques Pierre stori Nain, ond truan ifanc a oedd wedi ei ddal mewn rhyw ryfel ac wedi ei garcharu yn Llanfyllin, a dim ond y tro hwn wrth ddarllen y plac ar y stryd y sylweddolais innau mai am y fan hon yr oedd Nain yn sôn, ac mai un o filwyr Napoleon ydoedd Jacques Pierre. Ond nid oedd deall fod y ddelwedd faróc honno o'r cafalîr direidus tua chanrif o flaen amser y milwr druan yn ddigon i ddileu'r llun o'm pen, ac felly y cafodd Jacques Pierre aros yn fy nychymyg.

Yn ôl fy nain roedd y lefftenant yn un o oddeutu cant a hanner o garcharorion a gludwyd i Lanfyllin ac a fyddai wedi gweld y lle'n baradwys o'i gymharu â'r rhyfela yn Sbaen, ac er mai prin bump ar hugain oed oedd y milwr ifanc, ac felly oddeutu'r un oed â chafalîr Hals yn y darlun, a dim ond blwyddyn yn hŷn na brawd fy nhaid pan fu farw, roedd eisoes wedi gweld cryn dipyn ar y byd. Rhaid hefyd ei fod yn ŵr digon boneddigaidd ei ymarweddiad, oherwydd caniateid i'r milwyr grwydro am bellter o filltir i unrhyw gyfeiriad o ganol y dref bob dydd, cyn belled â'u bod yn ôl erbyn naw yr hwyr, ac mae'n rhaid mai ar un o'r pererindodau hyn yr oedd y lefftenant Jacques pan gyfarfu am y tro cyntaf â merch ieuanc o'r enw Mary Williams, merch y Rheithor gan syrthio mewn cariad â hi a dechrau ei chanlyn maes o law, yn ddiarwybod, bid siŵr, i'r Rheithor. Nid oedd hwnnw'n fodlon o gwbl pan ddaeth, yn anochel o'r diwedd, i ddeall am y berthynas ysgeler rhwng ei ferch a'r Ffrancwr haerllug. Yn unionsyth ac ar fyrder, trefnwyd i anfon Jacques Pierre ymaith o Lanfyllin ac yn ei ôl i Ffrainc, a chan i'r Rheithor farw yn 1813, y flwyddyn ganlynol, cyn belled ag y gwyddai ef, yno yr arhosodd y lefftenant weddill ei ddyddiau. Nid felly y bu, fodd bynnag, oherwydd gwta ddwy flynedd yn ddiweddarach yr oedd byddin Napoleon ar ei gliniau ym mwd Waterloo, a'r lefftenant claf yn cnocio ar ddrws ei gariad yn Llanfyllin drachefn, a chyda'r

Rheithor yn ei fedd nid oedd dim bellach i rwystro uniad hapus y ddau gariad, uniad a'u cludodd i Ffrainc ac a esgorodd maes o law ar fab, William, a merch, Euphrasie.

Hyd y gwyddys, ni ddychwelodd y cwpwl hapus fyth wedyn i Lanfyllin. Darllenais yn ddiweddarach, ar ôl cynnau fy niddordeb yn yr hanes hwn, am ymwelydd a ddaeth i Lanfyllin yn 1908, gan ofyn am gael mynediad i Dŷ'r Cyngor oherwydd ei fod wedi clywed bod yno furluniau a oedd wedi eu peintio gan ei hen daid, Jacques Pierre Augeraud. Oedd, yr oedd y perchnogion yn gyfarwydd, wrth gwrs, â'r murluniau hyn, a oedd yn gorchuddio waliau ystafell gyfan ar lawr uchaf eu cartref ac a oedd wedi eu swyno pan symudasant yno gyntaf, ond pa fodd y credai'r gwron mai'r un Jacques Pierre a oedd yn hen daid iddo yntau a fu'n peintio'r darluniau hyn? Eglurodd yr ymwelydd fod ganddo yn ei feddiant rai brasluniau o ferch ifanc, merch o'r enw Mary Williams, a'u bod yn rhai tra medrus, ac yn wir ar ôl cael ei arwain i'r llawr uchaf gan y perchnogion a dangos iddynt y brasluniau ac edmygu mireinrwydd y murluniau, ar y naill law, a medr amlwg y brasluniau ar y llaw arall er eu bod, o reidrwydd ac yn naturiol ddigon, ychydig yn fwy brysiog, daethpwyd i gytundeb ymysg y tri mai'r lefftenant ifanc, wedi'r cwbl, ydoedd arlunydd caboledig y murluniau rhyfeddol hyn.

Pan welais luniau o'r peintiadau hyn yn ddiweddarach roedd rhywbeth ynddynt yn fy atgoffa o'r tameidiau ffresco hynny a welais yn San Clemente, er eu bod o ran arddull yn gwbl wahanol ac er mai tirluniau oeddent, a rhai wedi eu cyfleu oll mewn gwahanol arlliwiau prudd o wyrdd, glas a llwyd tawel, nad oedd neb wedi gallu penderfynu'n iawn a oeddent wedi cael eu dewis yn bwrpasol i gyfleu hiraeth a thorcalon yr artist, ai ynteu mai dewis cyfyngedig o liwiau a oedd ar gael i'r carcharor. Maent yn ddelweddau hudol, ac ynddynt ryw gymysgedd o'r naturiol a'r realaidd ar y naill law a'r cwbl hudol a ffantasïol ar y llall, yn cyfleu ynysoedd neu bentiroedd uchel, a phob un bron

fel mynydd iddo'i hun, a rhaeadrau'n pistyllio ohonynt i fath ar
lyn neu geufor neu arfordir, ac yna rhyw adfail addurniedig, fel
clwystr mynachlog, yn sefyll yn dalog o sigledig yn y blaendir. Er
symudiad ffrydiog y rhaeadr, y mae rhyw deimlad o lonyddwch
ac o ddistawrwydd, ac o syrthni, yn perthyn i'r llun, llesgedd
a amlygir gan y pysgotwr unig ar y lan a ymddengys yn gwbl
fodlon ei fyd ac sydd, fe ellir dyfalu, yn cynrychioli'r arlunydd
ei hun mewn byd delfrydol, neu yn ei gynefin, ac yn wir y mae
i'r holl furluniau rhyw ymdeimlad o anobaith tawel, fel pe bai'r
arlunydd eisoes wedi ymroi ac ymollwng i'r gwirionedd na welai
byth mo'i gartref na'i deulu eto. O edrych ar y darluniau hyn
bron na pherswadir y gwyliwr, er gwybod yn well ac er clywed
diwedd y stori, mai yma yn Llanfyllin y treuliodd Jacques Pierre
Augeraud weddill ei ddyddiau ac na welodd fyth eto mo Ffrainc
o'r môr rhwng colofnau o niwl.

Wrth i mi gerdded yn ôl tua'r sgwâr bychan yn y canol,
peidiodd clychau'r eglwys yn sydyn, a thrydar yr adar hefyd yn eu
sgil, am y tro cyntaf ers i mi gyrraedd y dref y diwrnod hwnnw,
ac roedd y lle wedyn yn teimlo'n hynod o ddistaw. Oedais wrth
y gofgolofn ar y sgwâr, a synnu at gymaint yn rhagor o fechgyn
lleol a gwympodd yn y Rhyfel Mawr nag yn yr ail, cyn cymryd
tro heibio i siop y gornel ac i fyny tua Ffynnon Myllin, heibio

London House, heibio'r maenordy gwag lle'r oedd yr hen hanes am y dyn a gollodd ei feddwl ac a'i crogodd ei hun yn dal i yrru cryndod i lawr fy nghefn, heibio'r orsaf ambiwlans a godwyd flynyddoedd ynghynt gan fy nhaid, heibio'r bwthyn bach hardd gwyngalchog a arferai fod yn wyrcws y dref, cyn cyrraedd y Ffynnon ei hun a'i golygfa dros y dref ar lawr y dyffryn, a'r cloc a'i dŵr yn teyrnasu dros y cyfan.

Allwn i ddim gweld gardd y tŷ'n iawn o'r fan hon ychwaith, ac er mawr siom imi ni allwn weld y Goeden Unig ar ben y bryn gyferbyn oherwydd y niwl a oedd yn dal i hongian yn isel dros y lle fel gwe pry cop. Wrth gyffwrdd yn fy nghap a'i dynnu oddi ar fy mhen am ennyd, sylweddolais mor wlyb ydoedd, ac er na allwn ei theimlo'n bwrw glaw, roedd y gwlybaniaeth yn hongian dros yr holl le ac yn glynu ato. Ceisiais ddychmygu, o'r llecyn uchel hwn, ym mha le yr arferai'r orsaf reilffordd sefyll, lle byddai fy nhaid wedi cyrraedd y noson honno cyn cychwyn ar ei daith adref ar droed dros Fwlch y Ddâr, a lle byddai ei dad yntau, wrth gwrs, wedi bod yn gweithio am flynyddoedd oherwydd mai dyn relwe ydoedd, yn ôl disgrifiad moel fy nhaid. Ond gan nad oeddwn ond wedi gweld un ffotograff o'r orsaf erioed, nad oedd, yn ei fanylion a'i gefndir, yn datgelu nemor ddim o ran cliw neu awgrym o leoliad penodol, a chan bod y lein a'r orsaf a'r trên wedi hen ddiflannu o'r dyffryn erbyn i mi gael fy ngeni, gwelais nad oedd gennyf obaith o ddyfalu, fy hun, ymhle'r oedd y safle.

Cerddais i lawr drachefn, a chroesi'r brif stryd i lawr at yr afon lle'r arferem rasio boscys marjarîn ar wyneb y dŵr ac o dan y bont, ac arogl sglodion o'r siop lle'r arferem brofi'r sglodion rhataf a mwyaf blasus yn y byd yn gyfeiliant i'm cerdded, cyn dychwelyd drachefn at flaen y capel yr oeddwn wedi ei basio ryw awr ynghynt. Doedd dim sôn am neb hyd y lle, a dim sŵn ond bregliach y nant fechan a lifai gydag ochr y capel y byddem wrth ein bodd yn ymweld â hi, pe na bai ond i weld y Land Rover o'r fferm gyfagos yn defnyddio'r nant fel dreif, yn dod drwyddi gan dasgu'r dŵr i bobman. Daeth y ffilm Super 8 honno eto i'm cof, a'r hen ferched a'u hetiau, a'r gwacter lle'r arferent fod bron fel pe bawn newydd stopio recordio yr eiliad honno, a'r criw wedi gwasgaru ar ôl y briodas.

Wrth imi yrru'n ôl dros Fwlch y Ddâr drachefn, roedd y niwl yn fwy trwchus eto, a hyd yn oed y capel bychan yn anodd ei weld bellach, ond yr ochr arall gobeithiwn gael cyfle drachefn i ddod o hyd i Sycharth. Dim golwg eto, ac fe'm hatgoffwyd o'n methiant fel teulu, rai blynyddoedd yn ôl, yn ein hymgais i ganfod bedd Hedd Wyn unwaith eto. Digwydd teithio drwy'r ardal yr oeddem y tro hwnnw, a heb fwriadu aros, ond pan soniodd fy chwaer am y lle fe dyfodd rhyw awydd ynom oll, heb ymgynghori â'n gilydd bron, i ddychwelyd unwaith eto, ac er nad oedd y dogfennau arferol ac arnynt yr holl fanylion a'r cyfarwyddiadau gennym y tro hwn, roedd fy nhad yntau'n benderfynol y gallem ddod o hyd i'r lle. Wrth frysio drwy'r pentrefi roedd yr enwau'n atseinio: Poperinge, Boezinge, Cefn Pilckem, Sanctuary Wood, Langemarck, Westhoek a Dixmude, ond llithrai'r bedd ymhellach o'n gafael gyda phob tro anghywir a gwres llethol y prynhawn yn codi drwy'r car. Fy ymweliad gyda Cynon, felly, oedd fy ymweliad diweddaraf hyd heddiw â'r bedd hwnnw yn Artillery Wood.

Y peth gorau y gallwn ei wneud y diwrnod hwnnw ym Maldwyn, fel yr hyn a wnaethom ar ochr y ffordd yng ngwlad Belg, oedd dod â'r car i stop ar ymyl y briffordd er mwyn dod allan a chymryd llun neu ddau, bron fel pe bawn yn gobeithio, pan ddychwelwn adref, y byddwn yn gallu edrych ar y ffotograffau ar y cyfrifiadur ac y byddai Sycharth, neu Ganol Arren, neu'r ddau hyd yn oed, yn ymrithio o flaen fy llygaid, a'u hamlinelliad yn dod i'r fei yn araf fel hen bolaroid yn datblygu yn y golau. Wrth ddod allan o'r car, sylwais fod y lle'n hollol dawel, heblaw am sŵn o leiaf tri neu bedwar ci yn cyfarth ar ei gilydd ar draws y dyffryn, wedi cynhyrfu, bron fel pe baent yn synhwyro bod tresmaswr yn eu mysg, neu eu bod yn gallu arogli hen waed a oedd wedi bod i ffwrdd yn llawer rhy hir. Nid oedais ddim ond i gymryd dau neu dri llun cyn brysio'n ôl i mewn i'r car a gyrru'n ôl i'r cyfeiriad y deuthum. Wrth i'r dyffryn gulhau eto ac wrth i'r ffordd ddeuol ddod yn nes fesul milltir daeth y trymder hwnnw'n ôl drosof, a minnau'n sylweddoli, er melysed oedd cerdded drwy Lanfyllin eto, nad oedd y lle'n ddim i mi heb Nain a Taid a'u hanesion a'u hadnabod, a'r stopio cyson ar y stryd i gyfarch hwn a'r llall neu i adrodd hanes rhyw le neu'i gilydd.

O ddeall yn ddiweddarach, roeddwn wedi bod yn chwilio yn y lle hollol anghywir am Sycharth, ac er nad oeddwn wedi bod yn rhy bell ohoni gyda Chanol Arren, eto i gyd nid oeddwn wedi mentro digon, a heb allu dibynnu a phwyso ar adnabyddiaeth y ddau o'r hen le a throadau'r wlad roeddwn innau wedi bod bron yn llwyr ar goll, boed niwl ai peidio. Sylweddolais o'r newydd y pryd hwnnw rywbeth yr oeddwn eisoes wedi ei sylweddoli flynyddoedd yn ôl ar fy nhaith gyda Cynon, sef nad y lle sy'n bwysig o gwbl ond y bobl yno, y bobl sy'n rhannu'r lle hwnnw gyda rhywun, ac mai yn eu hatgofion a'u profiadau a'u mapiau hwythau y mae mesur teimlad ac ysbryd a hanfod y lle.

Am a wn i mai yno, yn y car wrth imi adael o Llangedwyn y sylweddolais oferedd llwyr yr hyn yr oeddwn yn ei fwriadu, ac wedi bod yn ei fwriadu ers rhai misoedd bellach. Heblaw'r ffaith amlwg nad oedd yn mynd i fod yn ddiogel nac yn bosibl i mi ymweld â'r fynwent yn Damascus am fisoedd os nad blynyddoedd maith, gofynnais i mi fy hun wedyn beth yn union y byddwn yn amcanu ei wneud o lanio ar dir Syria. Os na allwn ganfod Canol Arren ar fy mhen fy hun, pa obaith oedd y byddwn yn canfod y fynwent? A hyd yn oed pe canfyddwn ei lleoliad, beth a ganfyddwn yno? Roedd rhaid imi wynebu'r posibilrwydd cryf bod y fynwent wedi ei dinistrio'n llwyr bellach, a'm bod innau, wrth ddarllen amdani, wrth roi fy mys ar lythyren a rhif a phlot ar ddiagram ac wrth edrych ar ffotograffau o resi gwyn taclus o feddi, ac wrth ddarllen am y coed a'r planhigion a'r blodau a dyfai yno, wedi bod yn gweld yn llygad fy meddwl fan nad oedd yn bod bellach, ac nad oedd wedi bodoli ers amser maith, fel yr ydym ninnau bob nos yn edrych i fyny i'r awyr at y sêr ac yn eu gweld fel yr oeddent, filiynau ar filiynau o flynyddoedd yn ôl, cyn iddynt droi'n Gewri Cochion neu Wynion, neu'n Super Novae, neu'n waeth byth yn Dyllau Duon, nad ydynt bellach yn ddim ond y gwacter mwyaf absoliwt lle bu unwaith olau llachar.

Fe'm llethwyd yn llwyr gan natur absẃrd y peth, y ffordd yr oeddwn wedi olrhain hanes y brawd hwn, yn obsesiynol bron, heb falio dim am olrhain hanes gweddill y teulu, am hanes y chwaer fach, dyweder, a fu farw'n ifanc o difftheria, neu hyd yn oed ofyn hanes Arthur ac Olwen, neu gadw cysylltiad â hwy hyd yn oed, hwythau a oedd yn dal ar dir y byw hyd yn ddiweddar, a sut yr oeddwn innau wedi bod yma'n hela tai gweigion pan oedd fy nain a'm taid innau'n eistedd yn ddigon bodlon mewn stafell fyw glyd yng Nghaernarfon, a lle'r oedd y blodau'n dal i dyfu'n ddel ddigon yn y gerddi bychain y tu cefn a thu blaen i'r tŷ. Yn fwy na dim fe'm llethwyd gan amhosibilrwydd y cyfan, gan oferedd y coffáu oherwydd mor annichonadwy y cofio, y weithred o benlinio o flaen y bedd, o flaen bedd gŵr ifanc nad oeddwn wedi ei adnabod erioed ond mewn llythyr neu ddau a llond llaw o luniau. Hyd yn oed pe byddwn wedi gallu camu ar yr awyren honno, wedi gallu disgyn y pen arall a chamu i haul tanbaid ganol dydd, a thalu trwy 'nhrwyn i yrrwr mewn siarabang fy nghludo yno, a chanfod, drwy lwc yn fwy na dim arall, fod y fynwent, fod y bedd, yn dal i sefyll, beth wedyn? Pa eiriau a fyddai wedi dod imi yno? Pa beth y gallwn i fod wedi'i wneud y tu hwnt i osod torch o flodau ac yngan gweddi ddistaw na fyddai dim ond y coed cypreswydd wedi'i chlywed? Nid fy nhaid oeddwn innau, a phe penliniwn i yno byth, fe wyddwn mai diymadferthedd llwyr a deimlwn, o fod wedi methu'n gyfan gwbl â chyfiawnhau na gwneud iawn am aberth wag ac wedi methu â byw'r bywyd da na chawsai yntau'r cyfle i'w fyw. Roedd amhosibilrwydd y penlinio wrth y garreg fedd honno, y parlys dwys a'm rhwystrai rhag cyflawni'r peth, fe sylweddolwn bellach, wedi aflonyddu arnaf a chyniwair ynof, er na wyddwn hynny ar y pryd, o'r eiliad pan osododd fy nhaid yr hen ffolder ddrylliedig honno yn fy nwylo.

*

Fe gofiaf fod neuadd farchnad o gryn faintioli ar ganol sgwâr Cracow, a nifer o gaffes ac ati o amgylch honno wedyn. Cofiaf hefyd i Cynon a minnau gael ein siomi rywfaint gan bensaernïaeth y lle, gan ei bod yn ddinas dra modern yr olwg ar y cyfan, ac yn wir heblaw am y tramiau a basiai bob hyn a hyn gallasem fod mewn un o nifer o ddinasoedd Ewropeaidd di-nod. Ar ein diwrnod cyntaf yno, roeddem wedi teithio allan ar un o'r tramiau hyn i Nowa Huta, ardal boblog ar

ben dwyreiniol y ddinas yr oedd, mae'n debyg, yn werth ymweld â hi oherwydd y nifer uchel o adeiladau Comiwnyddol a oedd yn dal i sefyll yno oddi ar ddyddiau Stalin, ac rwy'n siŵr erbyn heddiw y byddai'r labrinth goncrid hon o flociau fflatiau nad oedd, fel mae'n digwydd, yn rhy annhebyg i rywle fel y Barbican, wedi cynnau fy niddordeb. Ond ar y diwrnod gwlyb hwnnw roeddent yn ormesol ac yn bennaf oll yn llwyd o ddiflas, yn llwyd o ddiflas a heb fod yn ddim anghyffredin.

Os cofiaf unrhyw beth am Cracow, ei synau sy'n mynnu dod yn ôl i'r cof yn hytrach na'r golygfeydd, sŵn y tramiau'n rhuthro heibio, sŵn y gloch anweledig o'r tŵr uchel uwchben y sgwâr yn taro'n gyson, sŵn ffidil cwynfannus y bachgen bach tua naw oed yn ei ddillad cyfnod (er nad wy'n siŵr yn hollol pa gyfnod yn union), hyd yn oed sŵn y darnau gwyddbwyll ar y bwrdd bychan newydd a brynaswn yn y farchnad yn y neuadd. Sŵn Chopin hefyd, oherwydd llwyddodd y ddau ohonom i gael tocynnau i ddatganiad o'i gerddoriaeth gan bianydd o'r enw Marek Szezler. Roeddem wedi blino braidd ar ôl yr holl deithio a phacio a dadbacio a cherdded, a braf i'r ddau ohonom oedd gallu eistedd yno yn y rhes gefn yn yr ystafell fechan grand hon, yn llwyr anghyfiaith yn ein crysau-t a'n siorts a'n jîns ymysg y ffrogiau a'r dici bôs, wedi'n cyfareddu gan y cordiau, cordiau wylofus a oedd yn dal i atseinio yn fy mhen y bore wedyn pan gychwynnodd y ddau ohonom am yr orsaf i chwilio am drên am y dydd i Auschwitz a blas eira, rywsut, yn dal ar yr awyr ac ar y glaw smwc er ei bod yn ddechrau Mehefin.

Wrth i'r ddau ohonom sefyll yno yn syllu'n ansicr braidd ar yr amserlen, cawsom ein cyfarch gan ŵr canol oed, gweddol dal a thew, a'i wallt brown ar ei ben tua'r un hyd â'r blewiach byr, blêr ar ei wyneb crwn, yn gofyn ai Auschwitz yr oeddem yn ei gyrchu, ac a hoffem iddo fynd â ni yno yn ei gar. O hir arfer a drwgdybiaeth o unrhyw un a ddeuai atom fel hyn mewn gwlad dramor, anwybyddodd y ddau ohonom ef â 'no thanks' swta, ond daliodd yntau ati i enwi ei bris a'n sicrhau ni y byddai'n ein cludo at y giatiau, fwy neu lai, aros amdanom ac yna'n cludo'n ôl drachefn i'r ddinas. Cerddodd y ddau ohonom i ffwrdd yn araf gan gymryd arnom na allem ei glywed na'i ddeall, ond yn fwyaf sydyn dechreuodd yntau wylltio braidd mewn rhwystredigaeth, gan ddadlau ei fod wedi cynnig gwasanaeth i ni, nad oedd yn ceisio'n twyllo, ac nad oedd yn deall wir pam bod y tramorwyr yma mor ddrwgdybus o rywun a oedd wedi ei eni a'i fagu yn y ddinas ac a oedd yn ceisio gwneud bywoliaeth onest. Roedd rhyw anwyldeb a thaerineb yn y dymer sydyn hon nes peri i Cynon a minnau ddechrau'n hamau ein hunain a theimlo pwl o euogrwydd, gan weld ei lygaid yn pledio â ni wrth iddo amneidio at hen Mercedes rhacsiog lliw cachu llo bach, wedi'i barcio'n dwt o flaen grisiau'r orsaf.

Bum munud yn ddiweddarach roedd y ddau ohonom yng nghefn y modur, yn teimlo pob lwmp ar y ffordd ar ein taith allan i gefn gwlad Pwyl ac i wersyll Auschwitz, ac yn gwrando, uwch crensian y car ar Kazimierz, y gyrrwr hynaws, yn mynd drwy'i bethau, ac yn wir nid wy'n credu iddo gymaint â stopio i gymryd ei wynt gydol yr holl daith. Cawsom wybod ganddo ei fod ef ei hun wedi ei enwi ar ôl un o ardaloedd Cracow, ardal a sefydlwyd ar hen ynys ar afon Wisla ac a adwaenid fel ardal Iddewig tan yr Ail Ryfel Byd, pan wagiwyd y lle bron yn llwyr, gan symud y trigolion yn gyntaf i'r geto yn Podgórze, ar draws yr afon, ac yn ddiweddarach eu cludo oddi yno i bwy a ŵyr lle. Mae'n debyg mai yn yr ardal honno hefyd y ffilmiwyd rhannau helaeth o'r ffilm *Schindler's List* yn 1993. Roedd Kazimierz, y dyn, yn llawn gwybodaeth ddiddorol am wersyll Auschwitz, am ei hanes ac yn benodol am broses ei droi yn amgueddfa ac, yn ei dyb ef, bron yn fath ar barc thema, a chanfûm fy hun yn gofyn iddo, os mai dyna'i farn am y lle, gyda'i gaffe a'i siop drugareddau a'i lond bysiau o dwristiaid a phlant ysgol, pam ei fod yn ymwneud â'r lle o gwbl drwy gynnig gyrru pobl yno. Trodd ei olwg dros ei ysgwydd i edrych arnaf, gan dynnu ei lygaid disglair oddi ar y ffordd am gyfnod hwy nag a oedd yn gyfforddus i mi, ac ateb, 'I am crazy but I am only half crazy,' cyn torri allan i chwerthin yn orfoleddus, ac yn wir ni allai Cynon na minnau lai na chwerthin gydag ef, mor heintus o afieithus ydoedd.

Deirawr yn ddiweddarach, a ninnau ar ein ffordd yn ôl ar hyd y lôn i Cracow, ni thorrodd Kazimierz annwyl un gair drwy gydol y daith, a ninnau'n dau yn fudan syfrdan yn y sedd gefn, a hyd yn oed wrth ddod i stop o flaen yr orsaf ac agor y drws i ni, ni wnaeth y gyrrwr ond estyn ei law allan, a'i lygaid wedi'u gostwng, i dderbyn yr arian papur, cyn gwenu'n swil arnom a dychwelyd yn ei ôl i'r orsaf, i weld a oedd criw arall o deithwyr yn dymuno mynd tua'r un gyrchfan, fe dybiwn, a gadael Cynon a minnau ar y stryd heb allu dweud gair na gwybod beth i'w wneud nesaf na lle i fynd. Roedd hyd yn oed meddwl am fynd i ryw gaffe i brynu paned o goffi neu damaid i'w fwyta bellach yn teimlo'n weithred cwbl wag ac ofer, a'r syniad rywsut yn troi ar y ddau ohonom. Y noson honno gwyliodd y ddau ohonom y ffilm *Amélie* ar y sgrin fawr yn yr hostel, gan ddewis y stori fwyaf calonogol a siwgrllyd er mwyn, mi gredaf, geisio adfer rhywfaint ac ailgynnau ein ffydd ein hunain yn y ddynoliaeth.

Cawsom ddiwrnod arall o ddiogi drannoeth, cyn cyfarfod rhyw giang o Wyddelod ac Albanwyr yn yr hostel a'n gwahoddodd i ddod allan gyda hwy i far hoyw mawr ynghanol y ddinas. Roedd Cynon yn hynod amheus a chryn angen dwyn perswâd arno, ond nid oeddem wedi bod yn y lle fawr hwy nag awr, rwy'n siŵr, cyn imi golli golwg arno, a chael ar ddeall ganddo y bore wedyn ei fod wedi cael cynnig cocên gan un o'r Albanwyr, ei fod wedi ei demtio ond wedi gwrthod yn y pen draw, ac yna wedi dod yn dra chyfeillgar â merch ifanc o Wyddeles yr oedd y bechgyn hyn wedi ei chanfod yn rhywle. Y mae'n parhau yn fater o bensyndod i mi hyd heddiw y modd y gall Gwyddelod neu Gymry ganfod ei gilydd dramor, gan gyfarfod yn y lleoedd mwyaf annisgwyl a deall fod rhyw gyfaill neu berthynas pell iddynt yn eu cysylltu rywfodd, bron fel pe bai rhyw synnwyr ychwanegol yn tynnu'r bobl hyn ynghyd. Eisteddais innau wrth y bar ar fy mhen fy hun, yn meddwi'n ddistaw, nes i Cynon, yntau'n feddw gaib, ddychwelyd ataf o rywle, a mater o lwc yn gymaint â dim arall, mi gredaf, oedd inni ganfod ein ffordd yn ôl i'r hostel.

Llawer mwy boddhaol na Cracow i'n tŷb ni'n dau, yn weledol o leiaf, ydoedd Warsaw. Dyma'r cam cyntaf ar ein taith, Cynon wedi hedfan allan ataf a minnau newydd lanio o'm taith drên unig o Foscow. Wrth ddychwelyd o'r dafarn i'r hostel ar y noson gyntaf, clywodd Cynon leisiau araf yn ein cyrraedd o rywle, ac o ddilyn y gerddoriaeth a chwilio drwy'r strydoedd bu inni daro ar eglwys a oedd wedi ei lleoli yn ddigon didaro rhwng caffe a siop trin gwallt ond a oedd, o gerdded drwy'r fynedfa, yn agor allan fel math ar ogof, a'r llawr teils ynddi, yn atseinio'n uchel pan gerddodd y ddau ohonom i mewn, gryn dipyn yn is na lefel y stryd. Offeren hanner nos oedd yn cael ei gweinyddu, ac wrth i'r côr pedwar llais defosiynol ailadrodd y geiriau *Veni, Spiritus Sancti*, ysgogodd y gymysgedd ryfedd o litani'r nos a'r lager Pwylaidd fochau cochion ac ambell ddeigryn yn ein llygaid, ac ni allaf fod yn sicr hyd heddiw nad oedd yr eiliad honno a rannwyd rhyngom, er nad oedd yn yr un o'r ddau ohonom dueddiadau crefyddol ar y pryd, wedi rhoi rhyw fath o sglein ar ein hamser yn Warsaw na fyddai i'w ganfod wedyn yn Cracow.

Y diwrnod canlynol treuliodd y ddau ohonom y rhan fwyaf o'r dydd drachefn mewn amrywiol gaffes ar y sgwâr, yn ysmygu ac yn yfed coffi yn y bore cyn newid i gwrw yn bur fuan ar ôl cinio, yn darllen llyfrau ac yn chwarae cardiau. Roedd y sgwâr

hwn yn llawer llai, ac o'r herwydd yn teimlo'n llawer mwy caeedig, na'r sgwâr mawr yn Cracow a'i farchnad yn y canol, ac felly'n oerach ac yn dueddol o daflu rhagor o gysgodion, ond serch hyn oll byddai'r ddau ohonom yn gytûn, wedi profi'r ddau le, fod i'r sgwâr hwn, ac i'r ddinas yn gyffredinol, lawer mwy o gyfaredd na Cracow, a bod yr adeiladau hyn, gyda'u talcenni uchel a'u siapiau cul, afreolaidd, a'u waliau wedi eu peintio mewn amrywiol liwiau pastel, yn cydymffurfio'n llawer nes, ynghyd â'r ceffyl a chert a fyddai'n pasio o dro i dro a chlec y bedol yn diasbedain ar y llawr cobls, â'r syniad a fu gan y ddau ohonom yn llygad ein meddwl o Wlad Pwyl. Y McDonald's a oedd wedi'i leoli rownd y gornel o'r prif sgwâr hwn, ac a oedd yn ail yn unig i gysgod y rhyfel o ran ei ysbryd hollbresennol ar ein taith drwy Ewrop, oedd yr unig gliw, mewn gwirionedd, i'r hyn na ddysgais hyd ein dydd olaf yno, ac nad amheuais am eiliad tra oeddem yn chwarae cardiau ac yn yfed wrth fwrdd pren mewn tafarn hynafol yr olwg ar gornel y sgwâr yr ail noson honno, sef bod y sgwâr hwn yn ystod y rhyfel wedi ei fomio a'i ddifrodi'n siwrwd i'r llawr, hyd nes nad oedd yn llythrennol ddim ohono ar ôl ond rwbel, a bod yr awdurdodau wedi penderfynu, rai blynyddoedd ar ôl y cadoediad, mai'r peth gorau i'w wneud er lles y boblogaeth leol ac ymwelwyr fel ei gilydd, ac mai'r coffâd gorau y gellid ei roi i'r rhai a syrthiodd, oedd ail adeiladu sgwâr yn union, neu mor agos ag y gellid at hynny, fel y bu cyn y rhyfel.

Y diwrnod canlynol, ein diwrnod olaf yn y ddinas, syrffedais ar yr eistedd a'r yfed parhaus a llwyddais i berswadio Cynon, gyda chryn anhawster, y dylem geisio gweld rhywfaint arni cyn gadael. Roeddwn i eisoes wedi bod i'r castell y bore cyntaf, ond wedi fy nadrithio a'm siomi pan ddeallais fod hwnnw, hefyd, wedi ei ailadeiladu o'i waelod yn ystod y pumdegau, ond y prynhawn olaf hwn llwyddais i ddarbwyllo Cynon i ddod gyda mi i ben arall y sgwâr i Amgueddfa Hanes Warsaw. Neilltuwyd rhan helaeth o'r amgueddfa hon i hanes y Gwrthryfel byr yn Warsaw ym mlynyddoedd ola'r Ail Ryfel Byd, a dim ond o grwydro o amgylch yr amrywiol arddangosfeydd a gweld y ffotograffau du a gwyn dirdynnol y sylweddolais yr hyn y dylwn fod wedi ei sylweddoli eisoes, o ystyried natur ddi-fefl a difrycheuyn adeiladau'r sgwâr, fel pictiwr, sef y difrod a wnaethpwyd i'r rhan fwyaf o ganol Warsaw a'r rheidrwydd, felly, mai ail-gread oedd y sgwâr hwn a oedd imi, gryn oriau ynghynt, yn enghraifft hyfryd o bensaernïaeth Ewropeaidd ganoloesol.

Darllenais am y geto, ac ar un panel penodol deuthum ar draws hanes gwraig o'r enw Celinka Eisenberg a oedd yn ferch ifanc bedair ar hugain oed pan dorrodd y rhyfel. Celina Fein oedd ei henw bellach, ac yn 1949 roedd hi wedi symud i America gyda'i gŵr a'i phlant, ond yn ystod y rhyfel, yn un o nifer fawr o frodyr a chwiorydd, roedd hi wedi ei charcharu yn y geto yn Warsaw, ac wedi canfod, ar ddiwedd y cyfan yn 1945, fod ei holl deulu, heblaw am ei brawd hynaf a oedd yn byw ym Mhalesteina, wedi eu difa. Dim ond trwy gryn ymdrech a llawer o guddio a dianc yr oedd hi ei hun wedi goroesi, ac un rhan o'r stori a oedd ar yr un pryd yn dorcalonnus, ac eto'n destun llawenydd, oedd fod ei brawd, Israel, wedi penderfynu, yn fuan ar ôl iddynt gael eu cludo'n deulu i'r geto, rhoi ei fab Yossi, nai Celinka, a oedd yn bedair oed ar y pryd, i wraig o Gristion gefn nos, rhag iddo ddioddef erchyllterau'r driniaeth Natsïaidd. Rhaid bod rhyw reddf neu sylweddoliad sydyn wedi gafael yn Israel, oherwydd yr oedd teimlad wedi ei oresgyn na fyddai yntau'n byw i weld diwedd y rhyfel, ac roedd felly wedi dweud wrth ei chwaer, Celinka, 'mae gen i ryw deimlad y byddi di'n goroesi'r hen ryfel yma. Os llwyddi di rywsut i ddod drwyddi, gwna'n siŵr dy fod ti'n mynd i mofyn am Yossi gan y Gristnoges.' Ac yn wir felly y bu, oherwydd trengodd Israel ond bu Celinka fyw, a llwyddodd i ganfod y wraig gan ddychwelyd Yossi yn ôl at ei fam drachefn, yn bump oed, ar ddiwedd y rhyfel.

Er imi gael fy syfrdanu gan yr hanes, roedd rhywbeth arall hefyd wedi aflonyddu arnaf a threuliais weddill fy amser yn yr amgueddfa yn crwydro o amgylch yr arddangosfeydd ond heb gymryd llawer o sylw ohonynt, yn sibrwd yr enw hwn,

Celinka, drosodd a throsodd i mi fy hun, ac yn ceisio dirnad pam bod sibrwd ei henw'n hiraethus yn y fath fodd yn teimlo mor gyfarwydd. Gallwn ddeall y newid cyfenw, wrth reswm, oherwydd roedd Celinka, mae'n rhaid, wedi priodi Mr Fein ac felly wedi gollwng yr Eisenberg, a doedd dim anghyffredin yn hynny wrth gwrs, ond pam gollwng y K honno? Ai rhan oedd hynny o'r mudo i'r Amerig, o fod eisiau gadael y cyfan o'i hôl, hyd yn oed ei henw ei hun, fel pe gellid taflu'r un llythyren honno i ganol y swp esgyrn a lludw, er mwyn iddi hithau wedyn fod yn rhywun cwbl newydd? Ac eto roedd hi wedi dychwelyd, wedi dod yma i ddweud ei stori wrth guraduriaid yr amgueddfa hon, a hefyd, fel y gwelais wrth gyrraedd y siop lyfrau ac anrhegion wrth yr allanfa, wedi ysgrifennu llyfr yn croniclo'i hanes, ac felly er y dymuniad hwn i anghofio'r cyfan a'i adael o'i hôl, hefyd ar yr un pryd yn cael ei llethu gan yr ymyrraeth, yr angen dirfawr, i ddweud ei stori ac i roi gwybod i'r byd beth yn union a ddigwyddodd yn yr union ddinas hon o fewn ei heinioes hi.

Dim ond wrth adael y siop anrhegion a brasgamu am y caffe agosaf i fodloni syched cynyddol Cynon y cofiais innau ymhle'r oeddwn wedi dod ar draws yr enw Celinka o'r blaen, ac felly'n gwybod mai gyda Tsh yr yngenid yr C gyntaf. Yn ei gyfrol *Pum Cynnig i Gymro*, a addaswyd gan S4C ganol y nawdegau ac yr oedd Huw Garmon, yr actor a adwaenwn innau fel Hedd Wyn, yn chwarae'r brif ran ynddi, cawn gan John Elwyn Jones ei hanes yn filwr yn Ewrop yn ystod yr Ail Ryfel Byd a'i gyfnod maith, wedi pwl byr a thra aflwyddiannus o ymladd ar ddechrau'r rhyfel, yn garcharor wedi hynny, ynghyd â'i bum ymgais, a'r olaf yn unig, yn naturiol, yn llwyddiannus, i ddianc oddi yno, gan gofio wrth gwrs fod rheolau a gorchmynion y fyddin yn datgan yn glir mai dyna ddyletswydd pob milwr a oedd wedi ei ddal yn garcharor. Wedi gwirioni ar y gyfres, euthum ati i brynu'r gyfrol am bunt yn yr Eisteddfod un flwyddyn, a'i thraflyncu.

Fe'm cyfareddwyd gan y modd yr oedd yr arwr hwn yn gweithio'n galed drwy gydol y dydd dan lygaid barcud y swyddogion Almaenig, ac yna bob gyda'r nos un ai'n cynllwynio i ddianc, neu, fel y gwnaeth am gyfnod, yn dianc o'r gwersyll am y noson er mwyn mynd i'r dref agosaf i gyfarfod Celinka, merch leol yr oedd wedi syrthio mewn cariad â hi, a'i chyfeillion, ac yn yfed *schnapps*, yn canu a dawnsio a chwarae, yn caru, ac yna cyn y wawr yn torri'n ôl i mewn i'r gwersyll ar gyfer diwrnod caled arall o waith. Nid oedd y gyfrol heb ei thorcalon, oherwydd fe ganfuwyd y castiau hyn a symudwyd John Elwyn i garchar arall, lle dysgodd ar ôl ychydig amser fod Celinka wedi marw o'r diciâu, ond rywsut roedd hyn oll yn ychwanegu at ramant trasig yr hanes i mi'r darllenwr ifanc, a buan yr anghofiais, beth bynnag, am Celinka druan a'i llygaid glas, ei gwallt melyn a'i chorff brau wrth i John Elwyn adrodd ei hanes yn gwneud enw iddo'i hun yn baffiwr o fri ac un o hogiau caletaf y gwersyll cyfan. Mor benysgafn oeddwn ar yr holl hanes nes imi, unwaith, a minnau'n fachgen digon eiddil ar y gorau, fentro, mewn cae chwarae, cael fy hun i ddadl â bachgen arall a oedd yno'n chwarae, a gwylltio gydag ef ar ddim, gan fygwth rhoi iddo

ddyrnod dan glicied ei ên.

Yn rhyfedd ddigon, rhoddodd yr union frawddeg hon, yr oeddwn wedi ei dysgu yn eirwir o enau John Elwyn, fel petai, stop ar yr holl ffrwgwd, oherwydd nad oedd gan fy ngwrthwynebwr druan syniad yn y byd beth roeddwn newydd ei ddweud wrtho, ac felly fe gollodd ddiddordeb ac ymlwybro oddi yno ar ôl hir a hwyr.

Rhoddwn fy hun yn esgidiau John Elwyn gan ddychmygu fy hun ar antur drwy ran helaeth o'r Almaen, neu'n ymladd gyda'r fyddin danddaearol Bwylaidd yn erbyn yr Almaenwyr, ond ni ddaeth y breuddwydio hwn i ben i mi, fodd bynnag, nes darllen am un cyfnod digon isel ac anodd yn anturiaethau'r carcharor rhyfel o Fôn, pan ganfu ei hun ar sawl achlysur mewn cornel ddigon cyfyng. Yn wir, ar un adeg, tra oedd yntau'n ceisio cropian ei ffordd drwy gae o ŷd, fe'i cafodd ei hun wyneb yn wyneb â dau Almaenwr digon gwyllt yr olwg, a chanddynt wn. Bu llawer o weiddi a cheisio ymresymu, a John Elwyn a'i ddwylo uwch ei ben yn crefu arnynt i beidio â saethu, ei fod yn garcharor rhyfel ac y byddai'n drosedd i'w ladd, a hwythau'n gwrthod ei gredu, gan daeru mai Iddew ar ffo ydoedd. Llwyddwyd i ddatrys y mater drwy erchi ar i John Elwyn dynnu ei drowsus, er mwyn iddynt weld nad oedd wedi ei enwaedu, a bodlonwyd hwy a gadawsant iddo fynd. Canfu fy nychymyg ifanc innau ei hun mewn cryn drybini a dadrith, oherwydd sylweddolais wrth ddarllen hyn mai yno, ar ganol cae di-nod ynghanol yr Almaen, y byddai fy antur bersonol i, pe bawn innau'n ail John Elwyn, wedi dod i ben, ac na fyddwn fyth wedi cyrraedd y porthladd yn Nenmarc i gysgu gyda phutain er mwyn fy atgoffa fy hun o Celinka, cyn fy nghuddio fy hun ar long yn ôl i Brydain. Yn fwy na dim gwnaeth darllen y bennod hon yn amlwg i mi, gydag eglurder brawychus, gymaint mewn rhyfel, ac yn wir mewn bywyd, sydd yn llwyr ddibynnol ar siawns. Ond gyda Celinka yn dal i atseinio yn fy meddwl yr anelais am y trên y noson honno gyda Cynon er mwyn parhau ar ein taith drwy Ewrop.

Y diwrnod ar ôl fy ymweliad â Llangedwyn a Llanfyllin penderfynais ymweld drachefn â gwefan y Comisiwn Beddi Rhyfel. Teipiais, fel yr oeddwn eisoes wedi ei wneud ddegau o weithiau, gyfenw a llythrennau enwau cyntaf fy ewythr John i'r blwch chwilio, dewis Service: Army a War: Second World War, a dilyn y rhestr i lawr nes cyrraedd ei enw, ei reng, clicio ar y ddolen, ac yna ar VIEW CERTIFICATE. Llwythwyd dogfen PDF i'm cyfrifiadur, dogfen foel o dystysgrif i'w goffáu ac arni ei enw a'i reng a'i deulu, dyddiad ac oed ei farw, arwyddeiriau ac arfbeisiau, dywediadau, anrhydedd, gogoniant a holl baraffernalia coffáu a chofio. 'In the morning and at the going down of the sun, we will remember them.' 'Will we?' cefais fy nhemtio i'w holi'n ôl i'r darn papur wrth iddo ddod allan yn ysblander ei holl liw o'r argraffydd. Yn y geiriau hynny, remember a remembrance, y mae ymhlyg ddwy weithred y gellir eu darlunio'n well, a gwahaniaethu'n fwy eglur rhyngddynt, drwy eu cyfieithu i'r Gymraeg: cofio, a choffáu, ac fel yr oedd trigolion Oberammergau a'u *passionsspiele* wedi sylweddoli ers blynyddoedd, onid oedd raid wrth elfen o gofio er mwyn coffáu, ac fel arall hefyd, a phan fydd y rhai sy'n cofio wedi mynd, sut y gall y rhai sydd ar ôl goffáu? Pwy yw'r 'we' a fydd yno pan â'r haul i lawr? Onid oedd holl deulu fy nhaid wedi eu colli yn y flwyddyn ddiwethaf? A phwy oeddwn i i ysgwyddo'r baich hwn, feddwyn–fyfyriwr na allai gofio ei ffrindiau ei hun, nad oedd yn gymwys am eiliad i roi sglein ar esgidiau ei daid na'i nain na'u brodyr na'u chwiorydd, a phwy wedyn fyddai'n dod, pan fyddai'r ugeinfed ganrif a'i holl ynfydrwydd wedi llithro dros gof pob person byw, pwy wedyn fyddai'n dod bob codiad haul a machlud i osod torch a sefyll eu saliwt a chwythu eu hutgorn, a chofio bod un bachgen ifanc o argraffydd o berfeddion Maldwyn wedi ei ladd, wedi ei saethu yn ei gefn ynghanol anialwch yn Syria, gan y Ffrancwyr o bawb. Bachgen na fodolai bellach ond yng nghof pell un gŵr ac un wraig, ac nad oedd sicrwydd fod carreg fedd iddo'n dal i sefyll, nad oedd lle iddo mewn llyfr ar hanes ei gatrawd, wedi ei gladdu eisoes gan waeth na phridd, gan haenau o hanes a oedd yn dod i fygu pob un ohonom ninnau, hefyd, yn ei dro, ac nad oedd ei enw, hyd yn oed, yn unlle ond ar ambell lythyr mewn ffolder lychlyd ac ar y tipyn tystysgrif hwn, y dernyn rhad hwn o bapur wedi ei argraffu oddi ar wefan, fel pe baen nhw'n gwybod yn iawn na allai fy nhaid wneud na phen na chynffon o'r we, haen arall a oedd wedi ei adael o eisoes ar ôl, tystysgrif yr oeddwn innau bellach, ar gynffon sgwrs ac ar fin gadael y tŷ, yn ei chyflwyno iddo'n betrus ac yn difaru gwneud yn syth wrth weld y sylweddoliad araf yn gwawrio ac yna'r wefus yn crynu, y llygaid yn gwlychu, a'r sibrydiad lleiaf o ddiolch yn cael ei atseinio gan borthi fy nain.

Y tu allan i'r tŷ, eisteddais yn y car yn ail-fyw'r eiliad fechan honno, y modd yr oedd wedi syllu ar y geiriau, wedi gafael yn dynn yng ngodre'r ddalen, cyn ei phlygu'n dyner, dyner, bustachu i godi, a mynd drwodd i'r stydi flêr i'w chadw'n ddiogel mewn man nas cofiai ac nas gwyddai neb arall, a gwylltiais, rhegais yr holl beth, anobaith yr holl fusnes, am y tro cyntaf ers derbyn y ffolder, gan fethu'n lân, ddim mwy na'r noson gyntaf honno pan dderbyniais hi, â deall. Gwylltiais wrth John am fynd i ffwrdd mor barod, gwylltiais wrth y Ffrancwyr am fynnu cynghreirio â'r Natsïaid ddiawl, gwylltiais wrth yr holl Ymerodraeth Fawr Brydeinig am anfon hogiau diniwed i'w beddi, gwylltiais â'r Syriaid am ddal ati i ryfela a thywallt gwaed a'm rhwystro innau rhag cyflawni'r ymweliad amhosibl hwnnw, gwylltiais wrth y Comisiwn Beddi am fethu â rhoi dim imi i'w roi i Taid ond darn cwbl ddiwerth, amhrisiadwy o bapur iddo'i blygu a'i gadw. Yn fwy na dim, gwylltiais â mi fy hun oblegid fy niymadferthedd llwyr, fy anallu i wneud unrhyw beth o gwbl i leddfu'r galar hwn a oedd wedi cyd-fyw â'm Taid ac, yn wir, â'm Nain, am dros hanner canrif, a theimlwn yn gwbl ddiffrwyth.

Yr oeddwn yn ddiweddar wedi digwydd dod ar draws erthygl newyddion ynghylch y rhyfel presennol yn Syria, rhyfel a oedd bellach wedi rhygnu yn ei flaen yn ddigon hir, a nifer y ffoaduriaid a'r meirwon wedi codi i'r fath raddau nes mai rhifau oeddent bellach yn hytrach na hanesion unigolion, a phobl yn dechrau ymgynefino â chlywed yr hanes ar y newyddion fel rhyw fath o sŵn yn y cefndir, rhyw eira gwyn o newyddion nad oedd disgwyl i'r sefyllfa newid llawer yn rhy fuan, ac felly wrth reswm roedd y newyddiadurwyr yn gorfod chwilio am ryw ongl arall, rhyw ffordd amgen o adrodd am y gwrthdaro a fyddai'n gwneud i bobl gymryd sylw drachefn. Erthygl oedd hon a oedd yn cydnabod y dinistr a'r golled ddynol enbyd, ond yn rhoi honno i'r naill ochr am ennyd ac yn ystyried y golled ddiwylliannol a hanesyddol, wrth i'r ymladd a'r bomiau greu difrod i nifer o safleoedd hanesyddol o bwys byd-eang.

Fel yr eglurai'r awdur, Aleppo yw un o'r dinasoedd hynaf o ran cael pobl yn byw ynddi'n ddi-dor dros y canrifoedd, a nodai'r awdur hefyd safle aruthrol bwysig Syria rhwng y Dwyrain a'r Gorllewin, gan raffu rhestr o amryw wareiddiad a oedd wedi ymrafael â'i gilydd i reoli'r rhan hon o'r byd, gan gynnwys yr Eifftiaid, y Persiaid, y Rhufeiniaid, y Mongoliaid, yr Otomaniaid, ac wrth gwrs, y Ffrancwyr a'r Prydeinwyr. Bellach, dywedai'r awdur, roedd nifer o'r safleoedd amhrisiadwy hyn wedi eu colli am byth, canol Aleppo ei hun er enghraifft, a cheisiodd yr awdur gyfleu difrifoldeb y sefyllfa i'r darllenydd trwy gymharu'r difrod hwn â phe bai rhannau helaeth o Gaeredin neu Gôr y Cewri wedi eu dinistrio'n llwyr. Roedd enwau eraill, hefyd, a oedd eisoes yn gyfarwydd i mi o ddarllen am fy ewythr John, lleoedd fel Damascus a chaer Rufeinig Palmyra, lle'r oedd rhywrai wedi bod yn ysbeilio beddi hynafol, a thanciau'n tramwyo ar hyd yr hen ffordd Rufeinig ysblennydd. Mosgiau, eglwysi a hen farchnadoedd, oll yn gorwedd yn deilchion, ac nid dim ond briciau a mortar oedd wedi eu colli yno, eglurai'r awdur, oblegid trwy gyfrwng y lleoedd a'r adeiladau a'r trugareddau hyn yr oedd y Syriaid wedi llunio'u hunaniaeth, ac wedi eu diffinio eu hunain yn genedl, ac ni fyddai gobaith felly, heb y cof hwn a rennid ganddynt, iddynt fyth gael adferiad yn dilyn y rhyfel cartref.

Wrth ddarllen yr erthygl honno, mynnai fy meddwl innau ddychwelyd at fy nhaith i'r Eidal flwyddyn ynghynt, ac at yr haenau llychlyd hynny yng nghrombil San Clemente, ond yn bennaf at un addurn bach o wydr Murano mewn siop fechan yn Fenis a welswn yn cael ei daro'n ddamweiniol gan blentyn bach, ac yna, fel pe wedi ei arafu mewn ffilm, yn rhowlio'n betrus tuag at erchwyn y bwrdd lle'i gosodwyd, cyn disgyn yn deilchion. Hyd yn oed pe bai modd cywain y darnau bychain oll a'u hailchwythu, sylweddolais, ni fyddai'r union addurn hwnnw fyth yn bodoli drachefn, oherwydd na fyddai entropi fyth yn caniatáu i'r fath symudiad o anhrefn llwyr at drefn hardd ddigwydd. Meddyliais wedyn am ysgrifau Erwin Schrödinger, dyn y cathod hynny, ynghylch entropi, oherwydd yn ei gyfrol, *What is Life*, a gyhoeddwyd yn dilyn cyfres o ddarlithoedd ar y pwnc yn 1944, aeth Schrödinger i'r afael â'r paradocs ymddangosiadol hwnnw ynghylch entropi: os yw popeth yn tueddu at anhrefn, sut y gall endidau neu fodau byw wrthsefyll y duedd honno ac yn wir fynd yn ei herbyn, gan aros mewn trefn uchel, neu greu trefn o anhrefn, hyd yn oed, am gyfnodau maith?

Ateb Schrödinger i hyn oedd fod bodau byw, trwy eu perthynas ryngweithiol â'r byd, yn bwydo oddi ar drefn y byd o'u cwmpas er mwyn cynnal a chynyddu'r drefn honno ynddynt eu hunain, ond yn y pen draw, a dyma'r pwynt allweddol, eu bod drwy wneud hynny yn cynyddu anhrefn cyffredinol y byd, gan ufuddhau i ail ddeddf thermodynameg, oherwydd bod entropi'r system yn ei chyfanrwydd, hynny yw, bodau byw ynghyd â'r byd o'u cwmpas, yn dal i gynyddu, a'r symudiad tuag at anhrefn yn dal i ddigwydd. Dim ond er mwyn byw, felly, er mwyn bodoli, a dal ati i fyw ac atgynhyrchu, y mae'n gwbl angenrheidiol i ni greu dinistr ac anhrefn ble bynnag yr awn, ac onid hynny yr oeddwn innau wedi bod yn dyst iddo, ar draws Ewrop gyfan a hyd yn oed ar fy aelwyd, yn fy nheulu, fy hun? Bron na allwn, drwy hyn, roi coel ar yr hen ddiarhebion hynny sy'n mynnu mai rhoi eu bywydau er mwyn achub eraill a wna milwyr, 'They gave their lives so that others might live', neu'r dywediad enwog hwnnw gan Churchill, 'Never was so much owed by so many to so few'.

Eto, ni allwn lai na theimlo fod y gost o ddal ati i fyw, fel dynoliaeth, wedi bod, yn ddiweddar, yn un ryfeddol o ddrud i'w thalu, a thybed nad oedd erchyllterau'r ugeinfed ganrif wedi profi mai dim ond codi a wnâi'r gost honno wrth i entropi system y bydysawd hefyd gynyddu, ac arnom angen bwydo ar ragor a rhagor o drefn, dim ond er mwyn ein cynnal ein hunain, ac yn tadogi rhagor a rhagor o anrhefn ar y byd o ganlyniad? Onid proses o ddirywiad, felly, fel yr awgrymodd y Cymro o enetegydd, Steve Jones, 'the perpetuation of error' yn ôl ei fathiad ei hun, oedd esblygiad ei hunan, a phob newidiad bychan, pob cellwyriad mewn planhigyn a chreadur a pherson, yn ein harwain i ddeisyfu rhagor a rhagor o drefn, a thrwy hynny i dadogi ein hanrhefn dinistriol, cwbl angenrheidiol, ar y rhai o'n cwmpas? Ni allwn lai na myfyrio ar y pethau hyn wrth eistedd yno yn y car, a minnau'n teimlo'n ddim mwy na chysgod gwael o'r hyn fu fy nhaid a'm nain, ac o'r bywyd y bu'r ddau'n ei fyw. Ond fe wyddwn, hefyd, fod yr hen ddeddf honno yn absoliwt, nad oedd gwyro oddi wrthi i fod, ac nad oedd ond un cyfeiriad y gallwn innau fynd tuag ato, doed a ddelo.

Gwell oedd gennyf innau, felly, er mwyn ceisio bwrw o'm cof y corff ar gefn y tryc yn anialwch Palmyra, a rhu awyrennau o bell, a'r hen air afiach hwnnw, *strafing*, ddod i adnabod John trwy'r hyn yr oedd gan Taid i'w ddweud amdano, fel yr adeg honno pan soniodd mai John oedd bowliwr cyflym gorau'r ysgol yn ei ddydd. Ar ôl fy holl ymbalfalu amdano, am gael dod i'w adnabod, yn ei lifrai ac ynghanol ei lythyrau yng ngwres yr Aifft neu ar fwrdd y llong, a methu, yma yn syth mewn un disgrifiad bychan fe'i gwelwn, fwyaf sydyn, yn dal a'i ysgwyddau'n llydan, a'i drywsus lliw hufen fymryn yn dywyllach na'i grys gwyn, y goler ar agor a'r llewys wedi'u troi i fyny at ei beneliniau, ac yntau'n rhedeg yn osgeiddig tua'r llain, yn glanio ar ogwydd a chudyn bychan o'i wallt, wedi'i frylcrîmio'n ôl, eto'n mynnu dianc i lawr dros ei dalcen, ei lygaid yn syth yn ei flaen, ei benelin i fyny ac yna'i fraich yn dod drosodd mewn cylch perffaith i ollwng y bêl, fel bwled, yn swingio allan cyn dipio'n ôl i mewn ar yr eiliad olaf tuag at y bat. Medrwn ei weld yn y fan honno ar gae'r ysgol, a medrwn ei weld hefyd yn rhedeg tuag Arthur a'i wynebai â'r bat, a pholyn teligraff fel stympiau, ar lethr ar y Briw y tu ôl i Ganol Arren ac yntau'n gorfod rhedeg i fyny'r bryn tuag at ei frawd, Taid yntau'n ddim ond còg bychan, druan, yn cael ei anfon allan i'r maes er mwyn mofyn y bêl pan drewid hi. Neu hoffwn feddwl, wedyn, am Taid y cyw melyn ola, y cogyn fenga a chryn fwlch rhyngddo a'r tri arall, a Nesta fach eisoes yn ei bedd, yn aros yn eiddgar wrth y giât am ddyfodiad y tri, John, Arthur ac Olwen, yn ôl o'r ysgol yn y dref ar nos Wener i fwrw'r penwythnos gartref, ac yn cludo gyda hwy yn ddi-ffael (ac fel rhyw fath o offrwm euog, bid siŵr, am daro fy nhaid ar ei ben â'r bêl griced unwaith) gwdyn papur bychan o fferins o siop Yates yn Llanfyllin.

Ond fe wyddwn fod un llythyr ar ôl yn y pentwr heb ei ddarllen gennyf, a throi drachefn at y pentwr bychan hwnnw o lythyrau oedd fy ngreddf ar ôl cyrraedd adref, bron fel rhyw ymgeledd neu ddihangfa. Dim ond o'u darllen unwaith eto, a chraffu arnynt yn fwy astud y tro hwn, a cheisio godro pob amrantiad bach o gymeriad ac emosiwn ohonynt, gobeithiwn y gallwn ddod i adnabod y cyfan, y cymeriadau a'r digwyddiadau oll. Ac yng nghefn y pentwr bychan hwnnw o lythyrau, darnau o amlenni a thoriadau a gadwyd gyda'i gilydd yn y cerdyn Nadolig, y mae un llythyr mewn inc, a'r llawysgrifen yn mynd yn fwy a mwy crwn wrth i'r llythyr fynd rhagddo. Y dyddiad arno yw 30.5.41, ac y mae'n llawn deisyfiadau ei fod yn canfod John mewn iechyd, ac nad yw'r pryfed yn dal i'w boenydio, ond yn cydnabod hefyd fod cael ei boenydio gan bryfed yn well na chael ei boenydio gan 'Jerry', ond fod hwnnw wedi bod yn dawel dros yr awyr gartref hefyd, o bosib oherwydd ei fod yn aros am y lleuad nesaf.

Ochr yn ochr â'r poeni nad ydynt wedi clywed ganddo ers ychydig amser, ceir hefyd gronicl o fanylion bychain dibwys bywyd bob dydd y teulu bach, yr union fanylion y bu John yn stilio amdanynt gan Arthur, ac yr oedd ei fam, gyda greddf mam, yn gwybod yn iawn i'w cynnwys. Yr oedd hi'n benwythnos y Sulgwyn, a chyfeillion ar eu ffordd i fwrw'r Sul yno, a rhyngddyn nhw a'r ddau faciwî fe fyddai'n o lawn, wir, arnynt. Roedd ffrind arall eisiau defnyddio'r byngalo am rai dyddiau, ac fe gaent wneud hynny â chroeso pe baent yn fodlon byw oddi ar eu *rations* eu hunain, ac wedyn roedd cwpwl ifanc o'r pentref ar briodi ymhen pythefnos. Dim ond manylion bychain oedd y rhain oll, ond gyda phob manylyn bach arall roedd y fam yn estyn ei ffedog a'i braich a'i llaw a'i mynwes dros agendor mawr y môr a thrwy wres yr anialwch ac yn anwesu'r còg, ei hogyn bach hi ac yn dangos iddo, edrych, mae bywyd yn mynd yn ei flaen, mae popeth yn dal i fynd, mae trefn y byd a'n bywyd bach ni yr un fath eto ac fe ddoi dithau'n ôl i ganol y drefn a'r bywyd bach hwn drachefn a fydd yna ddim môr, na gagendor, nac anrhefn rhyfel nac unrhyw beth i dorri ar yr hyn a fu gynt nac ar yr hyn a fydd eto. Yna fy machgen annwyl i, roedd hi'n amser iddi fynd a danfon y llythyr hwn i lawr at y Post, ac roedd hi'n gobeithio y byddai rhywbeth yn digwydd yn fuan wir iddo gael dod adref, ac er ffarwelio roedd hi'n ychwanegu rhagor a rhagor o fanylion, fel pe bai hi'n methu gadael fynd, ond yna gan erfyn ar Dduw i'w fendithio a'i gadw'n saff, roedd hi'n mynd, a'r cusanau siâp x eto'n gwthio'u ffordd yn nes ac yn nes at ymyl y ddalen, ac yna'r llinell wag ar y gwaelod a'r llythyr eisoes ar ei ffordd.

Ar waelod un y pentwr bach o lythyrau, yn union o dan y llythyr hwnnw, mae blaen amlen, heb ei chefn, a'i hymylon wedi'u rhwygo a'u darnio. Yr un llawysgrifen â'r llythyr sydd ar flaen yr amlen hon, a stamp arni, a marc post Croesoswallt ar ben hwnnw wedyn, a'r cyfeiriad wedi ei ysgrifennu'n glir, enw a *rank* John, ei rif, ei drŵp, ei gatrawd, Middle East Forces, oll yn llaw gariadus ei fam. Yna, mewn inc piws a llythrennau bras, mae rhywun wedi stampio, ar ben y cyfeiriad hwn,

UNDELIVERED FOR REASON STATED
RETURN TO SENDER

a'r inc heb gydio'n iawn nes bod y llythrennau'n anodd eu deall. Dim ond wedyn, ar ôl gweld a darllen hyn oll, y mae rhywun yn sylwi, fel petai'n fwyaf sydyn, fel pe bai'r stamp newydd gael ei stampio ar yr amlen yr eiliad honno o flaen eich llygaid, ar y marc arall uwchben y cyfeiriad, lle mae'r ymylon ar eu mwyaf rhwygedig, sydd yn darllen, yn greulon o syml,

Addressee Deceased.

a'r atalnod llawn hwnnw fel hoelen.

Mae un manylyn bach arall ynghanol holl fanylion dibwys pwysig y llythyr hwnnw o ddiwedd Mai, 1941 na chyrhaeddodd ben ei daith, wedi ei fynegi yn y modd mwyaf moel, fel pe na bai'n bwysicach na mwy dibwys na'r holl hanesion a thameidiau eraill. Allan o nunlle, ar waelod yr ail dudalen, heb fod sôn amdani yn unlle arall drwy'r holl lythyrau, cawn glywed y bu raid iddynt gludo rhywun o'r enw I——— i Ddinbych y Sul blaenorol. Bu raid i'r teulu bach ei dal i lawr drwy'r nos Sadwrn, a hithau'n gofidio am rywun o'r enw D———, gan ei dynwared yn dweud adnod yn y capel yn fach, yn Gymraeg ond â chydig o twang, ac yna yn y bore wedyn cawn y daethon nhw i'w chymryd hi i ffwrdd. Bob hyn a hyn yn y nos, roedd hi wedi dechrau wylo'n ddireolaeth, gan weiddi a gweiddi, 'John Canol Arren has gone away', ond yna, wrth iddyn nhw ei chymryd hi i ffwrdd, roedd hi wedi tawelu a bodloni. Y peth olaf y clywson nhw hi'n ei ddweud wrthyn nhw cyn i ddrws y modur gau arni, â gwên gysglyd ar ei hwyneb, oedd 'John has come home'. Ac ni allwn innau beidio â chwarae'r ennyd honno'n ôl drachefn a thrachefn yn fy mhen, fy nhaid yn hogyn ar ben y lôn yn gweld y tri'n dychwelyd o'r ysgol, a John Canol Arren fel pob wythnos wedi dod adref i fwrw'r Sul drachefn.

Dyddiad y llythyr hwnnw, fel y soniais, oedd y degfed ar hugain o Fai, 1941, ac felly fe'i hanfonwyd ef ychydig dan fis cyn anafu John ar Fehefin yr unfed ar hugain, a thrachefn wrth i Fai 2012 droi'n Fehefin a'r haf ar ein gwarthaf, yr oeddwn innau unwaith eto, rywsut, yn fwy ymwybodol na'r arfer o'r dyddiadau hynny, minnau bellach wedi dathlu fy mhen-blwydd yn bump ar hugain ac felly eisoes wedi byw'n hŷn na brawd fy nhaid. Parhau a wnâi'r amhosibilrwydd o deithio i Syria, ac er mai dim ond newydd ddathlu fy chwarter canrif yr oeddwn, roedd gennyf innau bellach synnwyr mwy cyfewin o'r modd yr âi amser yn ei flaen, ac felly o brinder amser. Ni wnaed dim ond cynyddu'r synnwyr hwnnw pan ddarllenais, â chryn deimlad o anniddigrwydd a diffyg amynedd, ac o fod ar bigau'r drain, ar Fehefin y deuddegfed, fod y Cenhedloedd Unedig bellach yn ystyried y gwrthdaro yn Syria yn rhyfel cartref o'r iawn ryw. Am ryw reswm na allaf fod yn gwbl sicr ohono, fy ymateb wrth ddarllen hyn oedd estyn am fy hen ddyddiadur taith yng ngwaelod y drôr, a throi'r dalennau i weld ymhle'n union yr oedd Cynon a minnau wedi bod y diwrnod hwnnw, yn ôl yn 2006 a ninnau'n bedair ar bymtheg a'r haf o'r diwedd wedi cyrraedd Ewrop.

Nid oes cofnod yn fy nyddiadur ar gyfer yr union ddiwrnod hwnnw, ond y diwrnod canlynol, Mehefin y trydydd ar ddeg, roedd Cynon a minnau ar gychwyn, a'n bagiau ar ein cefnau, am München, ac yn teithio ar y trên drwy gefn gwlad Tyroleaidd Awstria, gan ddwyn i'm cof innau yr haf glawog hwnnw yn Oberammergau. Wrth i ni'n dau, Cynon a minnau, deithio drwy Ewrop, ar beth wmbreth o wahanol drenau, dechreuaswn ddatblygu obsesiwn cynyddol ag amserlenni. Tra byddai Cynon wedi bod yn ddigon hapus i ymlacio ac ymlwybro, ar hap bron, drwy'r cyfandir, gan ddibynnu ar fympwy ac ar ei awydd ei hun, p'un ai a ddymunai eistedd y diwrnod hwnnw, yn yfed a lled-orwedd hyd y lle, neu a ddymunai fynd i weld eglwys neu ddwy, neu ddarllen llyfr, neu chwarae gêm o wyddbwyll, neu a ddymunai godi ei bac a symud yn ei flaen, yr oeddwn innau, ar y llaw arall, yn wastadol ac yn feunyddiol a chennyf o leiaf un llygad ymlaen, ar gam nesaf y daith, ar wybod i ble'n union yr anelem, pa fodd y gobeithiem gyrraedd yno a faint y byddai hynny'n ei gostio ac yn ei gymryd, a hyd yn oed yn dymuno sicrhau bod gwely yno mewn hostel yn ein haros yn hytrach na dibynnu ar ffawd neu lwc neu ragluniaeth a gweld beth fyddai ar gael ar ôl i ni gyrraedd.

Mi gredaf, bellach, mai fel rhyw fodd o ddwyn rheolaeth, neu dadogi trefn, ar yr obsesiwn hwn, y datblygodd fy niléit yn yr amserlenni trên, ac yn benodol y llyfr amserlenni a gyhoeddid yn flynyddol gan gwmni Thomas Cook, ac a oedd yn gymaint testun pensyndod a difyrrwch i mi oherwydd ei allu rhyfeddol i ddwyn i drefn, ac i ddirwyn ynghyd, holl wahanol amseroedd a chyfeiriadau a chysylltiadau trenau Ewrop oll, gan ymestyn dros ffiniau a thiriogaethau a gwledydd cyfan, a hynny mewn amryfal dablau a oedd, i gyd, wedi eu cysylltu â'i gilydd mewn ffordd ryfeddol. Yn wir, ymhell cyn inni gyrraedd Paris, yr oeddwn wedi cymryd at yr arfer o gopïo rhannau maith o'r tablau hyn a'u trawsysgrifio yn fy nyddiadur taith, oll â'u henwau cyrchfannau a'r mannau a adewid ar ôl a'r gwahanol amseroedd, ar ffurf pedair-awr-ar-hugain gysáct a ymylai, i'm golwg i, ar y milwrol a'r ymosodol, yn ymestyn rhyngddynt i'w groesi fel tirwedd ar fap. Yn sgil hynny, llwyddodd y ddau ohonom i dramwyo rhannau helaeth o Ewrop heb fawr helbul nac anffawd. Daeth hyn, fodd bynnag, fel cryn syndod i mi, er na chrybwyllais mo hynny wrth Cynon, pan sylweddolais fod fy argraffiad i o'r llyfr rhyfeddol hwn, ar ôl ei brynu'n rhad ac mewn cryn frys ar y we cyn gadael cartref, yn hen argraffiad ar gyfer rhyw ychydig flynyddoedd ynghynt. Gwnaeth hyn imi deimlo o bryd i'w gilydd nad mynd ar deithiau newydd yr oeddwn o gwbl wrth ddilyn yr amserlenni hyn, ond yn hytrach aildroedio, neu olrhain, hen deithiau a oedd eisoes, rywsut, wedi eu cwblhau ond a oedd, mewn ffordd arall, a ninnau'n eistedd yno yn yr ennyd ar y trên, yn gwbl anghyflawn, yn dal i gael eu teithio eto ac eto.

Serch hyn, yr oeddwn, fel y soniais, yn teimlo cryn syndod ac, yn wir, falchder, nad oedd dilyn yr amserlen ddyddiedig hon eto wedi peri rhwystr nac anghyfleustra inni yn ein teithio, ac mae rhywbeth ynof yn tueddu i feddwl fod a wnelo'r balchder hwnnw mewn rhyw fodd, er nad yn uniongyrchol, â'r achlysur anochel pan dorrodd y trên i lawr yng ngorsaf Klaus yn Awstria. Nid yn gymaint y torri i lawr ei hun, ond y ffaith i ni orfod cael bws i'n cludo i'r orsaf nesaf, nes peri inni fethu'r cysylltiad, a roddodd daw, o'r diwedd, ar fy malchder cysurus gan beri i'r amserlen hon brofi'n gwbl anghymwys wrth geisio ailgynllunio gweddill y daith, i'r graddau y bu raid i ni newid trên bedair gwaith eto, gan ddilyn cyfarwyddiadau hanner-call a difater amryfal archwilwyr tocynnau a rheolwyr gorsafoedd cyn cyrraedd pen ein siwrnai. Ond am y tro, roeddem yn Klaus, ac ychydig yn flin o gael ein symud o'n compartment tawel, a'i seddi'n wynebu ar ei gilydd a'i raciau i'n bagiau uwchben, fel y rhai a welsom ganwaith mewn ffilmiau, ond nad oeddem wedi credu bod y fath drenau'n bodoli bellach, lle buom yn gwylio Awstria'n powlio heibio, ac wrth ddisgyn o'r cerbyd fe'n trawyd gan y gwres llethol. Roedd hynny ynddo'i hun yn dwyllodrus, oherwydd roedd y cyflyrydd aer, a wnaethai ei waith mor ddiwyd oddi mewn i'r trên, ynghyd â'r eira a oedd yn dal i lynu at gopaon y mynyddoedd a'n pasiodd, er ei bod yn ganol Mehefin, wedi cydgynllwynio i'n hargyhoeddi ei bod yn oer y tu allan.

Wrth i ni'n dau ddiosg ein bagiau trymion oddi ar ein cefnau
a oedd eisoes wedi dechrau chwysu, ac eistedd gyda photel o
ddŵr, gan orffwys yn erbyn un o bileri'r orsaf ddiarffordd hon a
chwarae â'r gwair a oedd wedi hen adennill ei dir rhwng cledrau'r
lein segur arall, ni allwn lai na theimlo rhwystredigaeth fy mod
yn hynod flinedig a bod pen ein taith eto gannoedd o filltiroedd
i ffwrdd. Ond yr oedd mwynhad a brwdfrydedd sydyn Cynon
yn heintus, oherwydd dyma'r tro cyntaf erioed, meddai, iddo
osod ei droed ar ddaear Awstria, 'a phetasa rhywun yn dymuno
am le i dorri lawr ac i gicio dy sodla', mentrodd fy nghyfaill
gynnig, 'hwn fasa fo'. Fel petai angen egluro neu ddarparu
tystiolaeth i'r perwyl hwnnw, chwifiodd yntau ei law yn ddiog
heibio i wal bellaf yr orsaf ac i gyfeiriad y dyffryn a agorai o'n
blaenau ac a'm hatgoffodd, am eiliad, o'r olygfa o Dal-y-llyn, cyn
i ogoniant unigryw'r olygfa ei hun hawlio'i lle yn fy meddwl. Fe
ymestynnai'r dyffryn, am a welem dan yr haul tanbaid a'i afon las
glir yn agor, bob hyn a hyn, yn llynnoedd disglair a'n gwahoddai
i blymio iddynt, cyn i'm golwg gael ei thynnu i fyny at y bryniau
a'u clytwaith o bentrefi Tyroleaidd am yn ail â choedwigoedd
gwyrdd tywyll a gyferbynnai â gwyrddni goleuach, cyffredinol
yr olygfa. Ac yna'r copaon hynny y tu hwnt eto, yn binaclau a

thyrau gwyn yn edrych i lawr dros y cyfan, a heibio hynny yr awyr dorcalonnus o las.

Safodd y ddau ohonom yn dawel, yn meddwi ar yr olygfa hon, ac yn wir fe allwn fentro dweud mai'r ennyd hon, o holl gyfnod ein teithio di-baid, oedd yr unig ennyd gwbl ddedwydd a bodlon i'r ddau ohonom, lle nad oedd nac edrych yn ein holau nac o'n blaenau, na dim i'w wneud, nac unlle i fynd, na neb i hiraethu amdanynt, ond syllu a dal i syllu ar yr olygfa hon. Cymaint oedd ein cyfaredd a'n hymgolli yn y cyfan nes mai sioc, pwl creulon o syfrdan, oedd cael bod y bws bellach wedi cyrraedd i'n cludo oddi yno, ac oni bai i un cyd-deithiwr cymwynasgar weiddi ar y ddau ohonom i frysio, fe fyddai'n siŵr o fod wedi mynd a'n gadael ninnau o'i ôl. Yn y distawrwydd a deyrnasodd am ran helaethaf y daith honno wedyn, bron na fentrwn awgrymu y teimlai Cynon a minnau ychydig yn edifar nad oedd y bws wedi mynd hebom.

Wrth geisio chwilio ar y we yn ddiweddar am yr orsaf hynod honno, cefais syndod o ganfod bod nifer fawr o wahanol leoedd o'r enw Klaus yn Awstria, ac nad oedd modd dweud i sicrwydd ym mha un ohonynt yr oedd y trên wedi methu, ac felly mai pur anodd, hyd yn oed pe bai gennym yr amser a'r cyfrwng, ac yn wir y dyhead i wneud hynny, fyddai dychwelyd i'r union le hwnnw bellach. Efallai mai da hynny, oherwydd mi wn mai amhosibl fyddai ail-greu union amgylchiadau, a thywydd, a golygfa, a chwmni, a theimladau, y diwrnod coll hwnnw yng ngorsaf Klaus. A ph'un bynnag, dychwelyd oddi yno a fyddai raid y pryd hwnnw hefyd, dod adref drachefn, boed ar fws neu ar drên. Ond pe bawn yn gofyn i Cynon yfory nesaf, mae'n siŵr gen i mai'r un ateb y byddai yntau'n ei gynnig i mi â'r un a gynigiais i mi fy hun sawl gwaith, fod rhywbeth, rhyw elfen anghyffwrdd o'r ddau ohonom, rywsut, yn dal yno, heb ddod adref, yn parhau i syllu ar yr olygfa odidog honno.